新刑事诉讼法适用指导丛书

总主编｜孙 谦 童建明

新刑事诉讼法与诉讼监督

陈国庆／主 编

中国检察出版社

图书在版编目（CIP）数据

新刑事诉讼法与诉讼监督/陈国庆主编．—北京：中国检察出版社，2012.4
（新刑事诉讼法适用指导丛书/孙谦，童建明总主编）
ISBN 978-7-5102-0639-9

Ⅰ．①新…　Ⅱ．①陈…　Ⅲ．①刑事诉讼法-中国　Ⅳ．①D925.2

中国版本图书馆 CIP 数据核字（2012）第 050178 号

新刑事诉讼法与诉讼监督

陈国庆/主　编

出版发行：中国检察出版社
社　　址：北京市石景山区鲁谷东街 5 号（100040）
网　　址：中国检察出版社（www.zgjccbs.com）
电　　话：(010)68630384(编辑)　68650015(发行)　68636518(门市)
经　　销：新华书店
印　　刷：保定市中画美凯印刷有限公司
开　　本：720mm×960mm　16 开
印　　张：17.5 印张　插页 4
字　　数：324 千字
版　　次：2012 年 4 月第一版　　2012 年 8 月第三次印刷
书　　号：ISBN 978-7-5102-0639-9
定　　价：36.00 元

序　言

孙　谦*

2012 年 3 月 14 日，十一届全国人大五次会议审议通过了《全国人民代表大会关于修改〈中华人民共和国刑事诉讼法〉的决定》。这是刑事诉讼法继 1996 年之后的又一次重大修订，以国家立法的形式体现了近十几年来司法改革的成果，在更高层次和水平上实现了控制犯罪与保障人权的平衡、司法公正与司法效率的统一，在前所未有的深度和广度上完善和创新了我国刑事诉讼制度，对于建设公正高效权威的刑事司法制度具有重要而深远的意义。全国检察机关要准确理解、全面贯彻新刑事诉讼法，忠实履行法律监督职责，保证新刑事诉讼法的统一正确实施。

准确理解和全面把握新刑事诉讼法的内容和意义。首先，要从我国社会主义民主法治进程上把握新刑事诉讼法的历史方位。这次修改是我国刑事诉讼制度发展的重大成果，也是充分反映我国国情和刑事司法实践要求的一个阶段性成果。随着我国经济社会发展和民主法治的推进，刑事司法制度必将进一步发展和完善。其次，要从立法原则上把握新刑事诉讼法的精神，自觉地更新执法理念。这次修改工作，秉持中国特色社会主义法治理念，坚持实事求是，从国情出发，总结司法实践经验，循序渐进地推进我国刑事诉讼制度的完善；坚持分工负责、互相配合、互相制约的原则，完善刑事诉讼中各司法机关的权力配置，以适应诉讼活动的需要；坚持贯彻宽严相济的刑事政策，惩罚犯罪与保障人权并重，既注意及时、准确地惩罚犯罪，维护公民、社会和国家利益，又注意对刑事诉讼参与人包括犯罪嫌疑人、被告人合法权利的保护。把握这些原则，是我们全面理解新刑事诉讼法立法精神的基本点。最后，要从“改了什么”、“为什么改”、“为

* 最高人民检察院副检察长，法学博士、教授、博士生导师。

什么这样改”三个方面理解和把握新刑事诉讼法各条款的内涵和要求。新刑事诉讼法内容丰富，涉及面广，不仅有大量条款的修改，而且有许多新条款，特别是增设了一些新程序、新制度。我们既要理解和把握各条款的内涵和要求，又要了解各条款的前因和后果，还要从程序和制度的整体上把握各条款的定位和意义。检察职能贯穿刑事诉讼始终，每个条款都与检察工作直接或者间接相关，不仅要熟悉并严格执行直接规范检察活动的条款，而且要熟悉规范其他执法和司法机关活动的条款，全面履行法律监督职责。

首先，要把贯彻落实好新刑事诉讼法作为当前的一项重要任务。新刑事诉讼法与检察工作关系密切，能否贯彻落实好新刑事诉讼法直接关系到检察工作的全局。我们一定要高度重视，结合实际，认真谋划，扎实做好准备。其次，要按照新刑事诉讼法的要求，尽快建立健全检察工作机制和执法规范，譬如，证人的保护制度和强制出庭制度，侦查程序中的技术侦查和秘密侦查措施，以及逮捕、监视居住和取保候审条件的细化和完善，犯罪嫌疑人、被告人辩护权的扩大和强化，简易程序适用范围的扩大和完善等。最后，要组织好新刑事诉讼法的培训和学习，把自学与培训、交流结合起来，以高度的责任感、使命感把新刑事诉讼法贯彻好、执行好。

为了配合广大检察人员全面深入地学习贯彻新刑事诉讼法，最高人民检察院组织编写了《新刑事诉讼法适用指导丛书》。这套丛书共有8本，即《新刑事诉讼法理解与适用》、《检察机关贯彻新刑事诉讼法学习纲要》、《新刑事诉讼法与诉讼监督》、《新刑事诉讼法与职务犯罪侦查适用》、《新刑事诉讼法强制措施解读》、《新刑事诉讼法证据制度解读与适用》、《新刑事诉讼法适用疑难问题解答》、《中华人民共和国刑事诉讼法·中华人民共和国刑法》。这套丛书的内容基本能够满足广大检察人员学习掌握新刑事诉讼法内容的需要。

贯彻落实新刑事诉讼法是提高检察工作水平的重要契机。广大检察人员要以深化社会矛盾化解、社会管理创新、公正廉洁执法三项重点工作为着力点，以开展“忠诚、为民、公正、廉洁”政法干警核心价值观教育实践活动为动力，深入学习掌握新刑事诉讼法，全面提升检察工作水平，为促进经济平稳较快发展、维护国家安全和社会和谐稳定作出新贡献。

2012年3月16日

目　录

第一章 检察机关在刑事诉讼中的法律监督职责和任务

根据宪法和法律的规定，检察机关作为国家专门的法律监督机关，在刑事诉讼中依法履行对国家工作人员职务犯罪侦查、审查批准逮捕、提起公诉和对刑事诉讼实行法律监督等项职权。在构建社会主义和谐社会的新形势下，要充分发挥检察机关的法律监督职能，体现检察机关司法机关的性质，通过履行检察职权更有效地保障司法公正和社会正义、维护法治尊严、保障基本人权，进一步强化监督制约，提高诉讼效率。2012 年 3 月 14 日经十一届全国人大五次会议表决通过的新刑事诉讼法是继 1996 年刑事诉讼法修改后又一次重大、系统的修改，这次刑事诉讼法修改对于完善中国特色社会主义刑事诉讼制度、优化检察职权配置、保障检察机关准确及时惩罚犯罪、保护公民诉讼权利和其他合法权利，进一步提升我国诉讼文明、司法民主和人权保障水平都具有重要意义。同时，刑事诉讼法修改也使检察机关刑事诉讼法律监督工作面临新形势、新任务和新挑战，一些与修改后的刑事诉讼法实施相配套的制度和机制迫切需要建立健全。从总体上而言，检察机关在刑事诉讼中的各项职能、职权均有加强和完善的必要。

第一节 检察机关的性质、地位和职能

只有正确认识自己，才能对“应当做什么”以及“如何去做”作出合理的选择。因此，对我国检察机关性质、地位和职能的正确认识，不仅关系着我国检察制度建设的根基，同时也决定着检察实践的基本走向，是一个理论上和实践中都非常重要的问题。本书以我国检察机关的宪法定位为基础，从诉讼结构的角度，剖析我国检察机关的性质、法律地位和主要职能，力图全面客观认识我国检察机关的真实面貌，从一定角度回答“我是谁，我从哪里来、要到哪里去”这一关于检察制度历久弥新的基本问题。

一、我国检察机关的性质和地位

检察机关的性质和地位，是指宪法所规定的检察机关在国家机构体系中区别于其他机关的职能属性和由这种属性所决定的独立的或者附属的地位。检察机关的性质和地位是由国家特定政治体制下的权力架构所决定的。作为行使检察权的机关，检察机关的定位取决于检察权的定位。在我国，检察权来源于统一的国家权力，平行于行政权和审判权，是一种专门的、相对独立的国家法律监督权。因此，以行使法律监督权为核心的检察机关，就必然取得国家法律监督机关的性质，并且获得隶属于国家权力机关、平行于行政机关和审判机关的独立宪法地位。对此，我国宪法和法律有着明确规定。

根据我国宪法的规定，中华人民共和国人民检察院是国家的法律监督机关。它与行政机关、审判机关一样，由人民代表大会产生、向人民代表大会负责、受人民代表大会监督。检察机关依照法律规定独立行使职权，不受行政机关、社会团体和个人的干涉。这表明，从宪法定位上讲，我国检察机关并不依附于行政机关或者审判机关，而是被定性为国家法律监督机关，享有与行政机关、审判机关同样的独立宪法地位。这一宪法定位，奠定了我国检察机关建设和发展的基础，构成了我国检察制度的基本特色。

第一，我国检察机关是具有独立法律地位的法律监督机关。我国检察机关作为国家的法律监督机关，在国家权力架构中，是人民代表大会制度下与行政机关、审判机关平行的国家机关。把检察权定位为法律监督权，把检察机关定位为法律监督机关，是我国社会主义政权建设贯彻马克思主义国家与法的理论关于权力监督制约思想的重要体现。在西方国家，除少数检察机关与司法行政机关合一外，绝大多数是隶属于政府的司法行政部门，也有个别隶属于法院系统。特别是在“三权分立”的西方宪政体制下，统一的国家权力由立法机关、行政机关和审判机关构成，检察机关在国家权力结构中没有独立的法律地位。这是因为在实行“三权分立”体制的西方国家，国家权力的监督制约主要是通过立法权、行政权和司法权的相互鼎立与制衡来实现，无须设立专门的法律监督机关。而在我国人民代表大会制度下，不存在这种国家权力的鼎足而立，只有在统一的国家权力之下所进行的合理分工。这种权力架构中的分工并不是按照西方国家“三权分立”的模式进行的，而是从有利于保证人民民主专政的政权和充分体现人民代表大会制度的优越性出发，根据权力监督制约规律和国情实际来进行分工的。这就使得在西方国家所没有的法律监督权和法律监督机关在社会主义政权建设中得以产生。也正是在这样一种政治权力架构中，检察机关获得了独立的法律地位，成为与行政机关、审判机关相平行的国家机关。

第二，我国检察机关是法律监督机关，而不仅仅是公诉机关。有的学者认为，检察机关应该是公诉机关，并隶属于司法行政部门。理由是，世界各国检察机关的根本职能都是公诉，属于公诉机关。检察机关代表国家积极、主动地追诉犯罪和实行上命下从的一体化体制，体现了鲜明的行政化特征，而不同于司法机关的被动、中立和终局裁断等基本特征。尤其是从刑事诉讼结构来看，检察机关仅仅是刑事原告，不能承担法律监督尤其是审判监督的任务，否则不利于保证控辩双方地位的均衡，也不利于维护法院在司法中的至高无上的地位。因而，主张取消我国检察机关作为法律监督机关的宪法定位，使我国检察机关回归为公诉机关的地位。① 我们认为，这种主张我国检察机关是公诉机关的观点，只是从刑事诉讼结构的层面上来认识问题，没有认识到在我国人民代表大会制度的政治体制下，建立一种专门的法律监督机关的必要性和重要性。如前所述，我国国家权力架构中的分工并不是按照西方国家“三权分立”的模式进行的，而是根据权力监督制约规律和国情实际来进行分工的。在人民代表大会制度这样一种政治架构中，检察机关从“政府律师”和刑事原告的传统角色，提升为对行政权、审判权等权力进行监督制约的新的角色。检察机关的公诉职能与法律监督职能实现了有机结合，被赋予了新的内涵。公诉不再仅仅被视为一种简单的诉讼手段，而是被赋予了追究破坏法制行为以保障国家刑事法律实施的更为重要的性质和使命。也就是说，在人民代表大会制度下，对于检察机关的性质问题，已不能再局限于刑事诉讼层面，而是要立足于国家权力监督制约的宪政层面上来认识。作为担负保障国家法律统一正确实施职责的法律监督机关，检察机关除了要监督公民、法人遵守法律外，还要监督有关执法部门和司法机关的执法、司法活动，公诉权只是检察机关用以监督纠正违反刑法行为的一种具体权能，而不是其职能的全部。因此，像西方国家一样用公诉机关来定位我国检察机关，显然是不符合人民代表大会制度关于国家权力的运作和分工机制的。

第三，我国检察机关是法律监督机关，而非司法监督机关。还有一些学者主张我国检察机关应当是司法监督机关，或者是公诉机关和司法监督机关。主张我国检察机关是司法监督机关的主要理由是，我国宪法虽然规定检察机关是

① 参见郝银钟：《论检察机关的角色定位与诉讼职能的重构》，载《刑事法评论》（第4卷），中国政法大学出版社1999年版，第43页；夏邦：《中国检察院体制应予取消》，载《法学》1999年第7期；崔敏：《论司法权的合理配置》，载信春鹰、李林主编：《依法治国与司法改革》，中国法制出版社1999年版。

法律监督机关，但从实际情况看，是盛名之下其实难副，是“大帽子，瘦身子”，因为现在的检察机关已没有了一般监督的职能，其主要职责是开展司法监督，因而主张摘掉法律监督机关这顶“大帽子”，按照司法监督机关的性质和要求来建设检察机关。① 主张我国检察机关是公诉机关和司法监督机关的主要理由是，根据我国法律的规定，检察机关具有侦查权、公诉权和对诉讼活动进行监督等职权。显然，它不是单纯的公诉机关，而是兼有公诉机关和司法监督机关的性质。因此，应当通过修改宪法和法律，将检察机关定性为“国家的公诉机关和司法监督机关”。② 我们认为，主张我国检察机关应当是司法监督机关的观点，虽然看到了检察机关职能的监督性，但是在认识上存在偏差，犯了以司法监督之偏概法律监督之全的错误。所谓司法监督，常常被论述者在两种不同的语义上使用。广义上是指运用公诉等司法手段监督公民遵守法律，以及对司法活动是否合法进行监督。狭义上仅指检察机关对立案、侦查、审判、执行等司法活动是否合法进行监督。主张我国检察机关应当按照司法监督机关来定位的观点，主要是在广义上来论述的；而主张按照公诉机关和司法监督机关来定位的观点，则是在狭义上来论述的。持这两种观点的学者都认为，我国检察机关没有也不可能担负起专门的、普遍的法律监督职责，只能担负公诉职能和对司法活动进行监督的职责，故其性质也应确定为司法监督机关，或者确定为公诉机关和司法监督机关，而不应冠以法律监督机关的“大帽子”。我们认为，这种认识不符合社会主义法制原则的要求。社会主义法制的基本原则是：有法可依，有法必依，执法必严，违法必究。这里，不仅包含了立法、守法、执法、司法的内容，而且也包含了法律监督。如果没有法律监督，有法必依、执法必严、违法必究就会成为空话。因此，要实现社会主义法制原则的要求，建设社会主义法制国家，就必须建立和加强法律监督机制，建设一个强有力的法律监督机关。我国宪法和法律之所以将检察机关定位为法律监督机关，其出发点也正在于此。一方面，如果在国家机构中取消专门的法律监督机关的设置，将检察机关的职能缩小为司法监督，就势必使司法机关以外的其他机关和人员的职务活动等，被置于具有国家强制力的检察机关的法律监督之外，这就无法做到以司法手段普遍地保障国家法律的统一正确实施，显然不符合社会主义法制原则的要求。另一方面，从实然角度来看，我国检察机关也并

---

① 参见陈卫东主编：《刑事诉讼法实施问题调研报告》，中国方正出版社 2001 年版，第 72、73 页。

② 孙谦、刘立宪主编：《检察理论研究综述（1989—1999）》，中国检察出版社 2000 年版，第 12～18 页。

非仅仅行使公诉权和对司法活动的监督权。我国检察机关虽然不再行使“一般监督”的职权，但是并不等于说它就不能对司法机关以外的其他机关、部门及其工作人员的违法行为实行法律监督。事实上，这种监督在实践中并不鲜见。譬如，检察机关依法对国家工作人员的各类职务犯罪行为开展预防和立案追究，对行政执法机关“以罚代刑”、不依法移交涉嫌犯罪案件的监督，对与案件有关的机关、单位在执行法律中存在的问题和漏洞提出检察建议等，都已经超出了对司法活动进行监督的范围。可见，我国检察机关不仅在宪法、法律上被定位为法律监督机关，而且在实践中也确实履行着较为广泛的法律监督职责，而绝非仅仅限于司法监督。

二、我国检察机关的主要职能

检察机关的职能是由其性质和地位决定的。在我国，检察机关是国家的法律监督机关，理所当然行使法律监督职能。我国检察机关作为专门的法律监督机关，根据人民检察院组织法及有关诉讼法的规定具体行使职务犯罪侦查权、审查批准逮捕权、公诉权，对刑事侦查、审判、执行的监督权以及对民事审判、行政诉讼的法律监督权等职权。

对于我国检察机关法律监督职能和具体职权的关系，主要有两种观点：第一种观点认为，我国检察机关作为法律监督机关，其行使的各项职权都是法律监督职能的体现，如侦查权、公诉权等无一例外均属于法律监督性质的职权。第二种观点认为，我国检察机关的性质、地位决定了检察机关总体上行使法律监督职能，具体职权的基本方向属于法律监督，但有的职权，如职务犯罪侦查权、审查批准逮捕权、公诉权，并不一定属于法律监督的范围。

应当说，检察制度的产生和发挥作用，一方面，在刑事诉讼中监督警察的活动，以保障基本人权；另一方面，通过控审分离、不告不理等原则制约法官的审判，以维护司法公正和司法独立。“检察官之职责不单单在于刑事被告之追诉，并且也在于‘国家权力之双重控制’（Doppelte Kontrolle Derstaats-gewalt）。检察官作为法律守护人，既要保护被告免于法官之擅断，亦要保护其免于警察之恣意……这体现了检察官在国家权力上定位问题之解决方向。”①因此，检察官对警察的侦查活动进行监督是没有什么异议的。审查批准逮捕作为司法审查是这种监督的典型代表，对职务犯罪的侦查也可以理解为独立于行政、审判机关之外的检察院通过刑事追诉监督国家工作人员严重违法犯罪的一种方式。至于公诉职能，作为一种求刑权，其主要任务是通过对侦查结果的筛

① 林钰雄：《刑事诉讼法》，台湾中华书局2008年版，第111～118页。

选，控制法官裁判的入口。法官基于不告不理的原则，必须在检察官提起公诉后才能开始审理程序，检察官不提起公诉，法官便无案可判，这本身是对法官审判的一种制约。公诉权的法治价值也在于独立、公正、客观的检察官通过实行公诉，维护法律的正确实施，站在国家和社会公共利益的角度保证审判机关依法独立行使审判权。检察机关在履行审判监督职责时，要妥善处理作为监督者和检控者的角色定位问题，应当完全站在法律的立场，客观公正地处理检法关系，不能单纯从代表国家的刑事原告角度履行职责。检察院在行使公诉权时对法院的审判监督，应当严格按照法律规定的范围、程序和方式进行。这种监督并不是凌驾于法院之上直接或间接对法院的活动进行干涉，而是主要通过诉讼方式对法院审判中出现的违法行为和认为存在错误的裁判提出意见，由法院本身或者上级法院予以纠正。为更好地维护控辩平等、法官居中裁判的诉讼结构和原则，应当将检察机关中公诉角色与监督角色适当分离，[①]这两种职能应当由检察机关内不同部门、人员承担，出庭公诉应当由公诉人个人代表国家进行，审判监督则应当主要由检察院作出决定并以检察院的名义向法院提出，使检察机关的各项职能按照诉讼规律合理进行。

法律监督是依照“法律”进行监督，还是对“法律”进行监督？答案显然是后者。法律运作的动态过程可以从纵向和横向两个角度考察。从纵向角度，可以分为法律创制、法律执行（司法）、法律遵守等。我国检察机关对立法活动无监督权，在执法中主要是对民事、刑事诉讼（侦查、审判、执行）进行监督。从横向角度，法律广义上包括宪法以及各部门法。我国检察机关主要是对刑事实体、程序法以及民事、行政诉讼涉及的有关法律进行监督，对宪法性法律、除监狱法外的大部分行政法以及经济法、社会法等一般均无监督的职权。

从宪法和有关法律的规定及人大工作的实践看，监督权同样是宪法和法律赋予人大的重要职权。从检察机关法律监督与人大监督的比较中可以看出检察机关监督的范围及对其的限制。根据《宪法》第62条、第67条的规定，“监督宪法的实施”的职权属于全国人民代表大会及其常委会；“解释宪法、法律”的职权属于全国人大常委会。全国人大常委会有权撤销省、自治区、直辖市权力机关制定的同宪法、法律和行政法规相抵触的地方性法规和决议。可见，对宪法监督的职权属于全国人大及其常委会；对行政法规、地方性法规监督的职权属于全国人大常委会。对宪法以外的法律的监督由谁行使，宪法未作明确规定，但规定检察机关是法律监督机关。这里的法律不是所有的法律，主

① 参见龙宗智：《检察制度教程》，法律出版社2002年版，第124页。

要限于刑事、民事法律方面，涉及民法、商法、刑法、刑事诉讼法等。

综上所述，我国检察机关的法律监督职能，依据现行法律的规定，主要是一种诉讼法律监督的职能，或者说主要属于司法监督的范畴。监督的范围主要限于刑法、民法和诉讼法等法律，监督的方式主要是通过诉讼的途径。这是从实证、客观角度得出的结论。从我国检察机关在宪政体制中的地位和保证法制统一、正确实施的客观需要出发，应当研究如何拓展检察机关法律监督的范围、手段，使检察机关成为名副其实的法律监督机关。

第二节 刑事诉讼法律监督的指导思想和工作原则

一、刑事诉讼法律监督的指导思想

我国社会主义检察制度是中国特色社会主义司法制度的重要组成部分。检察机关依法履行法律监督职能，开展刑事诉讼监督工作，应当坚持中国特色社会主义理论的指导，充分发挥中国特色社会主义司法制度、检察制度的优越性。在新形势下，检察机关加强对刑事诉讼活动的监督工作应当坚持以下指导思想：高举中国特色社会主义伟大旗帜，以邓小平理论、“三个代表”重要思想为指导，深入贯彻落实科学发展观，坚持社会主义法治理念，坚持党的事业至上、人民利益至上、宪法法律至上，将加强刑事诉讼监督作为检察工作的重要任务，不断增强做好刑事诉讼监督工作、维护司法公正的责任感，严格依法履行检察机关的法律监督职能，进一步加大工作力度，狠抓薄弱环节，突出监督重点，完善监督机制，强化监督措施，提高监督能力，增强监督实效，促进司法公正，切实维护刑事诉讼当事人的合法权益，服务构建社会主义和谐社会，服务党和国家工作大局。

二、刑事诉讼法律监督的工作原则

当前，检察机关开展刑事诉讼监督工作，应当坚持和遵循以下几项工作原则：

1. 敢于监督，善于监督

检察机关在依法履行刑事诉讼监督职能时，必须牢牢把握宪法和法律关于人民检察院是国家法律监督机关的职能定位，始终把强化法律监督、维护公平正义作为检察工作的根本任务。对于刑事诉讼活动中的违法犯罪行为，要不断增强监督意识，加大监督力度，做到既敢于监督，刚正不阿，又善于监督，慎重行事，讲究方式方法，不断提高监督水平，更好地担负起维护司法公正、维护社会公平正义的重任。

2. 依法监督，规范监督

检察机关开展刑事诉讼监督工作，必须严格依据法律赋予的职权，按照法律规定的程序，规范刑事诉讼监督机制和手段，运用查处职务犯罪、抗诉、纠正违法通知书、检察建议、建议更换办案人等方式开展监督工作，及时纠正刑事诉讼中的严重违法行为，严肃查处司法不公背后的职务犯罪，全力维护司法公正。

3. 突出监督重点，注重监督实效

检察机关开展刑事诉讼监督工作，应当突出重点，要紧紧抓住人民群众反映强烈的执法不严、司法不公问题，着力解决人民群众最关心、最直接、最现实的问题，加强对立案、侦查、审查逮捕、审查起诉、审判、执行等重点环节和关键岗位的监督，重点加大对刑事诉讼中实体、程序方面的严重违法和司法不公背后的职务犯罪的监督和查处力度，切实提高攻坚克难能力和法律监督水平，把工作着力点放在增强实效上，使刑事诉讼中的违法行为得到纠正，错误判决、裁定得到改判，职务犯罪得到查处，在刑事诉讼监督中实现促进公安司法机关公正执法、公正司法的效果。

4. 监督的力度、质量、效率、效果相统一

检察机关加强刑事诉讼监督工作，必须正确处理刑事诉讼监督中的一系列关系，坚持监督的力度、质量、效率和效果的有机统一，加大监督力度，保证监督质量，提高监督效率，追求最佳的监督效果，使刑事诉讼监督实现打击犯罪与保障人权，实体公正与程序公正，监督制约与协调配合，法律效果与政治效果、社会效果的有机统一。

5. 处理好监督与支持的关系

检察机关与公安机关、审判机关、刑罚执行机关虽然在刑事诉讼活动中分工不同，但目标是一致的，都在各自职权范围内执行宪法和法律，为中国特色社会主义服务。检察机关加强刑事诉讼监督，目的是促进和支持司法机关严格依法行使职权，保障各机关协调有效地开展工作，确保宪法和法律得到全面正确的贯彻实施，维护社会主义法制的统一和尊严。在刑事诉讼监督工作中，检察机关和检察干警要树立监督就是支持、监督与支持相统一的理念，在监督中支持，在支持中监督，推动社会主义法治建设的顺利进行。

第三节　检察机关在刑事诉讼中的法律监督职能和任务

根据我国宪法的规定，人民检察院是国家专门的法律监督机关，行使法律监督职权。《刑事诉讼法》第 8 条明确规定，人民检察院依法对刑事诉讼实行法律监督。可见，对刑事诉讼活动实行法律监督，是宪法和法律赋予检察机关的重要职责，是检察机关法律监督体系的一个重要组成部分。这种法律监督与公、检、法三机关之间的相互制约既有联系，又有质的区别，不能相互混淆和替代。从广义来说，监督也是一种制约、制衡、约束，刑事诉讼中监督与制约都能起到防止和纠正工作中失误的作用，以利于正确认识和实施法律。但是监督与制约是有区别的。这种区别在于：首先，互相制约是由于侦查、控诉、审判的分工不同，职能的内涵各异，互相衔接，互相发生作用而产生互相制约的诉讼机制。这种互相制约以一方的存在作为另一方存在的前提，而对诉讼活动是否合法的监督是检察机关法律监督的一种形式及其在诉讼中的具体表现。只有检察机关才是监督主体，而并非互相制约的各方都互为监督主体。其次，制约与监督的表现形式不同，制约主要表现为一个程序结束向另一个程序转换时两个诉讼程序的主体间的相互关系，它的指向主要是诉讼的结果。而诉讼监督不同，它存在于诉讼活动的始终，不仅包括对诉讼结果的监督，而且包括对诉讼过程的监督。再次，制约是双向的，但监督是单向的，不具有双向性的特征。最后，互相制约关系随着诉讼程序的推移而自行得以解决，对监督来说，对刑事诉讼中违法行为的纠正则不适用一般刑事诉讼程序，而适用纠正违法行为的程序。

多年来的司法实践表明，检察机关依法履行对刑事诉讼的法律监督职责，对于保证刑事诉讼活动的顺利进行，保障国家刑罚权的正确实现，维护国家法律的正确统一实施，实现社会公平和正义，具有重要意义。具体而言，人民检察院对刑事诉讼的法律监督，主要包括刑事立案监督、刑事侦查监督、刑事审判监督、刑罚执行和监管活动监督。①

一、刑事立案监督

刑事立案监督是人民检察院依法对侦查机关的立案活动是否合法进行的监督，是纠正司法实践中有案不立、有罪不究、以罚代刑等执法不严问题的有力措施。刑事立案监督主要体现在两个方面：

1. 修改后的《刑事诉讼法》第111条的规定。该条规定："人民检察院认为公安机关对应当立案侦查的案件而不立案侦查的，或者被害人认为公安机关对应当立案侦查的案件而不立案侦查，向人民检察院提出的，人民检察院应当要求公安机关说明不立案的理由。人民检察院认为公安机关不立案理由不能成立的，应当通知公安机关立案，公安机关接到通知后应当立案。"从这一规定可以看出，(1) 人民检察院立案监督的重点是公安机关应当立案侦查而不立案侦查的案件；(2) 人民检察院有权要求公安机关说明不立案的理由；(3) 公安机关不立案的理由不能成立的，人民检察院应通知公安机关立案，这一"通知"具有指令性，公安机关必须执行；(4) 公安机关接到通知后应当立案，即必须立案。这集中体现了检察机关代表国家追诉犯罪的职能，是检察机关监督权、公诉权的必然表现。

人民检察院在适用这一规定时，监督的重点应当是具有案情重大、有较大社会影响或者徇私舞弊情形之一的公安机关有案不立、有罪不究、以罚代刑的案件。案件的来源应当是人民检察院在审查批准逮捕、审查起诉中发现的，或者是被害人提出控告的及党委、人大等有关部门提出。此外，根据修改后的《刑事诉讼法》第8条和《人民检察院刑事诉讼规则》第387条的规定，对于公安机关不应当立案侦查而立案侦查的，人民检察院应当向公安机关提出纠正意见。因此，公安机关对不符合刑事诉讼法规定的立案条件的案件立案侦查

① 对于"刑事诉讼监督"的界定，在理论上存在两种不同观点。一种观点认为，检察机关是法律监督机关，所行使的职权是法律监督权，因此对检察机关在刑事诉讼中的审查批捕、审查起诉、职务犯罪侦查活动以及对侦查、审判、刑罚执行和监管活动是否合法进行的监督活动都是诉讼监督。另一种观点认为，刑事诉讼监督应当仅指检察机关依法对侦查、审判、刑罚执行和监管活动是否合法进行的监督，包括刑事立案监督、侦查监督、审判监督、刑罚执行和监管活动监督等，也包括通过批捕、起诉、侦查诉讼中的职务犯罪等工作对诉讼活动实行的监督，但不包括审查逮捕、审查起诉工作本身，也不包括对诉讼活动之外实施的职务犯罪的侦查。在检察机关的工作实践以及检察理论研究中，"刑事诉讼监督"通常都是在后一种意义上使用的，我们对于刑事诉讼监督职能的划分也是基于这一理解而展开。

的，也应当纳入人民检察院刑事立案监督的范围。

2. 修改后的《刑事诉讼法》第18条第2款的特殊规定。该款后半部分规定："对于国家机关工作人员利用职权实施的其他重大的犯罪案件，需要由人民检察院直接受理的时候，经省级以上人民检察院决定，可以由人民检察院立案侦查。"这一规定，主要是赋予人民检察院对立案活动、侦查活动实施个案监督的权力，是为了充分发挥人民检察院的法律监督职能，保证使一切犯罪特别是国家机关工作人员利用职权实施的重大犯罪依法受到惩处。人民检察院通过这种方式对一些个案行使追诉权，并不是要包揽其他机关的侦查权，而是通过这种方式加强执法监督、促进严格执法，维护国家法律统一正确适用。这一规定，是人民检察院在直接立案侦查案件方面的特殊规定，在执法中应当从严掌握，不能借此任意扩大人民检察院直接受理案件范围。根据司法实践的具体情况，这类案件主要包括：（1）有关机关对于国家机关工作人员犯罪案件有案不立、有罪不究，经人民检察院通知立案仍未依法追究的案件；（2）以罚代刑，降格处理，经人民检察院督促后仍不纠正的案件；（3）对于是否构成犯罪认识不一致，而人民检察院认为应当依法追究刑事责任的案件；（4）一案涉及数罪，既有属于人民检察院立案管辖，又有属于公安机关或其他部门管辖的，由人民检察院管辖更为适宜或者后者坚持不受理的案件；（5）对案件管辖发生争议，而有管辖权的机关拒不侦查或者长期拖延不予立案侦查的案件；（6）与需要追究徇私舞弊行为相关联的案件；（7）在特殊情况下，由特定组织交由人民检察院直接立案侦查的案件。

二、刑事侦查监督

刑事侦查监督是人民检察院对公安机关等侦查机关的刑事侦查活动是否合法进行的监督。对侦查活动进行监督，是人民检察院法律监督职权的重要内容之一。这对于及时发现并纠正侦查活动中的违法行为，惩治犯罪、保障人权、维护司法公正具有重要意义。

根据刑事诉讼法和人民检察院刑事诉讼规则的规定，人民检察院对刑事侦查行为是否合法进行监督，重点是发现和纠正以下违法行为：（1）对犯罪嫌疑人刑讯逼供、诱供的；（2）对被害人、证人以体罚、威胁、诱骗等非法手段获取证言、收集证据的；（3）伪造、隐匿、销毁、调换和私自涂改证据的；（4）徇私舞弊、放纵、包庇犯罪分子的；（5）有意制造冤、假、错案的；（6）在侦查活动中利用职务之便谋取非法利益的；（7）在侦查过程中不应当撤案而撤案的；（8）贪污、挪用、调换所扣押、冻结的款物及其孳息的；（9）违反刑事诉讼法关于采取、执行、变更、撤销强制措施规定的；（10）违反羁押和办案期限规定的；（11）其他违反刑事诉讼法规定的行为。

人民检察院的刑事侦查监督，主要是通过审查批捕、审查起诉进行，同时在参与公安机关等侦查机关的侦查活动、对案件进行补充侦查以及受理举报和控告中，也可以发现侦查机关侦查活动中的违法行为。要认真审查关于公安机关负责人等侦查机关负责人回避的申请，在必要时派人参加公安机关等侦查机关对于重大案件的讨论；人民检察院在审查案件的时候，对于公安机关等侦查机关的勘验、检查，认为需要复验、复查时，可以要求相关机关复验、复查，并且可以派检察人员参加。对于发现的违法行为，应当予以纠正。对于一般的违法行为，可以采取口头提出纠正意见或发出《纠正违法通知书》的方式；对于情节严重、构成犯罪的，应当依法追究其刑事责任。

三、刑事审判监督

刑事审判监督是人民检察院对人民法院作出的刑事判决或裁定在认定事实、适用法律上是否正确以及审判活动有无违法行为进行的监督。《人民检察院组织法》第 5 条规定，人民检察院“对于人民法院的审判活动是否合法，实行监督”。修改后的《刑事诉讼法》第 203 条规定：“人民检察院发现人民法院审理案件违反法律规定的诉讼程序，有权向人民法院提出纠正意见。”这是人民检察院对刑事审判活动进行监督的具体法律依据。

人民检察院对刑事审判活动进行监督具有如下几个特点：第一，监督的主体是人民检察院。这一职权应当由人民检察院行使，而不能简单由公诉人个人行使，因此应当经过一定的法定程序；第二，监督的对象是人民法院审理案件中违反刑事诉讼法等有关法律规定的行为；第三，监督的目的是为了保障人民法院依法正确行使刑事审判权，维护司法公正和效率。

刑事审判监督的主要内容包括：（1）人民法院对刑事案件的受理活动是否合法；（2）人民法院对刑事案件的管辖是否合法；（3）人民法院审理刑事案件是否违反了法定的审理和送达期限；（4）人民法院审判组织的组成是否合法；（5）在法庭审理时是否违反法定程序；（6）是否存在侵犯当事人和其他诉讼参与人诉讼权利或者其他合法权利的行为；（7）法庭审理中对有关回避、强制措施、调查、延期审理等程序问题所作的决定是否符合法律规定；（8）审判人员是否存在徇私枉法行为；（9）是否存在其他违反法律规定的行为。对于人民法院审判活动中的违法行为，人民检察院根据不同情况，可以采取以下几种方式监督纠正：对人民法院审判活动中出现的一般不规范行为，可以通过检察建议的方式予以纠正；对违法审判行为发出《纠正违法通知书》；对违反程序可能影响诉讼公正的裁定提出抗诉；对审判人员在审判活动中徇私舞弊、枉法裁判，情节严重，构成犯罪的，移交侦查部门追究刑事责任。

四、刑罚执行和监管活动监督

刑罚执行和监管活动监督是检察机关依法对刑事判决、裁定执行活动是否合法以及看守所、监狱收押、监管、释放犯罪嫌疑人、被告人、罪犯的活动是否合法进行的监督。修改后的《刑事诉讼法》第265条规定：“人民检察院对执行机关执行刑罚的活动是否合法进行监督。如果发现有违法的情况，应当通知执行机关纠正。”根据刑罚执行机关、执行场所的不同，人民检察院对刑罚执行和监管活动的监督主要包括：对判处死刑立即执行、死刑缓期执行的监督；对判处有期徒刑、无期徒刑、拘役执行的监督；对判处管制、剥夺政治权利、宣告缓刑、暂予监外执行、假释的判决和裁定的执行的监督以及对罚金刑、没收财产刑等刑罚执行活动所进行的监督。

1. 对死刑判决执行的监督。对于死刑立即执行的临场监督，根据修改后的《刑事诉讼法》第252条的规定，人民法院在交付执行死刑前，应当通知同级人民检察院派员现场监督。现场监督的内容包括：执行死刑立即执行的程序是否合法，手续是否完备；指挥执行的审判人员在交付执行前是否对罪犯验明正身，以防止错杀、误杀，是否讯问有无遗言、信札等；有无应当停止执行死刑的情形；死刑的执行方法、场所是否合法；死刑执行后，是否查明罪犯已经死亡，交付执行的人民法院是否通知罪犯家属等。检察人员发现人民法院在执行死刑过程中存在违法的，应当及时提出纠正意见。对于现场监督的执行情况，要制作笔录存档。

对于死刑缓期执行的监督，根据刑事诉讼法的有关规定，人民检察院对死刑缓期执行活动监督的主要内容包括：人民法院是否将判处死刑缓期执行的罪犯交付监狱执行刑罚；对在死刑缓期执行二年期间又故意犯罪的罪犯，人民法院是否依法核准或者裁定执行死刑；执行机关是否依照法定的条件和程序，按期提出对死刑缓期执行的罪犯的减刑的意见，有权裁定减刑的人民法院是否依法裁定减刑等。

2. 对监管场所执行刑罚的监督。这里的监管场所主要包括监狱、看守所、拘役所等。对监管场所执行刑罚的监督，主要包括：第一，对刑罚交付执行的监督。包括监督交付执行的刑罚是否是已经发生法律效力的判决、裁定；是否及时将已经发生法律效力的刑事判决、裁定交付执行；交付执行时，法律文书、手续是否齐全；刑罚执行机关是否依法收押罪犯等。第二，对刑罚执行变更的监督。根据我国刑法、刑事诉讼法的规定，刑罚的变更执行包括减刑、假释、暂予监外执行三种。对减刑、假释、暂予监外执行的监督，包括这些刑罚变更的活动是否符合法定条件，变更后刑罚措施的执行是否符合法律的规定。第三，对刑罚终止执行的监督。根据我国法律规定，终止刑罚执行有四种情况，即罪犯刑期已满；法院依法决定释放；特赦；被执行刑罚的罪犯已经死亡。人民检察院对刑罚终止的监督，包括监督终止执行的情形是否符合法律规定；执行机关是否及时依法释放罪犯并发给释放证明；对执行刑罚中罪犯死亡的处理是否合法等。第四，监督对服刑罪犯提出的申诉、控告、检举的处理是否合法。第五，对监狱狱政管理和教育改造罪犯的活动进行监督。

3. 对在社会上执行刑罚活动的监督。这种监督是指人民检察院对公安机关执行人民法院已发生法律效力的管制、剥夺政治权利、宣告缓刑、假释的判决、裁定和暂予监外执行的活动是否合法进行的监督。对管制刑的监督，主要是监督被判处管制刑的罪犯是否被及时交付执行，公安机关的监督措施是否落实等。对剥夺政治权利的刑罚执行的监督，主要监督公安机关的监督考察措施是否落实，应当剥夺的权利是否被剥夺等。对宣告缓刑的执行的监督，主要监督公安机关应当撤销缓刑的法定情形出现时，执行机关是否及时依法处理，被宣告缓刑的考验期满后，公安机关是否及时公开予以宣告等。

第四节　修改后的刑事诉讼法加强和完善检察机关对刑事诉讼的法律监督

十一届全国人大五次会议表决通过的《关于修改〈中华人民共和国刑事诉讼法〉的决定》，进一步完善了刑事诉讼中检察机关的权力配置，强化了检察机关对刑事诉讼的法律监督制度和措施，把检察监督职能贯彻到了刑事诉讼的各个阶段，形成了一套完整的科学监督机制，是检察制度的重大改革和完善，对于深化司法改革、检察改革，保障检察机关更有效地行使职权，促进司法公正具有重要的意义。

一、改革侦查程序，健全强制措施，提高检察机关查办职务犯罪的能力和水平

人民检察院依法对贪污贿赂犯罪、国家工作人员的渎职犯罪以及国家机关工作人员利用职权实施的非法拘禁、刑讯逼供、报复陷害、非法搜查的侵犯公民人身权利、民主权利的犯罪进行立案侦查。为有效提高检察机关的侦查能力和侦查水平，修改后的刑事诉讼法改革了侦查程序，健全了强制措施。

1. 完善讯问犯罪嫌疑人的程序，适当延长了传唤、拘传时间。根据检察

机关侦查工作的实际需要，增加了口头传唤犯罪嫌疑人的程序；适当延长了特别重大复杂案件传唤、拘传的时间，修改后的刑事诉讼法规定，传唤、拘传持续的时间不得超过12小时；案情特别重大、复杂，需要采取拘传、逮捕措施的，传唤、拘传持续的时间不得超过24小时。

2. 对特别重大贿赂犯罪案件增加指定居所监视居住的措施。为加大惩治腐败犯罪力度，提高检察机关查办特别重大贿赂犯罪能力，修改后的刑事诉讼法规定，对于特别重大贿赂犯罪，在住处执行监视居住可能有碍侦查的，经上一级人民检察院批准，也可以在指定的居所执行。但是，不得在羁押场所、专门的办案场所执行。

3. 适当延长了检察院自侦案件审查决定逮捕的时间。修改后的刑事诉讼法规定，人民检察院对直接受理的案件中被拘留的人，认为需要逮捕的，应当在14日以内作出决定。在特殊情况下，决定逮捕的时间可以延长1日至3日。

4. 赋予检察机关使用技术侦查措施的权力。为完善侦查措施，赋予侦查机关必要的侦查手段，加强打击职务犯罪的力度，修改后的刑事诉讼法规定，人民检察院在立案后，对于重大的贪污、贿赂犯罪案件以及利用职权实施的严重侵犯公民人身权利的重大犯罪案件，根据侦查犯罪的需要，经过严格的批准手续，可以采取技术侦查措施，按照规定交有关机关执行。

5. 增加了一些必要的侦查措施。根据侦查犯罪的实际需要，修改后的刑事诉讼法为检察机关增加了一些更为有效的侦查措施，如增加规定了询问证人的地点，完善了人身检查的程序，在查询、冻结的范围中增加了债券、股票、基金份额等财产。

二、明确监督责任，完善监督程序，加强对检察机关执法活动的制约和监督

在我国，人民检察院在刑事诉讼中不仅是国家公诉机构，同时还是国家法律监督机关。因此，检察机关应当妥善处理好所承担的诉讼职能与诉讼监督职能的关系，着力保证法律的正确实施，实现司法的公平正义，维护犯罪嫌疑人、被告人及其辩护人的合法权益。修改后的刑事诉讼法从多个方面强化了检察机关履行刑事诉讼监督职能方面的责任。

1. 完善犯罪嫌疑人权利保障，规范检察机关执法行为。修改后的刑事诉讼法将尊重和保障人权写入了刑事诉讼法，并在多项具体制度和规定中赋予了犯罪嫌疑人、辩护人、诉讼代理人一系列诉讼权利。为维护犯罪嫌疑人合法权利，保证辩护人、诉讼代理人依法行使职权，修改后的刑事诉讼法规定，辩护律师持律师执业证书、律师事务所证明和委托书或者法律援助公函要求会见在

押的犯罪嫌疑人、被告人的，看守所应当及时安排会见，至迟不得超过48小时。① 辩护人认为在侦查、审查起诉期间公安机关、人民检察院收集的证明犯罪嫌疑人、被告人无罪或者罪轻的证据材料未提交的，可以申请人民检察院、人民法院调取有关证据。辩护人、诉讼代理人认为公安机关、人民检察院、人民法院及其工作人员阻碍其依法行使诉讼权利的，有权向同级或者上一级人民检察院申诉或者控告。人民检察院对申诉或者控告应当及时进行审查，情况属实的，通知有关机构予以纠正。

2. 明确了检察机关对查封、扣押、冻结等侦查措施的监督责任。为强化对侦查措施的规范、制约和监督，防止滥用，修改后的刑事诉讼法规定，当事人和辩护人、诉讼代理人、利害关系人对于司法机关及其工作人员有下列行为之一，侵犯其合法权益的，有权向该机关申诉或者控告：（1）采取强制措施法定期限届满，不予以释放、解除或者变更强制措施的；（2）应当退还取保候审保证金不退还的；（3）对与案件无关的财物采取查封、扣押、冻结措施的；（4）应当解除查封、扣押、冻结不解除的；（5）贪污、挪用、私分、调换、违反规定使用查封、扣押、冻结的财物的。受理申诉或者控告的机关应当及时处理。对处理不服的，可以向同级人民检察院申诉，人民检察院直接受理的案件，可以向上一级人民检察院申诉。人民检察院对申诉应当及时进行审查，情况属实的，通知有关机关予以纠正。

3. 进一步规范审查批准逮捕的程序。为保证检察机关正确行使批准逮捕权，防止错误逮捕，修改后的刑事诉讼法将逮捕条件细化为以下情形：（1）可能实施新的犯罪的；（2）有危害国家安全、公共安全或者社会秩序的现实危险的；（3）可能毁灭、伪造证据，干扰证人作证或者串供的；（4）可能对被害人、举报人、控告人实施打击报复的；（5）企图自杀或者逃跑的。同时还增加规定了讯问犯罪嫌疑人和听取辩护律师意见的程序，使审查逮捕更具有公开性、诉讼性。修改后的刑事诉讼法规定，人民检察院审查批准逮捕，可以讯问犯罪嫌疑人；有下列情形之一的，应当讯问犯罪嫌疑人：（1）对是否符合逮捕条件有疑问的；（2）犯罪嫌疑人要求向检察人员当面陈述的；（3）侦查活动可能有重大违法行为的。人民检察院审查批准逮捕，可以询问证人等诉讼参与人，听取辩护律师的意见；辩护律师提出要求的，应当听取辩护律师的意见。

① 但是为加大惩治腐败犯罪力度，提高检察机关查办特别重大贿赂犯罪能力，修改后的刑事诉讼法规定，特别重大贿赂犯罪案件，在侦查期间辩护律师会见在押的犯罪嫌疑人，应当经侦查机关许可。

三、完善审查起诉和出庭支持公诉制度

审查起诉、出庭支持公诉是检察机关的重要职责。在侦查终结之后通过审查起诉，决定起诉或者不起诉，是控审分离、不告不理原则的重要体现。修改后的刑事诉讼法对审查起诉、出庭支持公诉制度作了一系列完善的规定。

1. 增设了开庭前的准备程序。修改后的刑事诉讼法规定，审判人员可以召集控辩双方就回避、出庭证人名单，非法证据排除等听取意见，做好庭审的准备工作，将事实、证据等庭审重点以外的问题解决在庭前，以保证庭审的正常进行。公诉人通过庭前准备程序，整理、明确诉讼争点，做好案件的分流处理，为出庭支持公诉做好充分准备。

2. 完善了审查起诉制度。修改后的刑事诉讼法规定，人民检察院认为犯罪嫌疑人的犯罪事实已经查清，证据确实、充分，依法应当追究刑事责任的，应当作出起诉决定，按照审判管辖的规定，向人民法院提起公诉，并将案卷材料、证据移送人民法院。犯罪嫌疑人没有犯罪事实的，人民检察院应当作出不起诉决定。

3. 设置了未成年人刑事案件附条件不起诉制度。为更好地保障未成年人的诉讼权利和其他合法权益，修改后的刑事诉讼法在总结实践经验的基础上，针对未成年人刑事案件的特点，对办案方针、原则、诉讼环节的特别程序作出规定，并且设置了附条件不起诉制度。修改后的刑事诉讼法规定对于未成年人涉嫌侵犯人身权利、民主权利，侵犯财产，妨害社会管理秩序犯罪，可能判处1年有期徒刑以下刑罚，符合起诉条件，但有悔罪表现的，人民检察院可以作出附条件不起诉的决定。同时，为有利于未成年犯更好地回归社会，设置了犯罪记录封存制度。

4. 完善了出庭支持公诉制度。修改后的刑事诉讼法明确了检察官的举证责任，规定公诉案件中证实被告人有罪的举证责任由人民检察院承担。同时针对实践中一些重大复杂案件阅卷时间不足，影响办案质量的问题，修改后的刑事诉讼法赋予了检察机关查阅卷宗的权利，规定第二审人民法院应当在决定开庭审理后及时通知人民检察院查阅案卷。人民检察院应当在1个月内查阅完毕。

5. 明确了特定范围公诉案件的和解程序。1996年刑事诉讼法对自诉案件的和解作了规定。为有利于化解矛盾纠纷，需要适当扩大和解程序的适用范围，将部分公诉案件纳入和解程序。同时，考虑到公诉案件的国家追诉性质和刑罚的严肃性，防止出现司法不公，对建立这一新的诉讼制度宜审慎把握，和解程序的适用范围也不能过大。修改后的刑事诉讼法规定，公诉案件适用和解

程序的范围为因民间纠纷引起，涉嫌侵犯人身权利、民主权利、侵犯财产犯罪，可能判处3年有期徒刑以下刑罚的犯罪案件，以及除渎职犯罪以外的可能判处7年有期徒刑以下刑罚的过失犯罪案件。但是，犯罪嫌疑人、被告人在5年以内曾经故意犯罪的，不适用这一程序。并规定对于当事人之间达成和解协议的案件，人民法院可以依法对被告人从宽处罚。

四、丰富监督手段，拓展监督范围，强化检察机关对刑事诉讼的法律监督

根据现行法律规定，检察机关对刑事诉讼的法律监督主要体现在四个方面，即刑事立案监督、刑事侦查监督、刑事审判监督、刑罚执行和监管活动监督。为强化检察机关对刑事诉讼活动的法律监督，监督国家专门机关依法行使职权，保障犯罪嫌疑人、被告人和其他诉讼参与人的合法权益，修改后的刑事诉讼法进一步扩展了检察机关刑事诉讼监督的范围，丰富了监督的手段，明确了监督的效力。

1. 通过授予调查权和监督纠正权，加强对非法取证行为的监督。要强化检察机关的侦查监督，首先要保证检察机关的知情权和调查权。为从制度上进一步遏制刑讯逼供和其他非法收集证据的行为，维护司法公正和刑事诉讼参与人的合法权利，修改后的刑事诉讼法除对非法证据的排除作出明确规定外，还特别规定人民检察院接到报案、控告、举报或者发现负责人员以非法方法收集证据的，应当进行调查核实。在审查起诉中发现可能存在非法取证行为的，可以要求公安机关对证据收集的合法性作出说明。现有证据材料不能证明证据收集的合法性的，人民检察院可以提请人民法院通知有关侦查人员或者其他人员出庭说明情况。对于确有以非法方法收集证据情形的，应当提出纠正意见；构成犯罪的，依法追究刑事责任。这就确立了人民检察院对非法取证行为的调查权和监督纠正权。

2. 建立羁押必要性审查制度。为强化人民检察院对逮捕措施的监督，防止超期羁押和不必要的审前羁押，修改后的刑事诉讼法规定，犯罪嫌疑人、被告人被逮捕后，人民检察院仍应当对羁押的必要性进行审查。对于不需要继续羁押的，应当建议予以释放或者变更强制措施。有关机关应当在10日以内将处理情况通知人民检察院。这是加强人民检察院对羁押执行监督的重要制度，有利于减少羁押，防止超期羁押和不当羁押。

3. 加强对简易程序审判活动的监督。修改后的刑事诉讼法调整了简易程序的范围，为在诉讼程序上贯彻宽严相济的刑事政策，实行案件的繁简分流，提高诉讼效率，对于基层人民法院管辖的案件事实清楚、证据确实充分，被告

人承认自己所犯罪行，对指控的犯罪事实及适用简易程序没有异议的，可以适用简易程序。并且特别明确适用简易程序审理的公诉案件，人民检察院应当派员出席法庭。公诉人出席法庭，可以对简易程序的审判活动是否合法进行监督，发现审判程序违法的，可以以人民检察院的名义提出纠正意见，以维护审判的公正性和合法性。

4. 强化检察机关对减刑、假释和暂予监外执行的法律监督。为了改变实践中监督滞后的情况，也为了保障检察机关的知情权，以便适时开展监督，修改后的刑事诉讼法规定，监狱、看守所提出暂予监外执行的书面意见的，应当将书面意见的副本抄送人民检察院。人民检察院可以向决定或者批准机关提出书面意见。被判处管制、拘役、有期徒刑或者无期徒刑的罪犯，在执行期间确有悔改或者立功表现，应当依法予以减刑、假释的时候，由执行机关提出建议书，报请人民法院审核裁定，并将建议书副本抄送人民检察院。人民检察院可以向人民法院提出书面意见。

此外，修改后的刑事诉讼法对涉嫌危害国家安全犯罪、恐怖活动犯罪、特别重大贿赂犯罪的犯罪嫌疑人增加了指定居所监视居住的规定。为了防止这一措施在实践中被滥用，修改后的刑事诉讼法对指定居所监视居住的适用条件、程序作了严格规定，明确检察机关对指定居所监视居住的决定程序和执行程序都要实施法律监督。作出决定的机关应当将相应情况、材料通知同级人民检察院，人民检察院对决定是否合法以及执行是否合法进行监督。

5. 完善死刑复核法律监督。为进一步体现适用死刑的慎重，保证死刑复核案件质量，修改后的刑事诉讼法加强了检察机关对死刑复核程序的法律监督。修改后的刑事诉讼法规定，在复核死刑案件过程中，最高人民检察院可以向最高人民法院提出意见，最高人民法院应当将死刑复核结果通报最高人民检察院。

6. 加强对法院量刑活动的监督。为更好地配置司法资源，提高诉讼效率，根据司法实践和实际需要，修改后的刑事诉讼法将量刑纳入法庭审理过程中，有利于对量刑活动的监督制约。修改后的刑事诉讼法明确规定，在法庭审理过程中，对与定罪、量刑有关的事实、证据都应当进行调查、辩论。明确了对量刑有关的事实、证据都应当纳入审判程序之中，进行调查和辩论。这是中央司法改革精神的要求，最高人民法院、最高人民检察院就量刑程序制发了一系列文件，公诉人出席法庭除了依法参加量刑程序的调查、辩论外，对量刑程序的合法性、相关审判活动的合法性也要进行监督。

7. 增加了检察机关对强制医疗机构的执行活动是否合法的监督。为保障公众安全和社会公共秩序，修改后的刑事诉讼法增设了“对依法不负刑事责任的精神病人的强制医疗程序”。强制医疗程序，虽然不是追究精神病人的刑事责任，但强制医疗实际上剥夺了被申请人的人身自由。为了保证强制医疗程序的正确适用，保护被申请人的合法权利，修改后的刑事诉讼法除了在强制医疗程序注意设置法律援助和法律救济程序外，增加规定了检察机关的监督职责。人民检察院对强制医疗机构的决定和执行是否合法都要实行监督。

第五节　加强完善检察机关刑事诉讼法律监督的机制措施

检察机关的刑事诉讼法律监督在我国刑事司法体系中，有着独特的功能和意义，同时刑事诉讼领域的法律监督尚存在一定的体制性、机制性问题，有待进一步优化。刑事诉讼法的修改为进一步强化法律监督，完善检察机关刑事诉讼法律监督职能，健全刑事诉讼法律监督体系提供了一个很好的历史机遇。我们应当坚持检察机关的法律监督地位，正视刑事诉讼法律制度以及整个法律监督工作存在的问题，努力推动立法修改，增强检察机关发现和纠正违法的能力，为检察机关履行法律监督职能提供程序保障，使刑事诉讼法律监督体系更加严密。我们认为，应当着重从以下几方面对刑事诉讼法律监督予以加强和完善：

一、进一步加强刑事诉讼监督制度建设，构建刑事诉讼监督长效机制

检察机关要认真总结刑事诉讼监督工作中存在的问题，加强刑事诉讼监督的规范化和制度化建设，完善各项刑事诉讼监督工作制度以及各业务部门执法办案内部监督制约机制，健全权责明确、程序严密、监督有效的刑事诉讼监督长效工作机制。

1. 完善检察机关内部衔接配合机制。加强检察机关职务犯罪侦查、侦查监督、公诉、监所检察、控告申诉检察等各部门之间的衔接配合，建立内部情况通报、信息共享、线索移送、侦结反馈制度，形成监督合力。侦查部门以外的各部门在办案过程中发现职务犯罪案件线索的，应当依照规定及时移送，并加强与侦查部门的协作配合。各部门在办案过程中发现侦查、批捕、起诉、审判、刑罚执行等环节存在违法行为，但不属于本业务部门职责范围的，应当及时通报相关的部门依法进行监督。

2. 强化与侦查、审判、刑罚执行机关的沟通协调机制。建立健全检察机

关与侦查、审判、刑罚执行机关的联席会议、信息共享等制度。对监督中发现的普遍性问题，及时向侦查、审判、刑罚执行机关通报和反馈。加强与侦查、审判、刑罚执行机关的沟通协商，联合制定有关刑事诉讼监督工作的文件，解决实践中的突出问题。

3. 研究建立有关机关对人民检察院监督意见的反馈机制。检察机关可以积极与有关部门沟通协商，研究建立人民检察院提出监督意见时，有关机关应当在一定期限内依法作出处理的工作机制。侦查机关、刑罚执行机关认为监督意见不当的，可以要求检察机关复议。没有提出复议或者复议理由不成立而又不予以纠正的，由上级人民检察院向其上级机关提出意见，督促其及时纠正。

4. 完善检察长列席人民法院审判委员会会议制度。按照中央司法体制改革的精神，有关部门应尽快落实检察长和受委托的副检察长列席同级人民法院审判委员会会议制度，规范列席会议的职责、范围和程序。通过检察长列席人民法院审判委员会会议制度，充分阐述检察机关的意见，促进公正司法。

5. 建立健全检察工作一体化机制，发挥刑事诉讼监督的整体效能。研究完善刑事诉讼监督职权在上下级检察机关之间、检察机关各内设机构之间的优化配置，进一步健全上下一体、分工合理、权责明确、相互配合、相互制约、高效运行的刑事诉讼监督体制。进一步完善信息共享和线索通报移送制度，加快实现检察机关对案件线索统一管理、对办案活动统一指挥、对办案力量和设备统一调配的机制。进一步规范交叉办案、异地办案、授权办案、联合办案等办案模式，优化办案资源，确保刑事诉讼监督工作顺利进行。

6. 完善刑事诉讼监督考评机制和激励机制。研究建立适应刑事诉讼监督工作特点的科学考评机制，提高刑事诉讼监督在综合业务考评中的权重，加大考核力度，对刑事诉讼监督工作的法律效果、政治效果、社会效果进行综合评价，提高检察人员开展刑事诉讼监督工作的积极性和监督的质量。对开展刑事诉讼监督工作取得突出成绩的单位、部门和人员，及时予以表彰。

7. 建立健全与修改后的刑事诉讼法相配套的制度机制。随着修改后的刑事诉讼法的通过，一些与其实施相配套的制度和机制也迫切需要建立。如对检察机关使用技术侦查手段具体审批、运行程序和监督使用的规定；特别重大贿赂案件的界定；特别重大贿赂犯罪案件中律师会见在押犯罪嫌疑人，须经检察机关通知看守所会见制度；羁押必要性审查中检察机关与侦查机关、法院、看守所的信息沟通和配合机制；辩护人、诉讼代理人向检察机关投诉的受理、审查机制；公安机关应检察机关的要求就侦查取证合法性作出说明的机制；公诉人出席简易程序案件需要与法院沟通建立集中排期审理制度；死刑复核法律监督的具体程序等，都需要尽快作出具体规定。

二、进一步完善刑事诉讼监督措施，增强刑事诉讼监督实效

要根据刑事诉讼运行规律和刑事诉讼活动的实际需要，不断加强刑事诉讼监督能力建设，综合运用多种监督手段和措施开展刑事诉讼监督工作。要将事中、事后监督与事前监督相结合，办案与预防工作相结合，个案监督和综合监督相结合，多方面、多层次、多渠道地做好刑事诉讼监督工作。

1. 拓宽刑事诉讼监督案件的来源和渠道。要重视人民群众举报、当事人申诉、控告和人大代表、政协委员、新闻媒体的反映，逐步推进与纪检监察机关、行政执法机关、审计机关、侦查机关、审判机关、刑罚执行机关之间的信息沟通、联席会议、案件移送等制度建设，加强与律师、律师行业组织的联系。

2. 突出重点，积极开展专项监督活动。针对立案、侦查、审判、刑罚执行等环节中人民群众反映强烈的执法不严、司法不公等问题，适时开展专项监督活动，争取每年解决几个重点问题。将专项监督活动和日常监督工作相结合，对在监督活动中发现的突出问题，建议相关部门建章立制。必要时，上级人民检察院可以挂牌督办一些有影响、有示范性的典型案例，不断推动刑事诉讼监督工作。

3. 加大依法查办执法不严、司法不公、违法办案背后的职务犯罪的力度。健全查办司法人员职务犯罪的内部分工和协作机制，依法查处在刑事诉讼各个环节的贪污受贿、徇私舞弊、枉法裁判等犯罪行为。坚持把大要案作为查办职务犯罪的重点，强化上级检察院对办案工作的指挥和协调，加强跨地域侦查的协作配合，提高发现和突破大要案的能力。发现其他违法违纪线索的，及时移交有关部门查处。要加强对司法人员职务犯罪特点和规律的研究，积极向有关部门提出规范司法人员行为的建议。

4. 规范检察机关调阅审判卷宗材料、调查违法行为的程序。要按照中央司法体制改革的精神，加强与有关部门的沟通协调，明确检察机关调阅审判卷宗的程序；研究建立健全对有关机关办理案件程序是否违法以及司法人员是否存在贪污受贿、徇私舞弊、枉法裁判等违法行为进行调查的工作程序。

5. 高度重视刑事诉讼监督能力建设。大力加强刑事诉讼监督能力建设，不断提高检察人员发现问题的能力，收集证据、证实违法犯罪的能力，运用法律政策的能力，排除阻力干扰的能力以及与有关部门沟通协调的能力。加强刑事诉讼监督业务的学习培训，通过总结办案经验，举办刑事诉讼监督技能竞赛和业务评比等活动，努力培养具有丰富实践经验和扎实理论基础的刑事诉讼监督人才。深入实际，调查研究刑事诉讼监督工作存在的问题，认真总结刑事诉

讼监督工作的特点和规律，全面提高刑事诉讼监督能力。

6. 加强对刑事诉讼监督工作的领导。各级人民检察院要把刑事诉讼监督列入重要议事日程，切实加强领导，不断研究刑事诉讼监督的新思路，探求刑事诉讼监督的新举措，开拓刑事诉讼监督的新渠道，努力开创刑事诉讼监督新局面。上级人民检察院要切实加强对刑事诉讼监督工作的领导力度，积极协调侦查、审判、刑罚执行机关督促其下级机关纠正刑事诉讼中的违法行为。对刑事诉讼监督工作中存在的突出问题，下级人民检察院要及时向上级人民检察院报告。对上级人民检察院的决定，必须坚决执行。进一步推行领导亲自办案制度，地方各级人民检察院的检察长、副检察长要带头办案，对于当地有重大影响、疑难复杂、新类型或者对于履行刑事诉讼监督职能有重大创新意义的监督案件，要及时加强指挥和协调，并注意总结指导。

三、坚持党的领导，依靠人大监督和人民群众支持，保障刑事诉讼监督顺利进行

1. 坚持党的领导。党的领导是做好刑事诉讼监督工作的根本保证。各级人民检察院在刑事诉讼监督工作中要积极争取和紧紧依靠党的领导。严格执行重要工作、重要部署、重大情况、重要案件报告制度，主动向党委、政法委汇报刑事诉讼监督工作取得的成绩和存在的问题，争取党委、政法委对刑事诉讼监督工作的支持，帮助解决遇到的困难和问题。对于刑事诉讼监督工作中发现的司法人员严重违法违纪行为，在纠正违法行为的同时，要及时将有关材料移送纪检机关；发现倾向性的违法违纪行为，要及时向纪检机关通报。

2. 自觉接受人大监督。增强接受人大及其常委会监督的自觉性、主动性，健全接受人大及其常委会监督的工作机制。积极争取人大常委会采取执法检查、听取刑事诉讼监督专项报告、作出决议、对有关部门工作开展监督等形式，加强对刑事诉讼监督工作的监督和支持。加强立法研究工作，积极向人大及其常委会提出立法建议，在刑事诉讼法中进一步明确刑事诉讼监督的程序和方式，为刑事诉讼监督提供明确、具体的法律依据。

3. 紧紧依靠人民群众。群众路线是我们党和国家一切工作的根本路线，也是检察工作的根本路线。刑事诉讼法规定了专门机关与群众相结合的原则，在法律上明确了检察机关与人民群众在刑事诉讼中的关系。必须坚持专门路线和群众路线相结合，依靠人民群众做好刑事诉讼监督工作。加大对刑事诉讼监督工作的宣传力度，形成良好的舆论氛围。

第二章　刑事立案监督

刑事立案监督是指，人民检察院对刑事立案主体的立案活动是否合法所进行的法律监督。作为人民检察院的一项重要职能，它和侦查监督、刑事审判监督、刑罚执行监督、民事审判监督、行政诉讼监督一起，构成了我国检察机关诉讼法律监督职能的基本体系。刑事立案监督制度的确立，是我国刑事诉讼法律监督制度进一步完善的重要标志。在 1996 年修改刑事诉讼法之前，法律并没有明确规定刑事立案监督的内容。在司法实践，特别是刑事立案实践中，存在着当事人告状无门、有罪不究、以罚代刑等问题，严重影响了法律的严肃性。为了解决这些问题，1996 年修改刑事诉讼法，明确规定："人民检察院认为公安机关对应当立案侦查的案件而不立案侦查的，或者被害人认为公安机关对应当立案侦查的案件而不立案侦查，向人民检察院提出的，人民检察院应当要求公安机关说明不立案的理由。人民检察院认为公安机关不立案理由不能成立的，应当通知公安机关立案，公安机关接到通知后应当立案。"这标志着我国刑事诉讼中立案监督制度的正式确立。它使人民检察院对公安机关等侦查机关的刑事立案活动进行监督有了充分的法律依据，使我国的刑事诉讼从立案到执行的整个过程均被置于法律监督的范围之内，因而也促进了我国检察机关法律监督体系的进一步完善。新修改的《刑事诉讼法》第 111 条再次对此内容作出了规定。

对刑事立案活动进行监督，既是长期以来司法实践的需要，也是健全我国法律监督制度体系的要求。这一规定是人民检察院依法对刑事诉讼实行法律监督的基本原则在刑事立案阶段的具体体现。根据该规定以及刑事诉讼的基本原则，《人民检察院刑事诉讼规则》第 378 条规定："对于公安机关不应当立案而立案侦查的，人民检察院应当向公安机关提出纠正违法意见。"第 379 条规定："人民检察院审查逮捕部门或者审查起诉部门发现本院侦查部门对应当立案侦查的案件不报请立案侦查的，应当建议侦查部门报请立案侦查；建议不被采纳的，应当报请检察长决定。"从这里我们可以看出，刑事立案监督的主体是人民检察院，刑事立案监督的对象即刑事立案主体主要是公安机关，同时还包括国家安全机关、人民检察院侦查部门等。

第一节　刑事立案监督的主要内容

刑事立案监督制度的确立，不仅使我国宪法的规定在刑事诉讼中得以充分体现，而且使人民检察院对公安机关的刑事立案活动进行监督有了充分的法律根据。

根据我国刑事诉讼法的规定，人民检察院对公安机关的刑事立案活动进行监督的范围主要是公安机关应当立案侦查而不立案侦查的案件。为了进一步完善刑事立案监督制度，全面保障刑事立案活动的及时、合法，最高人民检察院根据刑事诉讼法的规定，在《人民检察院刑事诉讼规则》中规定："对于公安机关不应当立案而立案侦查的，人民检察院应当向公安机关提出纠正违法意见。""人民检察院审查逮捕部门或者审查起诉部门发现本院侦查部门对应当立案侦查的案件不报请立案侦查的，应当建议侦查部门报请立案侦查；建议不被采纳的，应当报请检察长决定。"可见，刑事立案监督的范围具体来说，主要有以下几个方面的内容。

一、公安机关应当立案侦查而不立案侦查的案件

公安机关应当立案侦查而不立案侦查的案件是人民检察院刑事立案监督的主要内容。所谓公安机关应当立案侦查的案件，是指根据案件情况或者现有证据，经审查认为符合我国刑事诉讼法规定的立案条件的案件。根据刑事诉讼法的规定，公安机关或者人民检察院发现犯罪事实或者犯罪嫌疑人，应当按照管辖范围立案侦查。人民法院、人民检察院或者公安机关对于报案、控告、举报和自首的材料，应当按照管辖范围，迅速进行审查，认为有犯罪事实，需要追究刑事责任时，应当立案；认为没有犯罪事实，或者犯罪事实显著轻微，不需要追究刑事责任的时候，不予立案。并且将不立案的原因通知控告人。控告人如果不服，可以申请复议。根据上述规定和要求，公安机关应当立案的案件包括三种情况：（1）公安机关发现犯罪事实时，应当立案；（2）公安机关发现犯罪嫌疑人时，应当立案；（3）公安机关对于报案、控告、举报和自首的材料，经审查认为有犯罪事实，需要追究刑事责任的时候，应当立案。

对于符合上述条件之一的案件，公安机关决定不立案侦查的，即属于公安机关应当立案侦查而不立案侦查的案件。人民检察院在刑事立案监督工作中，对于发现的或者被害人提出的公安机关应当立案侦查而不立案侦查的案件，首

先应当查明该案件是否符合刑事诉讼法规定的立案条件，是否属于公安机关应当立案的情形。如果符合刑事诉讼法规定的立案条件而公安机关决定不立案侦查的，则应当依法通过刑事立案监督程序予以监督。

二、公安机关不应当立案侦查而立案侦查的案件

所谓公安机关不应当立案侦查而立案侦查的案件，是指公安机关对不符合刑事诉讼法规定的立案条件而决定立案侦查的案件。此类案件可以是检察机关在办案中发现，也可以是被立案的当事人及其近亲属，或者其他控告人、举报人控告、举报的案件。

上述两类案件，作为刑事立案监督案件，应当注意监督的主要内容是立案活动本身。即公安机关的立案是否符合刑事诉讼法规定的立案条件。检察机关通过刑事立案监督程序，纠正立案环节中的违法立案问题。对于立案后的侦查活动是否合法，则要通过侦查活动监督来解决。这也正是刑事立案监督与侦查活动监督的重要区别之一。

三、人民检察院侦查部门应当立案侦查而不报请立案侦查的案件

人民检察院侦查部门应当立案侦查而不报请立案侦查的案件，是指人民检察院侦查部门对于发现或者受理的案件线索，符合刑事诉讼法规定的立案条件，但是不报请检察长决定立案侦查的案件。

对此类案件进行立案监督，第一，这是刑事诉讼法规定的基本原则的必然要求，是全面保证刑事立案活动准确、合法的必然要求。人民检察院立案侦查的案件，主要是国家机关工作人员职务犯罪案件，此类案件在刑事诉讼中占有重要地位。只有对此类案件也进行立案监督，才能保障全部公诉案件立案活动的合法性、准确性、及时性。第二，这是人民检察院多年来“内部制约”经验的总结。加强检察机关内部各部门之间的相互监督与制约，是检察机关多年来总结出来并行之有效的重要经验之一，是诉讼程序公正的重要保障机制。这对于及时发现检察机关在执法中存在的问题，避免错误程序的延续，最大限度地保障当事人的合法权益，具有极为重要的意义。因此，最高人民检察院根据刑事诉讼的基本原则，确立了对检察机关侦查部门的立案活动进行监督的制度。第三，进一步丰富了刑事立案监督的内容，必将对进一步完善我国的刑事立案监督制度起到重要的推动作用。

人民检察院在刑事立案监督工作中，要准确把握刑事立案监督的内容和范围，应当注意以下几个方面的问题：

第一，要明确刑事立案监督制度的宗旨。刑事诉讼法之所以明确规定了刑

事立案监督制度，其宗旨就是为了从根本上解决有案不立、有罪不究、以罚代刑问题，解决人民群众告状无门的问题，保障当事人的合法权益，保障刑事立案活动的合法性，保障国家法律的统一正确实施。因此，人民检察院在刑事立案监督工作中，必须认真接待被害人的申诉，对被害人提出的案件要认真审查，及时要求公安机关说明不立案理由。同时，注意主动挖掘案源，要注意从审查批准逮捕、审查起诉、贪污贿赂犯罪检察、渎职侵权犯罪检察以及监所检察中发现案件线索。

第二，要划清“没立案”和“不立案”的界限。“没立案”是指公安机关没有发现或者已经发现，但是正在审查，还没有作出是否立案决定的案件。“不立案”是指公安机关对发现的案件线索或者报案、控告、举报和自首的材料，经审查决定不立案的案件。根据我国刑事诉讼法的规定，公安机关没有发现或者还没有决定是否立案的案件不属于刑事立案监督的内容。其中，如果是公安机关还没有发现的案件，检察机关发现后，如果属于公安机关管辖，则应当按照刑事诉讼法的规定，移送到公安机关办理。只有公安机关决定不立案的案件，才属于检察机关刑事立案监督的范畴。

第三，要明确刑事立案监督与侦查活动监督的界限。刑事立案监督针对的是公安机关应当立案侦查而不立案侦查的案件、不应当立案侦查而立案侦查的案件以及人民检察院侦查部门应当报请立案侦查而不报请立案侦查的案件。其解决的是符合刑事诉讼法规定的立案条件的案件能否进入刑事诉讼程序问题，以及不符合刑事诉讼法规定的立案条件的案件违法进入刑事诉讼程序问题。根本目的是保障立案活动的合法性。而侦查活动监督是针对已经进入刑事诉讼程序的案件，其解决的是立案后的侦查活动是否合法的问题。根本目的是保障侦查活动的合法性。因此，对于已经进入刑事诉讼程序的案件，检察机关经审查，认为需要追捕、追诉的，不宜通过刑事立案监督程序办理，而应当建议公安机关移送审查批准逮捕或者移送审查起诉。对于经建议仍不移送审查批准逮捕而又符合逮捕条件的，检察机关可以直接作出批准逮捕决定，送达公安机关执行。而不宜通过刑事立案监督程序，通知公安机关对应当追捕或者追诉的犯罪嫌疑人、被告人立案。

第二节　刑事立案监督的程序和方法

刑事立案监督工作有一整套严格的工作程序和方法，主要包括以下几个方面的内容和环节：

一、刑事立案监督的案源

刑事立案监督的案源，即刑事立案监督案件的线索。及时获取刑事立案监督案件线索，是做好刑事立案监督工作的首要前提和条件，也是刑事立案监督工作的难点之一。尤其是在刑事立案监督工作开展初期，在刑事立案监督工作开展得还比较薄弱的地区，这一问题就更加突出。实践证明，解决好刑事立案监督的案源问题，既关系到刑事立案监督工作能否全面开展，也关系到刑事立案监督工作能否持续深入。实践中，主要通过以下几种方法解决刑事立案监督案件的来源问题：

（一）积极受理被害人、控告人、举报人以及其他报案人的情况反映和举报

这些都是刑事立案监督案件线索的重要来源。尤其是受理被害人的举报，既是刑事立案监督案件线索的重要来源，也是刑事立案监督制度根本目的的必然要求。确立刑事立案监督制度的根本目的之一，就是要解决被害人告状无门的问题。因此，人民检察院在开展刑事立案监督工作中，必须把受理被害人的举报放在重要地位，对被害人认为公安机关应当立案而不立案侦查的案件，必须认真地进行审查，及时要求公安机关说明不立案理由。同样，对于其他控告人、举报人反映的公安机关应当立案而不立案或者不应当立案而立案侦查的问题，也要认真审查。认为需要公安机关说明不立案理由或者需要纠正违法立案的，要及时通过刑事立案监督程序予以监督、纠正。

（二）注意在履行法定职责中发现案件线索

实践证明，人民检察院在履行审查批准逮捕、审查起诉、反贪污贿赂、渎职侵权犯罪检察以及其他法定职责中，注意从中发现公安机关有案不立、有罪不究、以罚代刑案件以及不应当立案而立案的案件线索，是解决刑事立案监督案件来源问题的又一重要途径。对此，有的地方摸索总结出了很多行之有效的经验。如在审查批准逮捕工作中，注意从以下几个方面发现案件线索：一是在审查案情发生重大变化的案件时，注意审查引起案情发生变化的原因；二是在审查证据之间产生重大矛盾的案件时，注意发现人为地制造矛盾的蛛丝马迹；三是在审查团伙犯罪案件、系列犯罪案件中，在深挖余罪漏犯的同时，注意发现相关犯罪案件线索，如从盗窃犯罪中发现销赃、窝赃的犯罪线索；四是在审查涉及另案处理、在逃、边缘责任年龄、刑事责任能力等案件时，注意查明真伪；五是讯问犯罪嫌疑人时，注意对其进行政策教育，促使其坦白自己罪行的同时，鼓励其检举、揭发他人犯罪。

(三) 通过对公安机关刑事受案、立案、破案情况登记或者对劳教等行政处罚案件进行审查，从中发现刑事立案监督案件线索

实践表明，有案不立、以罚代刑的主要表现就是把刑事案件作为行政违法案件处理，致使部分刑事案件应当立案而公安机关不予立案。因此，注意审查劳动教养、行政拘留等行政处罚案件，从中发现公安机关应当立案而不立案的案件，同样是解决刑事立案监督案源的重要途径之一。例如，人民检察院通过对公安机关刑事受案、立案、破案环节的监督，可以有效地发现并纠正公安机关有案不立、不破不立等问题，全面保证公安机关刑事立案活动依法进行。

此外，通过加强内外联系，建立监督网络，与人大，信访、海关、工商、税务等行政执法机关、部门加强信息沟通，通过参与社会治安综合治理等方法，都可以从中发现刑事立案监督案件线索，解决刑事立案监督的案源问题。

二、刑事立案监督案件的受理和审查

人民检察院负责刑事立案监督的职能部门是侦查监督部门和控告申诉检察部门，对于刑事立案监督案件的受理，其主管部门同样是这两个部门。

人民检察院对于发现或者收到的刑事立案监督案件线索，应当作出是否受理的决定。同时，要对案件有关情况进行审查。

(一) 被害人认为公安机关应当立案侦查而不立案侦查案件的审查

人民检察院在受理被害人提出的公安机关应当立案而不立案侦查案件后，应当由控告申诉检察部门指定专人进行审查。审查的主要内容一般包括以下几个方面：是否存在应当立案侦查而公安机关不立案侦查的事实；是否符合刑事诉讼法规定的刑事立案条件；是否属于相应的公安机关管辖；公安机关是否决定不立案。

人民检察院控告申诉检察部门在审查时，可以要求被害人提供有关材料，如认为公安机关应当立案的事实证据材料、公安机关不立案的有关证据材料等。

人民检察院控告申诉检察部门经审查，认为应当要求公安机关说明不立案理由的，应当将案件移送侦查监督部门办理。

(二) 人民检察院发现的刑事立案监督案件的审查

人民检察院侦查监督部门发现的以及其他部门发现后移送到侦查监督部门的公安机关应当立案侦查而不立案侦查案件，应当由侦查监督部门进行审查。审查的主要内容与前述相同。必要时，侦查监督部门也可以就有关问题进行调

查。经审查，认为需要公安机关说明不立案理由的，按照有关规定要求公安机关说明不立案理由。

人民检察院发现的公安机关不应当立案侦查而立案侦查的案件，应当由侦查监督部门进行审查。人民检察院其他部门发现的此类案件线索，应当移送侦查监督部门。侦查监督部门应当指定专人进行审查。审查的内容包括：公安机关据以决定立案的事实或者犯罪嫌疑人是否存在；是否符合刑事诉讼法规定的立案条件；是否需要追究犯罪嫌疑人的刑事责任等。必要时，可以进行调查。

对于人民检察院侦查部门应当立案侦查而不报请立案侦查的案件，侦查监督部门发现后，应当填写《刑事立案监督案件线索登记表》，报部门负责人审核后，指定专人进行审查。审查起诉部门发现的，应当移送侦查监督部门，由侦查监督部门指定专人进行审查。审查的内容主要包括：是否存在应当立案侦查的犯罪事实或者犯罪嫌疑人；是否符合刑事诉讼法规定的立案条件；是否属于本院管辖；是否属于不报请立案侦查的情形。

（三）报案人、控告人、举报人等提出的刑事立案监督案件的审查

对于报案人、控告人、举报人等提出的刑事立案监督案件线索，由人民检察院控告申诉检察部门进行审查。实践中，报案人、控告人、举报人等提出的刑事立案监督案件线索，包括两个方面的内容：第一，认为公安机关应当立案侦查而不立案侦查的案件。对于此类案件，控告申诉检察部门审查的内容、方式应当按照被害人提出的公安机关应当立案而不立案侦查案件的审查内容、方式进行。第二，认为公安机关不应当立案侦查而立案侦查的案件。对于此类案件，人民检察院控告申诉检察部门受理后，应当指定专人进行审查。审查内容与人民检察院发现的公安机关不应当立案而立案的案件的审查内容相同。经审查，认为需要纠正的，应当移送侦查监督部门。

三、刑事立案监督的调查

刑事立案监督调查，是人民检察院受理刑事立案监督案件线索后，经审查，认为有必要时，对公安机关是否存在应当立案侦查而不立案侦查，或者不应当立案而立案侦查的事实和证据；对人民检察院侦查部门是否存在应当报请立案侦查而不报请立案侦查的事实和证据进行的了解和查证性活动。

刑事立案监督调查，可以在受理刑事立案监督案件线索后，要求公安机关说明理由之前进行，也可以在审查公安机关说明的理由时或者在通知公安机关是否立案前进行。

（一）刑事立案监督调查与侦查的区别

刑事立案监督的调查与侦查比较起来，有以下不同：

1. 主体不同。行使侦查权的主体既包括人民检察院，也包括公安机关。刑事立案监督调查的主体只能是人民检察院。

2. 性质不同。侦查是指公安机关、人民检察院在办理刑事诉讼过程中，依照法律进行的专门调查工作和有关强制措施，是一种专门的刑事诉讼活动，具有刑事司法性质。刑事立案监督的调查则不属于专门的刑事诉讼活动。

3. 所处的阶段不同。侦查是刑事立案后的专门诉讼活动。刑事立案监督的调查一般是在立案前所进行的了解和查证性活动，对不应当立案而立案的调查也仅限于对立案活动本身是否合法进行调查。

4. 直接目的不同。侦查和刑事立案监督的调查尽管在根本目的上都是为了依法惩治犯罪，维护国家法律的统一、正确实施。但是，二者的直接目的不同。侦查是为了查明案情，搜集有关证据证实案件真实情况，并最终为实现国家刑罚权提供基础，创造条件。刑事立案监督的调查则是为了查明案件是否应当进入刑事诉讼程序，是否合法进入了刑事诉讼程序，是为了保证刑事立案活动正确、合法。

5. 手段不同。侦查既可以采用一般的调查手段，也可以使用强制措施。刑事立案监督的调查则不能使用强制措施，即强制性程度不同。侦查活动因其手段和目的的特殊性，决定了其在本质上具有强制性。而刑事立案监督的调查则不具有强制性，凡是剥夺或者限制当事人人身自由或者财产权利的措施在调查中均不得适用，这是在开展刑事立案监督工作中必须注意的问题。

（二）刑事立案监督的调查方法

刑事立案监督的调查方法主要包括：（1）调取、审查有关书面材料。（2）询问。即对有关当事人、证人就是否存在公安机关应当立案而不立案或者不应当立案而立案的事实进行了解，对人民检察院侦查部门是否存在应当报请立案而不报请立案的事实进行了解。（3）勘验、检查。即对与犯罪有关的场所、物品、尸体进行勘察和检验、检查，以发现和收集证明应当立案或者不应当立案的事实和证据。包括现场勘验、物证检验、尸体检验、人身检查等。（4）鉴定。是指委托具有专业知识的人员对有关专门问题进行分析研究和鉴别的行为，借此获取能够证明应当立案或者不应当立案的事实证据。

四、对公安机关应当立案侦查而不立案侦查案件的监督

（一）要求公安机关说明不立案理由

人民检察院发现的公安机关应当立案侦查的案件而不立案侦查的，经审

查，认为符合刑事诉讼法规定的立案条件，公安机关应当立案，需要通知公安机关说明不立案理由的，由承办人提出意见，经部门负责人审核后，报检察长批准。

对于被害人认为公安机关应当立案侦查而不立案侦查的案件，向人民检察院提出的，人民检察院经审查，发现公安机关确实作出不立案决定的，应当报检察长批准，要求公安机关说明不立案理由。

人民检察院要求公安机关说明不立案理由，应当填写《说明不立案理由通知书》，送达公安机关。公安机关应当在7日内书面说明不立案理由。

应当说明的是，根据刑事诉讼法的规定，被害人认为公安机关应当立案侦查的案件而不立案侦查，向人民检察院提出的，人民检察院应当要求公安机关说明不立案理由。这里规定的是“应当”，不是“可以”或者“认为需要”等，是一种指令性规定。之所以如此规定，就是为了从根本上解决人民群众告状无门的问题，保护被害人的合法权益，从而给予被害人特殊的司法保护。这也正是刑事诉讼法确立刑事立案监督的主要目的之一。因此，对于此类案件，只要被害人认为公安机关应当立案，向人民检察院提出，人民检察院受理后，经审查发现公安机关已作出不立案决定的，就应当要求公安机关说明不立案理由，并把对公安机关说明的不立案理由审查意见通知被害人。这既是法律的规定，也是对被害人权益进行保护的必然要求。

（二）通知公安机关立案侦查

对于公安机关应当立案侦查而不立案侦查的案件，人民检察院要求公安机关说明不立案理由。公安机关说明不立案理由后，人民检察院应当对说明的理由是否成立进行审查。人民检察院审查公安机关说明的不立案理由，应当制作《审查公安机关不立案理由报告》。

人民检察院在审查公安机关说明的不立案理由时，应当把公安机关说明的不立案理由与刑事诉讼法规定的立案条件结合起来。如果认为公安机关的不立案理由不能成立，应当通知公安机关立案侦查。所谓不立案理由不能成立，是指犯罪嫌疑人的行为已经触犯了我国刑法，构成犯罪，且不具备我国法律规定的不追究刑事责任的情形，符合我国刑事诉讼法规定的立案条件。对于公安机关作出的不立案理由不能成立的，人民检察院应当依法通知公安机关立案侦查。

人民检察院通知公安机关立案侦查，应当由检察长决定。对于重大、复杂、疑难的案件，由检察长提交检察委员会决定。通知公安机关立案侦查，应当向公安机关发出《通知立案书》，并将有关证明应当立案的材料同时移送公安机关。公安机关收到《通知立案书》后，应当在15日内决定立案，并将

《立案决定书》送达人民检察院。

对于公安机关接到《说明不立案理由通知书》后7日内既不说明不立案理由，也不决定立案的，如果人民检察院认为应当立案的，可以直接发出《通知立案书》，通知公安机关立案侦查。如果确需公安机关说明不立案理由的，可以向公安机关发出《纠正违法通知书》，纠正公安机关不说明不立案理由的违法情形。对于公安机关在接到《说明不立案理由通知书》后7日内，虽然不说明不立案理由，但是决定立案侦查的，则不宜再发《纠正违法通知书》及《通知立案书》，而应当要求公安机关把《立案决定书》副本送达人民检察院。

对于被害人认为公安机关应当立案侦查而不立案侦查的案件，向人民检察院提出的，人民检察院认为公安机关说明的不立案理由不能成立，通知公安机关立案时，应当同时把通知公安机关立案的结果通知被害人。如果公安机关说明的不立案理由成立的，应当直接填写《不立案理由审查意见通知书》，把同意公安机关不立案理由的情况通知被害人。同时，也可以告知被害人，如果不同意公安机关说明的不立案理由和人民检察院的同意意见时，可以直接向人民法院起诉。

对于同意公安机关说明的不立案理由的案件，人民检察院在把结果通知被害人的同时，应当把同意意见通知公安机关。文书格式可以参照通知被害人的《不立案理由审查意见通知书》。

人民检察院通知公安机关立案侦查，应当注意以下两个问题：

第一，人民检察院通知公安机关立案侦查，具有指令性。因此，人民检察院在通知公安机关立案时，必须严肃、认真、准确，严格按照刑事诉讼法规定的立案条件，严格掌握通知公安机关立案的标准。应当明确，刑事诉讼法规定的立案条件是人民检察院通知公安机关立案侦查的重要依据，除此之外，还要全面把握通知公安机关立案侦查的条件。实践中，通知公安机关立案侦查，一般应符合以下条件：

（1）有犯罪事实，或者有犯罪嫌疑人，需要追究犯罪嫌疑人的刑事责任；

（2）证据有查证属实的；

（3）属于相应的公安机关管辖；

（4）应当立案侦查而公安机关决定不立案侦查。

符合上述条件的，人民检察院应当通知公安机关立案侦查。

第二，根据我国刑事诉讼法的规定，人民检察院通知公安机关立案侦查的案件，必须首先要求公安机关说明不立案理由。只有公安机关说明的不立案理由不能成立或者在规定期限内不说明不立案理由又不立案的，才应当通知公安机关立案侦查。不能在不要求公安机关说明不立案理由的情况下，直接通知公安机关立案侦查。

（三）人民检察院审查决定直接立案侦查

根据我国刑事诉讼法和我国刑事诉讼法的规定，人民检察院对于属于公安机关管辖的国家机关工作人员利用职权实施的重大犯罪案件，需要由人民检察院直接受理的，经省级以上人民检察院决定，可以直接立案侦查。

人民检察院在刑事立案监督工作中，对于属于公安机关管辖的一定范围内的案件，经过法定程序，由人民检察院直接立案侦查，目的是为了充分发挥人民检察院在法律监督中的作用，强化刑事立案监督的效果，保障一切犯罪特别是国家机关工作人员利用职权实施的重大犯罪依法受到惩处。人民检察院通过这种方式对一些个案实施侦查权，并不是包揽侦查机关的侦查权，而是通过这种方式加强执法监督，促进严格执法，维护国家法律的统一、正确实施。

五、对公安机关不应当立案侦查而立案侦查案件的监督

根据我国刑事诉讼法和人民检察院刑事诉讼规则的规定，对公安机关不应当立案而立案侦查的案件进行监督，是人民检察院刑事立案监督工作的内容之一。

人民检察院在刑事立案监督工作中，对于控告人、报案人、举报人等提出的公安机关不应当立案而立案侦查的案件，控告申诉检察部门审查后，认为需要纠正的，移送侦查监督部门。人民检察院其他部门发现的公安机关不应当立案侦查而立案侦查的案件，在登记后也要移送侦查监督部门。侦查监督部门经审查，认为确属不符合刑事诉讼法规定的立案条件而立案侦查的，可以建议公安机关撤案，已采取拘留、取保候审、监视居住等强制措施的，应当建议解除强制措施。对于拒不撤案的，可以向公安机关提出纠正违法意见。公安机关仍不纠正的，应当向上一级人民检察院报告。上一级人民检察院认为不应当立案的，通知同级公安机关督促下级公安机关撤销案件。上一级人民检察院认为公安机关立案正确的，通知下一级人民检察院撤回纠正违法意见。

应当说明的是，对于此类案件的监督，主要是指在公安机关移送审查逮捕前或者直接移送审查起诉前发现的案件。如果公安机关对于此类案件已经移送审查批准逮捕或者直接移送起诉，或者经提出纠正意见仍不纠正，继续移送审查逮捕或者直接移送审查起诉的，则应当通过不批准逮捕或者不起诉手段予以解决。

六、对人民检察院侦查部门应当立案侦查而不报请立案侦查案件的监督

人民检察院侦查监督部门发现本院侦查部门对应当立案侦查的案件而不报请立案侦查的，应当指定专人进行审查。承办人提出审查意见，报部门负责人审核。部门负责人同意承办人提出的应当立案侦查的意见的，制作《建议报请立案侦查书》，送达本院相应的侦查部门。建议不被采纳的，应当报请检察长决定。

审查起诉部门发现本院侦查部门对应当立案侦查的案件不报请立案侦查的，应当在登记后移送侦查监督部门，由侦查监督部门进行审查。侦查监督部门审查后，应当将意见通知审查起诉部门。

七、立案监督工作中应当注意的几个问题

（一）立案监督工作的规范化

检察机关是国家的法律监督机关，在开展立案监督工作中应当更加注意严格执法、规范执法。开展刑事立案监督工作，一定要严格把握立案监督的条件、程序，要经过认真审查和调查，才能启动立案监督程序，确保立案监督工作的准确性，切实防止轻易和草率。

（二）切实纠正公安机关对监督立案的案件“消极侦查”现象

一要加强监督立案后的跟踪，了解是否存在立而不查、久拖不决的现象，了解何时报捕、是否移送审查起诉。二要加强与公安机关的联系与配合，注意及时催办。对于因犯罪嫌疑人外逃、证据缺失等原因导致案件搁浅的，主动提出侦查取证的建议，协助其尽快破案。三要加强对立而不侦、侦而不结背后的司法腐败的查处力度，增加立案监督的法律威慑力。四要提请上级检察院通过其同级公安机关对负责侦查工作的下级公安机关进行督办。

（三）正确处理立案监督数量、质量和效果的关系

立案监督工作要取得实效，既要强化监督的力度，又要重点突出。从理论上分析，立案监督和侦查活动监督与审查逮捕不同，前者属于主动型监督、督察型监督。对于立案监督工作，需要不等不靠，主动出击，扩大监督线索的来源，保持一定的数量规模，才能强化监督的力度，这实质上也是监督效果的体现。但是，我们也应当看到，立案监督工作不能以片面追求数量为目标，还要突出监督的重点，大力提高监督案件的质量，才能收到更大的成效。

要重点监督纠正有罪不究、以罚代刑和违法立案、动用刑事手段插手经济

纠纷等人民群众反映强烈的问题。要继续加大对黑恶势力犯罪、严重暴力犯罪和破坏社会主义市场经济秩序犯罪，破坏环境、资源犯罪，尤其是侵害农民利益、危害农业生产、影响农村稳定的犯罪，以及制售有毒有害食品药品等涉及民生犯罪的监督。而对于危害性不大的轻微刑事案件，当事人达成刑事和解的案件，未成年人、老年人所犯轻微刑事案件等，一般不启动立案监督程序。要把能否有效化解社会矛盾、促进社会和谐作为考量立案监督工作的重要指标，全面考评立案监督工作。

第三节　检察机关立案监督实践中的问题及制度完善

随着司法实践和理论研究的深入，立案监督制度存在的问题诸如立案监督的效果和范围等缺陷也日益突出，并成为制约立案监督工作全面深入开展、阻却设立立案监督制度目的实现的重要因素，不利于保障整个刑事立案活动的合法性，因此，有必要进一步建立和完善相关制度。针对刑事立案监督制度及其工作中存在的主要问题，我们认为，完善刑事立案监督制度，重点是完善刑事立案监督的范围，强化立案监督的效果。

一、完善刑事立案监督的范围

我国刑事诉讼法关于刑事立案监督的规定，对于解决公安机关有案不立，保障被害人合法权益具有重要意义。但是对于公安机关不应当立案侦查而立案，严重侵犯被立案人合法权益的案件，虽然在检察实践中已经开展，但从严格意义上说，在刑事诉讼法上没有明确的依据，没有明确检察机关的监督权限，这使得我国现行的刑事立案监督制度实际上只是对不立案进行监督。

多年来的实践表明，一些地方的公安机关出于地方保护或者利益驱动，以刑事立案插手经济纠纷，利用刑事手段解决民事纠纷等问题比较突出，严重影响了司法机关的形象，人民群众对此反映非常强烈。但是由于刑事诉讼法只规定了对应当立案而不立案的监督，却没有明确检察机关对不应当立案而立案的监督权限，致使公安机关对无辜公民立案、拘留、取保候审、监视居住等违法问题不能被及时发现和有效纠正，这对于保障刑事诉讼的依法进行，维护公民的合法权益显然是极为不利的，也不符合依法治国、保障人权、加强法律监督的要求。最高人民检察院根据刑事诉讼法的规定，在《人民检察院刑事诉讼规则》中规定，“对于公安机关不应当立案而立案侦查的，人民检察院应当向公安机关提出纠正违法意见”。但是有的地方公安机关仍以缺乏立法依据为由拒绝接受监督。因此，要保证刑事诉讼任务的完成，保障刑事立案活动的准确、及时、合法，保障无罪的公民、法人不受非法追诉，仅仅对公安机关应当立案而不立案进行监督是不够的，应当通过修改刑事诉讼法，把不应当立案而立案侦查的问题纳入刑事立案监督的范畴。

首先，对公安机关不应当立案而立案进行监督，是全面确立刑事立案监督制度，保障刑事立案活动及时合法进行的需要。在我国，立案被规定为刑事诉讼中一个独立的诉讼阶段，是开展刑事侦查的前提，其内容包括受案、审查（包括必要的初步调查）、决定立案或者不立案等具体的诉讼行为。立案决定本身虽然并不意味着对被立案者的人身、财产等权利进行限制、剥夺，但是却要给被立案者确立犯罪嫌疑人的身份，令其必须接受刑事调查，而紧随其后的必然是一系列的强制性侦查措施。特别是在我国的文化背景和道德观念中，一个人即使只被侦查机关作为犯罪嫌疑人立案侦查，在社会上都会对之产生负面的影响。可见，立案并非无关紧要，而是一项关乎公民、法人合法权利的十分严肃的刑事诉讼活动，必须认真对待，并将其纳入法律监督范围。

其次，对公安机关不应当立案而立案进行监督，是由我国刑事诉讼制度的特点所决定的，也是保障当事人合法权益的客观需要。从国外法律规定看，刑事立案一般不被作为一个独立的诉讼环节，对于侦查机关的立案也没有严格的法律限制，但是侦查机关需要对当事人采取强制性侦查措施的，则不仅逮捕、羁押需要经过司法机关审查批准，采取其他强制性措施也都需要得到法官或者检察官的审查批准。也就是说，对当事人人权的保障机制，是通过对强制性侦查措施的全面司法控制而建立起来的。但是我国的刑事诉讼制度不同于这些国家。根据我国刑事诉讼法的规定，立案是一个独立的诉讼阶段，立案后，侦查机关可以自行对犯罪嫌疑人采取逮捕以外的所有强制性侦查措施，而无须任何司法审查程序。这一诉讼制度的特点决定了，只有从立案这一诉讼的源头上把住法律关口，才能实现对当事人基本人权的有效保护，保障整个刑事侦查活动依法进行。

最后，对公安机关不应当立案而立案进行监督，具有一定的实践基础。近年来检察机关在开展立案监督工作中，曾对公安机关不应当立案而立案的监督问题进行了试点。实践表明，这样做不仅不会影响公安机关打击犯罪的积极性和力度，反而有利于帮助公安机关规范立案活动，更加稳准狠地打击犯罪，因而得到了许多地方公安机关，尤其是基层公安机关的理解和赞同。有的地方公安机关还与检察机关一起，联合就该问题作出规定，取得了较好效果，也积累了一定的实践经验。我们可以在总结近年来经验教训的基础上，对立案监督的范围进一步完善。如在刑事诉讼法中规定：人民检察院认为公安机关对不应当立案侦查的案件而立案侦查的，或者被立案侦查的犯罪嫌疑人及其近亲属或者聘请的律师认为公安机关不应当立案侦查而向人民检察院提出申诉的，人民检察院应当要求公安机关说明立案的理由，公安机关应当在5日内作出说明。人民检察院认为公安机关说明的立案理由不能成立的，应当通知公安机关撤销案件。公安机关接到通知后应当撤销案件，并将撤案决定书副本送达人民检察院。公安机关不予撤销的，人民检察院可以直接作出撤销案件的决定，公安机关应当执行。被立案的犯罪嫌疑人被采取强制措施的，应当立即解除强制措施。

二、赋予检察机关机动侦查权

根据我国刑事诉讼法的规定，检察机关虽然可以对刑事立案活动进行监督，但是缺乏对监督对象不接受监督的进一步督促或者制裁的措施。如果公安机关接到检察机关立案通知后不立案，或者虽然立案但是却不履行侦查职责或不积极履行侦查职责，检察机关因缺乏进一步监督的措施，致使一些案件长期滞留在立案环节或者侦查环节，造成久拖不决。这种把监督效果完全建立在监督对象接受监督的自觉性之上的法律规定，必然会使刑事立案监督缺乏应有的刚性和实效，法律设置刑事立案监督制度的目的也就难以实现。近年来的实践充分说明了这一点。如某省检察机关2002年通知公安机关立案侦查的案件，公安机关立案并进行侦查、移送审查逮捕的犯罪嫌疑人仅占检察机关监督立案人数的45.8%；移送审查起诉的仅占37.8%。这不仅影响了刑事立案监督的效果，而且不利于对被害人合法权益的保护。为了解决这些问题，我们认为应当进一步完善关于刑事立案监督制度的法律规定，强化对监督对象不履行职责或者不积极履行职责的进一步监督措施。具体讲，就是应当赋予检察机关对这类案件直接立案侦查的“机动侦查权”。

对刑事案件直接立案侦查，是许多国家检察机关所共有的法律手段。如德国检察机关既有指挥侦查权，又有自行侦查权；在日本，虽然实践中检察机关一般只对侦查进行指挥和监督，但是法律还规定检察机关拥有单独侦查犯罪的权力；在俄罗斯，检察长有权提起刑事案件并依照法定程序委托调查人员或者侦查人员侦查案件，也可以亲自受理案件，在必要时亲自进行某些侦查行为。我国1979年《刑事诉讼法》第13条第2款规定，贪污罪、侵犯公民民主权利罪、渎职罪以及人民检察院认为需要自己直接受理的其他案件，由人民检察院立案侦查和决定是否提起公诉。这一条款有关“人民检察院认为需要自己直接受理的其他案件，由人民检察院立案侦查”的机动侦查权的规定，是在刑事诉讼法中充分体现检察机关法律监督作用的重要条款。但是，由于法律对行使这一职权的程序规定得不够严密，以致一些检察机关在实践中运用不当，造成负面影响，导致这一规定在 1996 年修改刑事诉讼法时被修改。现在来看，从有利于有效打击犯罪、提高诉讼效率和保护被害人合法权益、加强立案监督考虑，有必要增加检察机关对通知公安机关立案而公安机关拒不立案或者立而不侦的案件，可以直接立案侦查的规定。对于故意包庇犯罪的，依法追究其刑事责任。同时，为了防止实践中发生滥用机动侦查权的现象，有必要在程序上加以严格限制，即可以规定地市级以下检察院行使这项权力时，要报经省级以上人民检察院批准。

三、建立对行政执法机关不移交涉嫌犯罪案件的监督调查程序

近年来，破坏社会主义市场经济秩序违法犯罪案件不断增多，行政执法机关查处的案件数量也逐年增长，但是移送司法机关追究刑事责任的案件很少，其中一些案件被以罚代刑，人民群众对此反映非常强烈。这一方面是由于一些地方行政执法机关依法行政意识不强，容易受经济利益驱动、地方保护主义干扰，以及少数贪赃枉法的国家工作人员包庇、纵容；另一方面是由于法律规定不完备，缺乏关于检察机关对行政执法机关不移交涉嫌犯罪案件的监督调查程序，行政执法机关向司法机关移送案件即行政执法与刑事执法相衔接的机制还不够健全，行政执法机关与司法机关办案相互脱节，没有形成打击经济犯罪的合力。要有效地解决这一问题，我们认为，应当强化检察机关的监督职能，建立健全检察机关对行政执法机关不移交涉嫌犯罪案件的监督调查程序，从而促进行政执法与刑事执法衔接机制的建立，使那些被行政执法机关查获的破坏社会主义市场经济秩序而涉嫌犯罪的人，能够被及时移送公安机关立案侦查，依法追究刑事责任。对此，2001 年 7 月国务院颁布了《行政执法机关移送涉嫌犯罪案件的规定》，其中明确提出“行政执法机关移送涉嫌犯罪案件，应当接受人民检察院和监察机关依法实施的监督”。同年 12 月，最高人民检察院也公布了《人民检察院办理行政执法机关移送涉嫌犯罪案件的规定》。各级检察机关根据这些规定，加强立案监督，积极主动地与行政执法机关联系，探索行政执法与刑事执法的衔接途径，根据当地实际制定了诸如案件移送制度、信息共享制度和通知立案制度等，为建立健全检察机关对行政执法机关不移交涉嫌犯罪案件的监督调查程序，建立、健全行政执法与刑事执法衔接机制打下了良好的基础。2004 年 3 月，最高人民检察院会同全国整顿和规范市场经济秩序工作领导小组办公室、公安部联合制定并公布了《关于加强行政执法机关与公安机关、人民检察院工作联系的意见》，为解决当前存在的行政执法机关不

移送涉嫌犯罪案件问题，强化检察机关的立案监督起到了积极的指导和推动作用。2006年年初，最高人民检察院与全国整顿和规范市场经济秩序工作领导小组办公室、公安部、监察部又联合下发了《关于在行政执法中及时移送涉嫌犯罪案件的意见》，就检察机关对于行政执法机关移送涉嫌犯罪案件和公安机关的立案活动实行监督作出程序规定。但是，上述规定毕竟不具有刑事法律的效力和普遍约束力，有些地方、有些行政执法部门并没有按照上述规定，认真地接受检察机关的监督。

检察机关作为国家法律监督机关，有责任对国家工作人员包括行政执法人员在职务活动中是否依法行使权力进行监督，以促使其严格执法、廉政勤政。赋予检察机关对行政执法机关不移交刑事案件的调查权，对行政执法机关移送涉嫌犯罪案件活动进行监督，是检察机关职务犯罪监督职能的必然要求，也是检察机关及时发现行政执法机关不移交涉嫌犯罪案件或移交后公安机关不依法立案侦查，而有针对性地开展立案监督工作的前提条件。应当说，行政执法与刑事执法衔接机制的建立，为检察机关开展相关法律监督工作提供了必要的知情渠道和有效的监督途径，有利于增强法律监督实效。因此，应当在刑事诉讼法中建立健全检察机关对行政执法机关不移交刑事案件的监督调查程序，并明确相应的调查手段，检察机关根据举报、控告或者办案中发现的线索，认为行政执法机关在执法中存在以罚代刑、不移交刑事案件等问题时，有权要求行政执法机关提供该案的相关材料和进行必要的调查，并有权要求其依法移交涉嫌犯罪的案件，行政执法机关应当配合和执行。法律条文的内容应当包括以下要点：行政执法机关在查处行政违法案件中，发现涉嫌犯罪线索的，应当及时按照管辖规定向公安机关移送案件，同时向人民检察院备案。人民检察院对公安机关是否立案进行监督。人民检察院对于行政执法机关作出行政处罚的案件，认为可能涉嫌犯罪的，可以向行政执法机关查询案件情况，并可派员查阅有关案卷材料，行政执法机关应当配合。人民检察院经审查，认为确实涉嫌犯罪的，应当通知行政执法机关按照管辖规定向公安机关移送涉嫌犯罪案件，行政执法机关应当执行，并将执行情况书面回复人民检察院。行政执法机关不移送的，人民检察院可以将案件线索直接移送公安机关立案侦查。行政执法机关在工作中发现国家工作人员涉嫌贪污贿赂、徇私枉法、玩忽职守以及徇私舞弊不移交刑事案件等职务犯罪线索，应依法及时向人民检察院移送。人民检察院对行政执法机关移送的职务犯罪线索应当进行审查，认为需要追究刑事责任的，应当立案侦查，并将审查结果通知移送案件的行政执法机关。对此，国外法律也有类似的规定。如《俄罗斯联邦刑事诉讼法典》第37条规定，检察长有权向任何调查机关调取刑事案件并将案件移送给侦查员。在调查过程中，可以向有关人员了解情况，也可以调阅案件有关的材料，包括诉讼卷宗等。这是可资借鉴的。

四、立案监督中的其他问题

对于刑事立案监督制度的改革与完善，除上述三个重点方面外，还有以下几个问题应予考虑：

（一）建立撤案监督制度

为了防止涉嫌犯罪案件的流失，特别是为了防止检察机关通知公安机关立案后，公安机关又违法撤案，应当加强对公安机关撤案问题的监督。为此，应当在刑事诉讼法中明确规定，对于检察机关通知立案的案件，侦查机关拟作出撤案决定的，应当在撤案前征求原通知立案的检察机关的意见，检察机关不同意撤案的，应当提出具体侦查意见，由侦查机关继续依法侦查。

（二）明确立案期限

由于现行法律没有对公安机关接到控告人、报案人的材料后的审查期限作出规定，致使部分案件在公安机关接到报案后，长时间既不作出立案决定也不作出不立案决定，有的案件甚至长达半年或者更长时间没有作出是否立案的决定，使这部分案件在立案环节就久拖不决，而检察机关对此类案件开展监督又缺乏法律根据。实践中，有的地方的检察机关对此类案件要求公安机关说明理由，公安机关以正在审查为由拒绝接受监督。因此，为了进一步规范刑事立案及其监督的程序，建议在刑事诉讼法中明确规定，公安机关、人民检察院对于报案、控告、举报和自首的材料应当按照管辖范围进行审查，并在一定期限内作出是否立案的决定。超过期限没有作出决定的，应当视为不立案，检察机关可以进行监督。

（三）完善对检察机关应当立案而不立案的监督机制

根据我国现行法律的规定，控告人对检察机关不立案决定不服的，可以申请复议；被害人有证据证明对被告人侵犯自己人身、财产权利行为应当依法追究刑事责任，而检察机关不予追究的职务犯罪案件，被害人可以直接向人民法院起诉。为了进一步解决检察机关应当立案而不立案的问题，加大对职务犯罪的查处力度，我们认为，还可以通过以下途径加强监督：

一是加强检察机关内部管理和监督制约。对受理的举报线索，应统一由检察机关举报中心归口管理，并运用科技手段，如输入计算机，并且一经输入不能删改，以便上级检察院和本院检察长进行有效监督，通过科技手段解决有案不立、压案不办等问题。对重大案件线索可以实行分级备案制度，依照案件线索涉及的案情轻重、涉案人员级别高低等情况建档备案。上级检察机关应定期开展案件线索检查工作，发现瞒案不报、压案不查等问题的，应严肃处理和追究。

二是建立外部监督机制，接受人民监督员的监督。人民监督员制度是最高人民检察院根据党的十六大关于推进司法体制改革的精神，着眼于解决检察机关查办职务犯罪工作中存在的突出问题，在深入调查研究、充分论证的基础上提出来的一项改革举措。其目的是为了加强对检察机关查办职务犯罪工作的监督，从制度上保障检察权的正确行使。人民监督员制度试行的实践表明，这一制度对于解决检察机关侦查案件的监督制约问题具有重要意义。发挥人民监督员在立案监督中的作用，也应当成为人民监督员制度的一个重要内容。人民监督员发现有案不立、压案不查的，可以向人民检察院提出意见。人民检察院对于人民监督员的意见应当进行审查，并提出是否应当立案的意见，报检察长决定。人民监督员如果仍不同意检察机关不立案决定的，可以向上一级人民检察院申请复核。上级人民检察院应当在一定期限内进行复核，并将复核结果答复人民监督员。

三是建立复核制度。我们认为可以通过立法明确规定，控告人、举报人对检察机关不立案决定有异议的，可以向上一级人民检察院申请复核。上级人民检察院应当在一定期限内进行复核，并将复核结果答复控告人、举报人。

第三章　刑事侦查活动监督

侦查是刑事诉讼的一个重要阶段，是指公安机关、人民检察院等在侦查案件的过程中，依照法律进行的专门性的调查工作和有关的强制性措施。侦查活动监督就是人民检察院对公安机关、国家安全机关、军队保卫部门、监狱、走私犯罪侦查局以及人民检察院的自侦部门在办理刑事案件过程中所进行的侦查活动，如各项专门调查工作和有关的强制措施是否合法所进行的专门监督。

根据我国宪法和法律规定，检察机关是国家的法律监督机关，检察机关在整个刑事诉讼过程中，具有对侦查活动进行监督的权力。这种对侦查活动监督的权力，不仅体现在对违反刑法的犯罪嫌疑人进行正确合法的追诉，保证侦查活动的合法进行，保护公民的合法权利不受侵犯；而且还表现在监督侦查机关在侦查活动中正确地执行程序法，确保程序公正实施。刑事诉讼法明确规定："人民检察院在审查批准逮捕工作中，如果发现公安机关的侦查活动有违法情况，应当通知公安机关予以纠正，公安机关应当将纠正情况通知人民检察院。"这就为侦查机关严格执法，使侦查活动合法进行提供了有力的法律保障。

侦查活动监督是刑事诉讼过程中不可缺少的活动。它对保证刑事侦查任务的完成和刑事诉讼的合法进行有着重大的意义，特别是在监督侦查机关正确行使侦查权，防止和纠正在侦查活动中非法侵害公民权利的行为方面起着重要的作用。

第一，有利于保护公民的合法权益。我国是人民民主专政的社会主义国家，人民是国家的主人，享有广泛的民主和自由。特别是公民的人身权利，更是受到法律的严格保护。即使是犯罪嫌疑人，其合法权益同样受法律保护。侦查活动具有很强的强制性，直接涉及公民的人身自由、健康、人格等各项权利。违法进行侦查活动，必然侵犯公民的合法权益。如刑讯逼供、逼证就会侵犯犯罪嫌疑人、证人的人身自由和健康权利；违法扣押邮件、电报就会侵犯公民的通信自由和通信秘密权利；违法搜查他人住宅就侵犯了公民的居住安全；等等。通过侦查活动监督，就能及时发现和纠正侦查活动中的各种违法情况，使无罪的人不受刑事追究，使诉讼参与人的诉讼权利不受侵犯，从而保护公民的合法权益。

第二，有利于准确及时地惩罚犯罪。准确及时地查明犯罪事实，依法惩罚犯罪分子是刑事诉讼的重要任务。刑事诉讼法关于侦查活动的一系列规定，同样是保证诉讼活动正常进行，及时查处惩治犯罪的需要。违法进行侦查活动，不仅会侵犯公民的合法权益，而且会使侦查活动偏离正确的方向，延误侦查工作的时机，甚至使侦查工作陷入困境和僵局，从而影响侦查工作的质量。而侦查工作的质量如何，又往往影响起诉和审判的质量。通过侦查活动监督，可以及时发现和纠正侦查活动中的违法情况，弥补侦查工作中的漏洞和不足，从而保证起诉和审判工作的正常进行，使犯罪的人及时受到刑事追究。那种认为侦查监督只会束缚手脚的观点是不正确的。

第三，有利于促进侦查人员严格执法。严格执法是社会主义法制建设的必然要求，也是顺利完成侦查工作任务的重要保证。侦查人员作为国家的执法人员，应该带头模范地执行国家法律，执法工作人员执法违法，是司法腐败的表现之一，有着极为严重的社会危害性。通过侦查活动监督，及时纠正侦查活动中的违法行为，对构成犯罪的依法追究刑事责任。这对于促进侦查人员进一步树立严格执法的思想观念，无疑有着积极的意义。

第一节　侦查活动监督的主要内容

侦查活动监督的内容取决于侦查活动的内容。根据我国刑事诉讼法的规定，侦查活动的内容包括专门调查工作和有关的强制措施。因此，侦查活动监督的内容也就包括对专门调查工作是否依法进行实施的监督和对有关的强制性措施是否依法进行实施的监督。侦查活动监督贯穿于侦查活动的全过程，根据《人民检察院刑事诉讼规则》的有关规定，侦查活动监督有其监督的重点内容。

一、侦查活动监督的重点

侦查活动监督的重点是指，人民检察院在进行监督时，依照法律规定对侦查机关的侦查人员在办理刑事案件过程中，故意或过失实施的违反或者严重违反法律规定的行为，应当注意发现和纠正的事项。按照《人民检察院刑事诉讼规则》的规定，侦查活动监督的重点是发现和纠正以下违法行为：（1）对犯罪嫌疑人刑讯逼供、诱供的；（2）对被害人、证人以体罚、威胁、诱骗等非法手段收集证据的；（3）伪造、隐匿、销毁、调换或者私自涂改证据的；

(4) 徇私舞弊，放纵、包庇犯罪分子的；(5) 故意制造冤、假、错案的；(6) 在侦查活动中利用职务之便谋取非法利益的；(7) 在侦查过程中不应当撤案而撤案的；(8) 贪污、挪用、调换所扣押、冻结的款物及其孳息的；(9) 违反刑事诉讼法关于决定、执行、变更、撤销强制措施规定的；(10) 违反羁押期限和办案期限规定的；(11) 在侦查中有其他违反刑事诉讼法有关规定的行为的。由于上述 11 种行为违反刑事诉讼法规定，与司法机关公正执法要求相背离，对刑事诉讼活动有着现实的、深刻的、严重的危害性，因此，人民检察院进行侦查活动监督时，要密切注意发现并加以纠正。

(一) 对犯罪嫌疑人采取刑讯逼供等非法取证方法的监督

所谓刑讯逼供，是指侦查人员采用肉刑和变相肉刑的方式，逼取犯罪嫌疑人口供的一种讯问方式。根据刑事诉讼法的规定，司法人员必须依照法定程序收集各种证据，严禁以刑讯逼供和以威胁、引诱、欺骗以及其他非法的方法收集证据。司法实践中常见的表现形式是，侦查人员在办案过程中，在不同动机的支配下，为了获取犯罪嫌疑人的口供，而对犯罪嫌疑人进行刑讯逼供等非法方法。这样做不但侵犯了犯罪嫌疑人的合法权益，干扰了刑事诉讼活动的顺利进行，而且极易罪及无辜，造成冤、假、错案。虽然这类违法情况的发生数量极少，但造成的影响非常恶劣，教训非常深刻。同时，我们应当看到，侦查人员即使采用刑讯逼供等非法方法，获得了犯罪嫌疑人的口供，且能与案件中的其他证据相印证，但因为侦查人员使用的取证方法违反刑事诉讼法的规定，这种口供不具有合法性，是无效的，不能作为证据使用。如果侦查人员刑讯逼供情节严重或者致人重伤、死亡的，按照刑法有关规定则要追究责任人的刑事责任。所以，人民检察院在侦查活动监督时，应当切实注意和发现、纠正公安机关的刑讯逼供等违法行为。

(二) 对被害人、证人以暴力、威胁等非法手段获取证言的监督

被害人陈述、证人证言是刑事诉讼中运用得最多的两种证据。根据刑事诉讼法的规定，公安机关必须保证一切与案件有关或者了解案件的公民，有客观地、充分地提供证据的条件。严禁对被害人、证人采用暴力、威胁等非法方法获取证言、收集证据。公安机关在办案过程中，只有严格按照法律规定，为被害人、证人提供客观、充分的安全保障，消除他们的恐惧心理和可能受到的威胁、损害，才能使他们提供客观真实的证言。否则，侦查人员即使用暴力、威胁等非法方法获取、收集到了证据，因为这些证言是迫于侦查人员的压力或在被欺骗的情况下提供的，存在虚假的可能性。而且侦查人员的收集证言行为侵犯了他们的合法权益，不但这些证据是无效的，也无益于实现刑事诉讼惩罚与

保障的任务。所以，人民检察院应当加强公安机关对被害人、证人用非法手段收集证据的监督。

（三）对伪造、隐匿、销毁、调换和私自涂改证据的监督

要正确认定案件事实，不仅对证据有数量的要求，更有质量上的要求。证据是否确实、充分是对犯罪嫌疑人能否追究刑事责任的关键。如果侦查人员在收集证据过程中，出于各种动机、目的，伪造、隐匿、销毁、调换和私自涂改有罪证据或者无罪证据，会使证据真假难辨，甚至会造成犯罪分子逃避法律制裁，或者使无辜的人受到怀疑而无法洗清，并可能被追究刑事责任的后果。因此，人民检察院在侦查活动监督中，应当特别注意对这种违法行为的监督，一经发现，坚决予以纠正，并严格按照修改后的《刑事诉讼法》第 52 条的规定，追究相关人员的法律责任。

（四）对徇私舞弊、放纵、包庇犯罪分子的监督

按照我国刑法的规定，侦查人员在侦查活动中徇私舞弊、放纵、包庇犯罪分子的，是一种严重司法腐败的犯罪行为。公安机关的基本职责和任务是打击、惩罚犯罪分子，保证国家、集体、公民的合法权益不受侵犯，保障社会主义市场经济的健康发展，维护社会主义秩序的稳定。我们应当看到，在改革开放不断向纵深发展的今天，现实中已经出现了一些公安人员不尽职责、为虎作伥的事例。在这些腐败的公安人员当中，有的因贪财而在办案中徇私情；有的因贪色而在办案中包庇犯罪分子；有的既贪财又贪色而放纵犯罪分子；更有甚者，有的与犯罪分子沆瀣一气，充当犯罪分子的“保护伞”。对犯罪分子该查的事实不查，该逮捕的也不提请批准逮捕，甚至为他们通风报信，致使犯罪分子长期逍遥法外，得不到及时的刑事追究，这种违法犯罪行为不仅对刑事诉讼危害性非常大，而且对整个社会也有很大的危害性。因此，人民检察院在侦查活动监督中一定要注意发现和纠正这种违法行为，对构成犯罪的要及时移送有关侦查部门查处。

（五）对有意制造冤、假、错案的监督

“以事实为依据，以法律为准绳”是刑事诉讼的基本原则。但在办案过程中，有极个别的侦查人员出于个人的私利，或者出于对他人的不满和私愤以及报复陷害等目的，明知他人没有犯罪，也没有实施过犯罪行为，却故意地、无中生有地捏造、编造犯罪事实，伪造虚假证据，意图陷害他人，使其受到刑事追究；有的对犯罪事实有意张冠李戴，制造冤、假、错案。这是一种严重侵犯公民合法权益，破坏社会主义法制的违法犯罪行为。虽然这种行为极少发生，但在司法实践中也不乏其例。所以，人民检察院在侦查活动监督中，要注意发

现和纠正这种严重的违法行为，对构成犯罪的，应当及时移送有关侦查部门进行查处。

（六）对在侦查活动中利用职务之便谋取非法利益的监督

廉洁、公正执法应当是每一个侦查人员奉行的工作准则，也是国家法律对侦查人员执法的基本要求。侦查人员在办案过程中，利用查办案件的职务便利，谋取非法利益，严重背离了公正执法的要求，而且违反刑事诉讼法以及其他有关法律规定，甚至可能触犯刑法，构成犯罪，是一种十分典型的司法腐败的行为表现。现实中存在的现象是，有的侦查人员利用办案的职务便利，接受案件当事人的吃请、游山玩水，出入不应该去的娱乐场所；有的利用职务之便将个人消费发票拿到发案单位报销；有的与案件当事人一起同桌赌博；有的甚至在办案过程中贪污、受贿；等等。这些行为不但严重损害了司法机关的形象，败坏了司法队伍的风气，而且直接影响执法的公正性，严重阻碍了刑事诉讼的依法顺利进行。所以，人民检察院在侦查活动监督中，应当重视对这种违法行为的发现，并坚决地予以纠正。

（七）对在侦查中不应当撤案而撤案的监督

撤案是发生在侦查过程中一种非常重要的诉讼行为。撤案不但具有程序上的意义，而且有很重要的实体意义，属于侦查活动监督的范围。根据刑事诉讼法的规定，在侦查过程中，发现不应当对犯罪嫌疑人追究刑事责任时，应当撤销案件，终止侦查。“发现不应当对犯罪嫌疑人追究刑事责任”是撤销案件的必要条件，它包括：情节显著轻微，危害不大，不认为是犯罪的；犯罪已过追诉时效期限的；经特赦令免除刑罚的；依照刑法告诉才处理的犯罪，没有告诉或者撤回告诉的；犯罪嫌疑人死亡的；其他法律规定免予追究刑事责任的。在办案过程中如果没有出现上述应当撤销案件的法定情形而撤销案件，就会放纵犯罪分子，给国家社会和公民的合法权益造成损害。所以，人民检察院应当加强对公安机关撤案的监督，一经发现不应当撤案而撤案的要坚决予以纠正。

（八）对贪污、挪用、私分、调换、违反规定使用查封、扣押、冻结的财物的监督

查封、扣押、冻结犯罪嫌疑人的财物是公安机关在办案过程中依法使用的一种侦查手段。它只是对被查封、扣押、冻结的财物进行暂时性的保管，而不是最终的处理。根据刑事诉讼法的规定，公安机关对于查封、扣押、冻结犯罪嫌疑人的财物，应当妥善保管，以备核查。任何单位和个人不得挪用或者自行处理。贪污、挪用、私分、调换或违反规定使用查封、扣押、冻结的犯罪嫌疑人的财物的，要依法追究刑事责任，未构成犯罪的，要给予行政处分。人民检

察院在侦查活动监督中发现侦查人员在办案过程中有上述行为的，应当坚决纠正，构成犯罪的，要及时移送侦查部门查处；未构成犯罪的，也要建议公安机关进行行政处分。

（九）对违反刑事诉讼法关于采取、执行、变更、撤销强制措施规定的监督

采取、执行、变更、撤销强制措施是公安机关在侦查过程中的重要诉讼行为。根据刑事诉讼法的规定，公安机关在侦查活动中，为了查明案情，证明案件事实，有权对犯罪嫌疑人采取拘传、取保候审、监视居住、拘留的强制措施；对检察机关批准逮捕或者决定逮捕、决定拘留的犯罪嫌疑人，公安机关是法定的执行者。为了确保各种强制措施的正确行使，保障刑事诉讼的顺利进行，刑事诉讼法对采取、执行强制措施以及变更、撤销强制措施规定了明确的条件和十分严格的实施程序，必须严格依法进行，不得自行其是。人民检察院应当将此列入侦查活动监督的内容，发现违法行为应当予以纠正。

（十）对违反侦查羁押期限规定的监督

为了及时处理刑事案件，防止案件久拖不决，保障犯罪嫌疑人的合法权益，刑事诉讼法不但对公安机关侦查的一般刑事案件的侦查羁押期限作出明确规定，而且对案情复杂、犯罪涉及面广、取证困难等案件，在法定的办案期限内不能侦查终结，需要延长侦查羁押期限的也作出了明确、严格的规定。公安机关应当严格遵守这些规定，在法定羁押期限内对所办案件侦查终结，加快案件的处理。超过法定期限仍不能对案件侦查终结，不但会使犯罪嫌疑人被违法羁押，人身权益受到侵害，而且会使正常的刑事诉讼受到不必要的影响。所以，人民检察院应当加强对公安机关侦查及羁押期限的监督，发现违反法律规定的情形，应当及时依法纠正。

（十一）对其他违反刑事诉讼法有关规定的行为的监督

其他违反刑事诉讼法有关规定的行为是指，公安机关在侦查活动中除以上10种情形之外，违反刑事诉讼法有关规定的行为。如：公安机关收集、获取证据，讯问犯罪嫌疑人，询问被害人、证人的方法是否合法；勘验、检查、扣押物证、书证是否合法；追缴赃款物品、辨认、鉴定、通缉等是否严格依法实施；等等。公安机关在侦查活动中采取以上侦查措施，如果不按照法律规定的程序和形式实施，也是违法行为。人民检察院发现公安机关的这类违法行为，要及时予以纠正。

二、对专门调查工作的监督

所谓专门调查工作，是指侦查机关为发现和收集证据、查明案件事实所进行的专门诉讼活动。侦查活动的目的是发现犯罪、揭露犯罪、证实犯罪、查缉犯罪嫌疑人，而要揭露犯罪、查明案情、证明案件事实，关键是靠证据。为此，公安机关等侦查机关办理刑事案件，必然要按照刑事诉讼法的规定，进行专门的调查工作，即采取各种侦查措施以发现、获取证据。它包括讯问犯罪嫌疑人，询问被害人、证人，勘验、检查、搜查、鉴定、通缉等法定的侦查方式以及辨认、追缴赃款赃物等非法定的侦查方式。尽管辨认、追缴赃款赃物未被刑事诉讼法列为法定的侦查方式，但其在证明案件事实、查缉犯罪嫌疑人中起着一定的作用，有着积极的意义。同时还应该看到，辨认和追缴赃款赃物工作比较复杂，有一定难度，如果使用不当或者违法使用会对侦查活动乃至整个刑事诉讼带来负面影响，造成很大危害。所以，在此一并加以论及。

（一）对讯问犯罪嫌疑人的监督

讯问犯罪嫌疑人是专门调查工作中的重要活动，在侦查程序中具有十分重要的意义。讯问犯罪嫌疑人，是指侦查人员为了查明案件事实和案件的其他有关问题，依照法律规定，以言词的方式对犯罪嫌疑人进行讯问的一种侦查方式。这是直接获取犯罪嫌疑人的供述和辩解的重要侦查措施，也是公安机关侦查活动的一项重要内容。讯问犯罪嫌疑人必须依法进行。对讯问犯罪嫌疑人的监督，就是指对侦查人员询问犯罪嫌疑人是否依法进行所实行的监督。对讯问犯罪嫌疑人的监督应注意从以下几个方面进行：

1. 讯问是否由侦查人员进行，是否由2人进行。根据刑事诉讼法的规定，讯问犯罪嫌疑人，只能由侦查人员进行，其他任何机关、团体和个人都无权进行讯问，讯问犯罪嫌疑人时，侦查人员不得少于2人。这样规定：（1）可以防止对犯罪嫌疑人随意进行讯问，从而有利于保证侦查工作的顺利进行，保护公民的合法权益不受侵犯；（2）可以互相配合，从而有利于提高讯问效率和办案质量；（3）可以互相监督，防止违法行为发生，也可以防止犯罪嫌疑人对侦查人员进行诬陷；（4）可以防止犯罪嫌疑人行凶报复、自杀、逃跑等意外事件发生。以上所讲的侦查人员不得少于2人，是指公安、安全机关负责案件侦查的工作人员，担负监督任务的检察人员参加预审的不包括在内。讯问笔录上虽有2人签名，但实际上只有1人讯问，无疑是违反上述规定的行为。

2. 对于不需要逮捕、拘留的犯罪嫌疑人的讯问，是否出示有关的证明文件，传唤是否超过法定的时间。根据刑事诉讼法的规定，对于不需要逮捕、拘留的犯罪嫌疑人，可以传唤到犯罪嫌疑人所在市、县的指定地点或者到他的住所进行讯问，但是应当出示有关的证明文件，如工作证、传唤证等。否则，犯罪嫌疑人有权拒绝回答。传唤持续的时间不得超过12小时；案情特别重大、复杂，需要采取拘留、逮捕措施的，传唤持续的时间不得超过24小时。不得以连续传唤的形式变相拘禁犯罪嫌疑人。监督工作中，应注意发现有无违反上述规定的行为。

3. 讯问的方式是否符合法律规定。根据刑事诉讼法的规定，侦查人员在讯问犯罪嫌疑人的时候，应当首先讯问犯罪嫌疑人是否有犯罪行为，让他陈述有罪的情节或者无罪的辩解，然后向他提出问题。犯罪嫌疑人对侦查人员的提问，应当如实回答。但是，对于与本案无关的问题，有拒绝回答的权利。监督工作中，应注意发现侦查人员是否按照上述规定进行讯问，特别是要注意发现讯问中是否让犯罪嫌疑人进行辩解，是否强迫犯罪嫌疑人回答与本案无关的问题等。

4. 讯问特定的犯罪嫌疑人是否按规定进行。如：讯问聋、哑犯罪嫌疑人，是否有通晓聋、哑手势的人参加；讯问不通晓当地语言文字的犯罪嫌疑人（包括外国人），是否为他们配备翻译人员。

5. 讯问笔录是否符合法律规定。如：讯问笔录是否交犯罪嫌疑人核对；犯罪嫌疑人是否在笔录上签名或者盖章；侦查人员是否在笔录上签名等。

6. 讯问中是否有逼供、诱供等违法行为。根据刑事诉讼法的规定，侦查人员必须依照法定程序讯问犯罪嫌疑人，收集能够证明他们有罪或者无罪、犯罪情节轻重的各种证据。严禁刑讯逼供和以威胁、引诱、欺骗以及其他非法的方法逼取口供。刑讯逼供是一种严重的违法行为，情节严重的可以构成犯罪。这种行为在侦查工作，乃至整个诉讼过程中都有着很大的危险性，因此，它是监督工作的重点。

（二）对询问证人的监督

询问证人是指侦查人员依照法定程序以言词的方式就案件情况向证人进行查询并取得证词的一种侦查活动。询问证人必须依法进行。对询问证人的监督，就是对侦查人员询问证人是否依法进行所实施的监督。对询问证人的监督应注意从以下几个方面进行：

1. 是否依法出示有关的证明文件。根据刑事诉讼法的规定，侦查人员询问证人，必须出示公安机关的证明文件。这样做，可以使证人了解侦查人员的身份，以便消除不必要的思想顾虑，也有利于证人对侦查人员违法行为的控告。

2. 询问地点是否符合法律规定。根据刑事诉讼法的规定，侦查人员询问证人，可以在现场进行，也可以到证人的所在单位、住所或者证人提出的地点进行。必要的时候，也可以通知证人到人民检察院或者公安机关提供证言。监督工作中，要注意发现侦查人员询问证人的地点是否合法，如是否把证人带到上述地点以外的其他地方进行询问的情况。

3. 询问证人是否个别进行。根据刑事诉讼法的规定，询问证人应当个别进行。对证人进行个别询问，既可以消除证人的思想顾虑，又可以防止证人之间互相影响。因此，询问证人应坚持个别进行的方法，实践中，不得违反或变通执行这一规定。

4. 是否告知证人有关的法律规定。如是否在询问前告知证人应当如实地提供证据、证言和有意作伪证或者隐匿罪证要负的法律责任。

5. 有无暴力逼证等违法情况。根据刑事诉讼法的规定，严禁以威胁、引诱、欺骗以及其他非法的方法收集证据。监督工作中，要特别注意发现侦查过程中有无上述违法情况。

6. 有关证人的诉讼权利是否得到保障。如询问聋、哑、外国籍或者不通晓当地通用语言的证人，是否为他们聘请翻译等。

7. 询问证人笔录是否符合法律规定。询问证人笔录的要求与讯问犯罪嫌疑人笔录的要求相同。

（三）对勘验、检查的监督

勘验、检查是指侦查人员对与犯罪有关的场所、物品、尸体或者人身进行勘查、检验、检查，以发现和固定犯罪活动所遗留下来的各种痕迹、物品的一种侦查活动。勘验、检查必须依法进行。对勘验、检查的监督就是对侦查人员勘验、检查是否依法进行所实施的监督。对勘验、检查的监督应注意从以下几个方面进行：

1. 勘验、检查是否由侦查人员进行。非侦查人员无权进行勘验、检查。必要的时候，可以指派或者聘请具有专门知识的人参加勘验、检查，但必须是在侦查人员的主持下进行。侦查人员执行勘验、检查，必须持有人民检察院或者公安机关的证明文件。参加勘验、检查的检察人员发现无关的人员进入勘验、检查现场，应及时通知现场勘验、检查指挥人员。

2. 现场勘验是否及时。为避免现场被破坏、移动或者现场遗留物品和痕迹消失及发生变化，现场勘验必须及时，检察机关发现该勘验的现场未及时勘验，应通知公安机关及时进行勘验。

3. 勘验、检查是否细致全面。细致、全面的勘验、检查对获取犯罪证据、及时查明案件事实具有重要作用。因此，应注意发现该勘验、检查的场所、物品、尸体、人身是否都已进行勘验、检查；有关证据是否都已提取和固定；应解剖的尸体是否进行解剖。对勘验、检查工作中的不足，应及时通知侦查机关弥补。

4. 对人身的检查是否依法进行。如检查妇女的身体是否依法由女工作人员或者医师进行。

5. 现场提取的物品是否进行登记，保管是否妥善，有无丢失或更换。

6. 勘验、检查笔录是否符合要求。如勘验、检查的人和见证人是否按规定签名或者盖章。

（四）对侦查实验的监督

侦查实验是指在侦查过程中，为查明案情，验证与案件有关的某些事实或情节在某种条件下能否发生，而参照原有条件将该事实或情节进行模拟演示的侦查方法。侦查实验虽然不是每起案件必须进行的程序，但它在侦查实践中具有十分重要的作用，它通常用来解决以下方面的问题：（1）确定在某种条件下，能否看到（或听到）、看清（或听清）某种事实或情节；（2）确定在一定时间或条件下能否完成某种行为；（3）确定在某种条件下，某种现象能否发生，怎样发生；（4）确定在某种条件下，使用某种工具能否形成某种痕迹，以及某种行为和某种痕迹是否吻合；（5）确定某种事件是怎样发生的。

为保证侦查实验的准确性和合法性，侦查实验应严格遵守以下要求：

1. 严格审批程序。侦查实验只能在侦查机关的侦查人员主持之下进行，进行侦查实验，必须履行严格的审批手续，报经公安机关的负责人批准才能进行。

2. 侦查实验的结果是否准确，有无说服力，侦查实验是否在与发案现场相同或相似的时间、地点、自然环境等条件下进行的，使用的工具、物品的规格、型号、使用的方式、方法尽可能与案件发生时间相同或相似，同时应对同一结果反复多次实验。

3. 侦查实验，禁止一切足以造成危险、侮辱人格或有伤风化的行为。侦查实验要形成笔录，参加实验的人要在笔录上签名或盖章。

（五）对搜查的监督

搜查是指侦查人员在侦查过程中，为收集证据、查获犯罪嫌疑人，对犯罪嫌疑人以及可能隐藏罪犯和罪证的人的身体、物品、住处和其他有关场所进行搜索和检查的一种侦查活动。搜查的任务是收集犯罪证据，查获犯罪嫌疑人。收集各种犯罪证据，包括从犯罪嫌疑人的身体、住所等处获取证据、抓获犯罪嫌疑人，既可以通过对隐藏犯罪嫌疑人的住处或者其他场合进行搜查抓获，也可以通过搜查责令隐藏犯罪嫌疑人的公民交出犯罪嫌疑人，主要包括人身搜查、住宅搜查、室外搜查。

对搜查的监督应注意以下几点：

1. 搜查应当由侦查人员进行。搜查是一种重要的侦查手段，使用得好，可以获得重要的证据，查获犯罪嫌疑人，及时查清案件事实；使用不好，不仅不能达到搜查的目的，还会侵犯公民的合法权利。因此对搜查的手段使用必须严格控制，应当在侦查人员的主持下进行，任何机关、团体、个人都无权执行搜查。

在执行逮捕拘留的时候，遇有紧急情况，不另用搜查证也可以进行搜查。

当搜查工作涉及专门知识、专门技术或者需要拍照、录像的时候，主持搜查的侦查人员可以指派侦查技术人员参加。

2. 进行搜查时必须向被搜查人出示搜查证。在执行逮捕拘留的时候，遇有紧急情况，不另用搜查证也可以进行搜查。如果被搜查人在逃或因客观原因不能在场，或者没有家属时，应当有被邀请的邻居或者其他见证人在场，并将这一情况记入搜查笔录，由见证人签名或盖章。这是为了增强搜查所取得证据的真实性和可靠性，也有利于侦查人员严格依法进行搜查，便于群众监督，从而保证侦查活动的顺利进行。

3. 在搜查时应有被搜查人或者他的家属、邻居或其他见证人在场，搜查妇女的身体应由女工作人员进行。在搜查中发现有与案件无关的个人隐私，不得泄露。在侦查中发现有关党和国家的机密文件，应设法使这些内容不被见证人、被搜查人家属及其他非执行任务的侦查人员知晓，在搜查笔录中只写文件号，不写内容，以免泄密。根据修改后的《刑事诉讼法》第138条的规定，搜查的情况应写成笔录，由侦查人员和被搜查人或他的家属，邻居或其他见证人签名或盖章。如果被搜查人或他的家属在逃或拒绝签名、盖章，应当在笔录上注明。这是为了保证搜查笔录的准确性，便于检查，保证和证明搜查获取证据的真实性、客观性，保证其证明力，并可以防止日后搜查人或其家属无理取闹。

搜查的情况直接关系到证据的取得是否合法，证据的材料是否真实可靠，捕获犯罪嫌疑人的方案是否可行以及下一步的侦查方案如何确定，因此，必须将搜查的情况按照搜查顺序如实记录，写明搜查的时间、地点、过程，发现的证据，提取和扣押的证据名称、数量、特征及其他有关的犯罪线索，以便复查和核实案情，保障诉讼顺利进行。

（六）对查封、扣押物证、书证的监督

扣押是指侦查机关依法强制收取和扣押与案件有关的物品、文件（包括视听资料）的一种侦查方法。查封、扣押书证、物证的目的在于取得和保护能够证明犯罪嫌疑人有罪、无罪的证据，防止其损毁或被隐匿，以便准确认定

案件事实查清犯罪。同时，也是为了追缴赃款赃物，归还失主，保证公民的合法财产不受损失。查封、扣押物证、书证是一种重要的刑事侦查方法，它对于侦查案情，保证刑事诉讼活动的顺利进行具有重要意义。

查封、扣押是一种强制性的侦查措施，必须严格遵守刑事诉讼法有关规定，并采取准确的方法进行，以保证查封、扣押准确合法地进行。

1. 查封、扣押作为一种侦查行为，只有侦查人员才能依法进行，其他任何机关、团体或个人都无权在侦查过程中实施查封、扣押行为。同时，任何公民都有权拒绝非法查封、扣押。

2. 查封、扣押要经过侦查机关负责人的批准，在勘验或搜查过程中发现的物品、文件需要查封、扣押的，由现场指挥人员决定。

3. 对于查封、扣押的财物、文件，应当会同在场的见证人和被查封、扣押财物、文件持有人查点清楚，当场开列清单一式二份，由侦查人员、见证人、持有人分别签名或盖章，一份交给持有人，一份附卷备查。持有人及其家属在逃或拒绝签名，不影响查封、扣押进行，但应在查封、扣押清单上注明。

4. 查封、扣押的财物和文件，侦查机关要妥为保管或封存，不得随意使用或毁损。对于查封、扣押的财物和文件，应按规定随案移送，在结案前一般不得处理。对于因易溶、易腐等自然原因不便保存的物品，应当场拍照记录，或者制作复制品，责成专人负责看管。查封、扣押的书证如果是党和国家的机密文件，应当严格保密，防止泄密。

5. 根据刑事诉讼法的规定，人民检察院、公安机关根据侦查犯罪的需要，可以依照法律规定查询、冻结犯罪嫌疑人的存款、汇款、债券、股票、基金份额等财产。已被冻结的，不能重复冻结。

侦查人员冻结犯罪嫌疑人的存款、汇款、债券、股票、基金份额等财产须报经侦查机关的负责人批准，并制作《停止支付储蓄存款通知书》、《停止支付汇款通知书》等文书，分别通知相关部门执行。如不需要继续冻结的时候，应按原审批手续填写《解除停止支付储蓄存款通知书》等，分别通知有关部门解除冻结。

根据修改后的《刑事诉讼法》第 143 条的规定，对查封、扣押的财物、文件、邮件、电报或者冻结的存款、汇款、债券、股票、基金份额等财产，经查明确实与案件无关的，应当在 3 日以内解除查封、扣押、冻结，予以退还。

（七）对追缴赃款、赃物的监督

根据我国刑事诉讼法的规定，人民法院作出的判决生效以后，有关机关应当根据判决对查封、扣押、冻结的财物及孳息进行处理。对查封、扣押、冻结的赃款赃物及其孳息，除依法返还被害人以外，一律上缴国库。司法工作人员贪污、挪用或私自处理查封、扣押、冻结的财物及其孳息的，依法追究刑事责任，不构成犯罪的，给予行政或纪律处分。人民检察院在侦查监督中应及时发现纠正这种行为。

（八）对通缉在逃犯罪嫌疑人的监督

通缉是指公安机关通令缉拿应当逮捕而在逃的犯罪嫌疑人的一种侦查方法，是公安机关对在逃的犯罪嫌疑人通令缉捕的紧急措施。通缉的形式是向有关地区发通缉令。通缉令是采取强制性措施追捕犯罪嫌疑人归案的法律依据。

根据刑事诉讼法的规定，应当逮捕的犯罪嫌疑人如果在逃，公安机关可以发布通缉令，采取有效措施，将其追捕归案。通缉可以有效地发挥公安机关内部的通力合作、协同作战的威力，充分激发人民群众同刑事犯罪作斗争的积极性和主动性，保证侦查工作的顺利进行。

通缉是世界各国都采用的一种重要侦查手段，它是侦查机关发动和依靠群众、缉拿犯罪嫌疑人的有力措施。它有利于专门机关和社会力量形成巨大合力，及时将犯罪嫌疑人捉拿归案，同时还对及时制止犯罪、及时查明案情、有力打击犯罪具有不可替代的作用。

（九）对辨认的监督

辨认是指侦查机关查明案件事实查获犯罪嫌疑人，由辨认人查看侦查人员向他出示的客体，并将此客体同自己以前曾经看到的、同案件有关的客体的记忆形象加以识别对照，以确定二者是否同一的认定过程。

在侦查实践中，辨认是经常采用的一种侦查方法。正确地运用这种侦查方法，有助于发现侦查线索，缩小侦查范围。通过辨认可以直接查获犯罪嫌疑人，破获案件；通过辨认可以收集证据，确定侦查方向，制定侦查范围；辨认的结果对于查获犯罪嫌疑人，保护公民的合法权益，保证刑事诉讼的顺利进行具有重要作用。

在侦查实践中，辨认是常采用的一种侦查方法，但它是一种主观活动，受主客观方面的多种因素制约。我国的刑事诉讼法没有明确规定辨认在侦查中的地位以及辨认的具体程序，因而也就没有赋予辨认结果以诉讼地位。对辨认结果应结合其他证据一并使用，为侦查提供依据。

（十）对鉴定的监督

鉴定是指侦查机关为了查明案情，解决案件中的某些专门性问题，指派或聘请具有专门知识的人就案件中某些专门性的问题进行鉴别、判断和检验的一种诉讼活动，是查明案情，收集证据的重要侦查措施。鉴定是以科学技术性的方法解决与案件有关的事实问题，而不是直接解决法律性质问题。通过鉴定意见可以协助侦查人员回答某些只有依靠专门知识和技能才能解决的问题，为侦查人员分析判断案件提供客观的事实依据和科学依据，正因为这样，鉴定在侦查中具有重要的意义。

为保证技术鉴定的科学性、公正性、准确性，对鉴定的监督应从以下两个方面进行：一是对鉴定人资格的监督；二是对鉴定程序的监督。

三、对适用强制措施的监督

刑事诉讼强制措施是指，为了保证侦查、起诉和审判的顺利进行，防止犯罪嫌疑人、被告人、现行犯隐匿、毁灭罪证，依法对其采取的暂时限制其人身自由的强制方法。刑事诉讼法规定了五种强制措施，包括拘传、监视居住、取保候审、拘留、逮捕。

刑事诉讼的强制措施有其自身的特点：一是强制性。任何一种强制措施都是在不同程度上强行限制了人身自由，采取强制措施，并不需要征得本人的同意，而是强制执行。二是暂时性。侦查机关所采取的任何一种强制措施，都是在一定时间内限制其人身自由。三是特定性。采取强制措施只适用于特定的对象，即现行犯、犯罪嫌疑人、被告人，决不能随意扩大适用范围。四是权力主体和程序的统一性。只有法律规定的司法机关才有权按法定程序适用强制措施，限制公民人身自由，其他任何机关、团体和个人无权采用强制措施。

（一）对拘传的监督

拘传是指侦查机关对未被拘留、逮捕的犯罪嫌疑人，强制其到指定地点接受讯问的强制方法。拘传的目的是为了使犯罪嫌疑人及时到案接受讯问，查清案件事实，进一步收集证据。对拘传的监督是指对侦查机关采取拘传措施是否合法实行的监督，包括对拘传条件的监督、对拘传时间的监督以及对拘传程序的监督。

（二）对取保候审的监督

取保候审是指侦查机关责令犯罪嫌疑人、被告人提供保证人，或交纳保证金，以保证犯罪嫌疑人不逃避侦查和审判，并随传随到的一种强制措施。对取保候审的监督，包括对取保候审条件的监督和对取保候审方式的监督。

（三）对监视居住的监督

刑事诉讼法中的监视居住是指人民法院、人民检察院、公安机关为保证侦查工作的顺利进行，责令犯罪嫌疑人、被告人在规定的期限内不得离开指定的居住区域，并对其行动加以监督和限制的一种强制措施。监视居住在侦查活动中具有重要的作用，它既可以保证侦查活动的顺利进行，又有利于保障公民的人身自由，减少羁押人数。对于暂时不具备逮捕、拘留条件，以及可以取保候审而又无人保证，且无力交纳保证金的犯罪嫌疑人，可以适用监视居住。监视居住与取保候审的条件相同，但侦查机关在对犯罪嫌疑人采取强制措施时，只能取其一，不能同时适用。对监视居住的监督，包括对监视居住程序的监督和执行的监督。

（四）对拘留的监督

拘留是指公安机关、人民检察院在案件的侦查过程中，遇有紧急情况，依法临时剥夺某些现行犯或重大犯罪嫌疑人的人身自由的一种强制措施。它是一种处置方法，而不是处罚手段。刑事拘留必须同时具备两个条件：一是拘留的对象是现行犯或者是重大嫌疑分子。所谓现行犯，是指正预备犯罪、实行犯罪或者犯罪后及时被人发现；所谓重大嫌疑分子，是有一定的证据证明，是实施犯罪行为的人。二是情况紧急。所谓情况紧急，是指具有修改后的《刑事诉讼法》第80条规定的七种情形之一，如不先行拘留，将会给今后的侦查带来很大困难。如果不具有紧急情况，就应当直接提请批准逮捕，或者在查清犯罪事实后再采取其他强制措施。这两个条件必须同时具备，缺一不可，不能任意扩大拘留的范围。对拘留的监督，包括对拘留条件的监督、对拘留程序的监督以及对拘留执行的监督。

（五）对逮捕的监督

逮捕是指公安机关、人民检察院和人民法院，为防止犯罪嫌疑人或被告人逃避侦查、起诉、审判进行，实施妨碍刑事诉讼的行为或者发生社会危险性，而在一定时间内依法剥夺犯罪嫌疑人、被告人人身自由，并羁押于一定场所的一种强制措施。逮捕是各种强制措施中最严厉的一种，也是防止犯罪嫌疑人串供、毁灭证据、自杀、逃跑或继续犯罪的一种最有效的措施，有助于查明案情，收集证据，证实犯罪，保证侦查、起诉的顺利进行。因此，对那些依法必须逮捕的犯罪嫌疑人、被告人应当坚决予以逮捕，但是如果对逮捕这一强制措施使用不当，错捕、滥捕就会伤及无辜，侵犯公民的人身权利和民主权利，损害司法机关的权威。对逮捕的监督，包括对逮捕条件的监督和对执行逮捕程序的监督。

此外，对重新计算侦查羁押期限的监督，也是检察机关对侦查活动监督的重要内容。

刑事诉讼法对羁押期限和办案期限作了明确的规定。但仍有些侦查人员置犯罪嫌疑人的人身权利和法律规定于不顾，超期羁押犯罪嫌疑人，或在侦查期限内不能侦查终结的，不申请延长羁押期限。所以，人民检察院应当加强对公安机关、人民检察院办案部门适用强制措施工作的监督，对于超期羁押、超期限办案、不依法执行的，应当及时提出纠正意见，督促公安机关或者人民检察院办案部门依法执行。公安机关、人民检察院的工作人员违反刑事诉讼法和其他有关规定，玩忽职守、滥用职权、徇私舞弊，导致超期羁押、超期限办案或者实施其他违法行为的，应当依照有关法律和规定追究法律责任；构成犯罪的，依法追究刑事责任。

第二节　侦查活动监督的程序和方法

一、侦查活动监督的程序

侦查活动监督的程序，主要是指检察机关实行侦查活动监督的途径和方式。实践证明，完备的监督程序，对于保证监督活动的顺利进行，有效地实现监督的目的，有着极为重要的意义。

（一）侦查活动监督的承办部门

侦查活动监督由人民检察院哪一个部门具体承办，直接影响到监督工作的开展和效果。因此，确定承办部门，应从有利于保证监督工作的顺利开展和确保监督效果等方面来考虑。有人认为，侦查监督部门和公诉部门在监督职责上应明确分工，侦查监督部门承担侦查活动监督的任务，审查起诉部门承担审判监督任务，这样有利于集中精力完成监督任务，避免推诿和扯皮。我们认为，对检察机关承担的法律监督任务进行合理分工是必要的，有利于明确责任和更好地完成监督任务。但对于侦查活动监督来说，不宜由侦查监督一个部门承担，而应由侦查监督和公诉两个部门共同承担。因为，无论是侦查监督部门还是公诉部门，都可以通过介入公安机关的侦查活动、审查案卷材料等发现侦查活动中的违法情况，而且公诉部门还可以通过提审犯罪嫌疑人、接待犯罪嫌疑人委托的律师等全面了解侦查活动中的违法情况，如果公诉部门不承担侦查活动监督的任务，而是将有关情况转交侦查监督部门办理，势必影响监督的效果，不利于监督工作的及时进行。因此，侦查活动监督的承办部门不应只是侦查监督部门，而应是侦查监督和公诉两个部门。

侦查监督部门和公诉部门具体承担侦查活动监督的任务。但由于这项工作的任务十分繁重，侦查活动监督工作的具体情况又有一定的复杂性，如发现侦查活动的违法情况，有时案件尚在侦查环节，有时处于批捕环节，有时处于起诉环节，有时案件已经法院审判。因此，对监督任务进行适当的分工是十分必要的。我们认为，这种分工应本着既有利于监督工作的进行，又要考虑到不同部门承担任务的多少。由于公诉部门还要同时承担审判监督的任务，因此，其不应再承担过多的侦查活动监督任务，侦查活动监督任务应主要由侦查监督部门承担。具体说来，公诉部门只承担起诉环节的侦查监督任务。如：在审查起诉工作中发现违法情况的；诉讼参与人对于公安机关侦查活动中的违法行为提出控告，而案件处于起诉环节的；等等。除此之外的对侦查活动监督任务，由侦查监督部门承担。

（二）侦查活动监督的途径

侦查活动监督的途径，是反映人民检察院为履行侦查监督职能，了解侦查机关的侦查活动，发现侦查机关在侦查活动中各种违法行为的具体方式。没有侦查活动监督途径，便无从发现侦查机关在侦查活动中的违法行为，侦查活动监督就缺乏监督的具体对象和内容，失去了存在的意义。侦查活动监督贯穿于各个案件的整个侦查过程。由于个案与个案之间存在差异，因此，侦查活动监督的途径也多种多样。我国刑事诉讼法明确规定了侦查活动监督的主要途径。根据刑事诉讼法规定以及司法实践经验，人民检察院进行侦查监督的途径，主要有以下几个方面：

1. 通过审查批捕、审查起诉进行

根据我国刑事诉讼法的规定，人民检察院在审查批捕工作中，如果发现公安机关的侦查活动有违法情况，应当通知公安机关纠正，公安机关应当将纠正情况通知人民检察院。人民检察院在审查起诉案件时，必须查明公安机关的侦查活动是否合法。因此，人民检察院在审查批捕、审查起诉时，应当审查公安机关的侦查活动是否合法，发现违法情况，应当通知公安机关纠正。审查批捕、审查起诉是法律赋予检察机关的一项重要职权，是一项重要的刑事诉讼活动，也是检察机关对侦查活动实行监督的重要的、有效的途径和方式。

2. 通过介入公安机关等的侦查活动进行

介入公安机关的侦查活动，即通常所说的“提前介入”，是指检察机关根据需要，派员参加公安机关对于重大案件的讨论和其他侦查活动。适时介入公安机关的侦查活动，既可以及时了解案情，掌握证据，依法从快批捕、起诉，又可以及时对公安机关侦查活动中的违法情况实行监督，是一种行之有效的办案制度和监督途径。主要包括以下几种方式：（1）参加公安机关对于重大案件的讨论。（2）参与讯问犯罪嫌疑人、询问证人活动。检察人员参与上述活动，并不是代替有关侦查人员进行侦查活动，更不是干预公安机关的侦查活动，而是通过这一方式，一方面及时了解案情，为尽快批捕、起诉服务，另一方面依法履行法律监督职责。（3）提前审阅有关的案件材料。在公安机关提请批准逮捕、移送审查起诉之前审阅有关的案件材料，可以及时了解案情，发现侦查活动中的违法行为，并予以及时纠正。（4）参与现场勘验、检查。主要是参与公安机关对于重特大案件现场的勘验、检查。通过参与这些侦查活动，实行法律监督。

3. 通过受理有关的控告、申诉进行

受理控告、申诉是发现侦查活动中违法行为的重要途径。根据我国刑事诉讼法的规定，诉讼参与人对于审判人员、检察人员和侦查人员侵犯公民诉讼权利和人身侮辱的行为，有权提出控告。诉讼参与人向人民检察院就公安机关侦查人员在侦查活动中侵犯其诉讼权利和人身侮辱的行为提出控告，是法定侦查监督途径。对此控告，人民检察院应当受理，并及时审查，依法作出处理。对诉讼参与人以外的人民群众就公安机关在侦查活动中的违法行为提出控告或申诉等，人民检察院应当重视，对控告、申诉等进行审查，从中发现公安机关等在侦查活动中的违法行为，这也不失为侦查监督的一条途径。

4. 通过跟踪监督进行

跟踪监督是检察机关近几年在实践中总结出来的一种有效的监督方式。主要是指定专人负责，对于公安机关执行人民检察院批准或者不批准逮捕决定的情况，以及撤销、变更强制措施的情况实行跟踪了解，发现有违法情形的，及时履行侦查监督职能。通过跟踪监督，可以及时发现和纠正上述活动中的违法行为。

二、侦查活动监督的方法

侦查活动监督的方法，是指人民检察院对于发现的公安机关侦查活动中的违法情况进行纠正和处理的措施和手段。有效的监督方法，对于确保监督的效果，促进公安机关在侦查工作中严格执法等，有着极为重要的意义。

对侦查活动监督的方法主要有以下几种：

（一）口头通知纠正

所谓口头通知纠正，是指履行监督职责的检察人员，发现公安机关侦查活动中存在情节较轻的违法行为时，以言词的方式要求侦查人员予以纠正的一种监督方法。口头通知纠正是一种较为常见的监督方法。适用这一方法应注意以下几点：

1. 适用于情节较轻的违法行为

一般来说，轻微的违法行为对公民的人身权利造成的损失不大，也不会对侦查工作造成太大的影响。如未按规定出示有关的证件、讯问笔录未按规定签名等。但这些行为同样是违反法律规定的行为，对侦查工作有一定的危害性。

因此，必须予以纠正。

2. 可以由履行监督职责的检察人员直接提出

对于情节较轻的违法行为，可以由检察人员以口头方式向侦查人员提出纠正。对于较为普遍的违法行为，可以向公安机关负责人提出。必要时，也可以由部门负责人提出纠正意见。

3. 应及时向部门负责人汇报

检察人员口头提出纠正违法后，应做好记录，并及时向本部门负责人汇报。口头纠正违法的，一般不要求公安机关给予答复。

（二）书面纠正违法

书面纠正违法，是指人民检察院对于公安机关侦查活动中情节较重的行为，以特定的书面形式要求纠正的一种监督方法。适用这一方式应注意以下几点：

1. 适用于情节较重的违法行为

所谓情节较重的违法行为，是指严重违反法律规定但未达到犯罪程度的行为。如：严重违反诉讼程序，可能导致错误追究或放纵犯罪的；非法拘禁或刑讯逼供的；贪污、挪用赃款、赃物的；不执行检察机关批准逮捕、不批准逮捕决定的；多次口头纠正仍不改正的；等等。对于情节较重的违法行为，必须以纠正违法通知书的方式予以纠正，不应以口头纠正的方式代替。

2. 必须经检察长批准

可由承办人首先制作《纠正违法通知书》，然后经部门负责人审核，报经检察长批准后再向公安机关发出。不得由检察人员或者某一部门负责人自行决定。

3. 注意监督落实情况

发出纠正违法通知书后，应当根据公安机关的回复，监督落实情况。公安机关没有按时回复的，应当督促公安机关尽快回复。公安机关对纠正违法意见不予接受的，提出纠正意见的人民检察院应当将监督情况及时向上一级检察院报告，并抄报上一级公安机关。上级检察院认为下级检察院意见正确的，应通知同级公安机关督促下级公安机关纠正。上级检察院认为下级检察院意见错误的，应当通知下级检察院撤销纠正违法通知书，并通知同级公安机关。

（三）追究法律责任

人民检察院发现侦查人员在侦查活动中的违法行为情节严重，构成犯罪的，应当立案侦查；对于不属于人民检察院管辖的，应当移送有管辖权的机关处理。对于需要由人民检察院立案侦查的，审查批捕部门或审查起诉部门应当提出意见，经检察长批准后，移交检察院法纪或者反贪部门进行。审查批捕部门或审查起诉部门不应自行立案侦查。

人民检察院审查逮捕部门或者审查起诉部门对本院侦查部门侦查或者决定、执行、变更、撤销强制措施等活动中的违法行为，应当根据情节分别处理。情节较轻的，可以直接向侦查部门提出纠正意见；情节较重或者需要追究刑事责任的，应当报告检察长决定。

三、人民检察院直接受理案件的侦查活动监督

刑事诉讼法明确规定，人民检察院对直接受理的案件的侦查，适用刑事诉讼法有关侦查的规定。因此，人民检察院直接受理案件侦查监督的范围、内容和途径与人民检察院对公安机关的侦查监督基本相同，人民检察院直接受理案件的侦查活动监督毕竟属于内部的监督，其在监督的程序和措施上，具有与对公安机关等侦查活动监督不同的特点：

1. 人民检察院直接受理案件的侦查监督不能使用纠正违法通知书

人民检察院在对公安机关的侦查活动监督工作中，如果发现比较严重的违法行为，应当报请检察长批准后，向公安机关发出纠正违法通知书。但是，人民检察院内部的审查逮捕、审查起诉和侦查部门，都是检察机关内设部门。因此其侦查监督方法应当比较直接，对于侦查中的一般违法问题，可以更多地通过口头通知，监督本院侦查部门纠正违法行为。侦查部门接到纠正违法的口头通知后，应当认真纠正，并将纠正的情况回复本院审查逮捕或者审查起诉部门。

2. 审查逮捕或者审查起诉部门发现侦查活动中比较严重的违法行为或者需要追究刑事责任的，应当报告检察长决定

检察机关的侦查部门和侦查监督部门都是在检察长统一领导下进行工作的。因此审查逮捕或者审查起诉部门发现侦查部门比较严重的违法行为或者需要追究刑事责任的，不能自行决定处理，应当报告检察长决定。对于审查逮捕或者审查起诉部门的纠正意见，侦查部门如果不同意，也应当报告检察长决定。

四、侦查活动监督中应当注意的几个问题

（一）公安机关不接受纠正违法监督的问题

司法实践中经常发生人民检察院发现公安机关侦查活动有违法行为，发出《纠正违法通知书》以后，公安机关不接受检察机关提出的纠正违法意见的情况。较多地表现为既不改正，也不予以回复，检察人员为监督改正落

实情况进行催问，公安有关部门则相互推诿。出现这种情况，人民检察院应当向公安机关再次发出《纠正违法通知书》。从刑事诉讼法的规定看，人民检察院在必要的时候，完全可以采取进一步的监督措施。如果检察机关再发出《纠正违法通知书》，公安机关仍不予纠正，检察机关应当根据刑事诉讼法的立法精神和相关法律的规定，向上一级人民检察院报告，并抄报上一级公安机关。

（二）对非侦查机关的调查活动是否监督的问题

按照法律的规定，我国除侦查机关和人民检察院对犯罪案件有侦查权以外，非侦查机关有权对自己管辖的行政违法案件进行调查。非侦查机关的调查尽管是一种执法活动，也可以采取行政强制措施，但是它查证的是行政违法、违纪案件，而不是犯罪案件，同侦查机关的侦查活动有着本质上的区别，如：物价部门对违反物价管理的单位、组织进行立案、调查、定案处理，也可以接受单位组织的委托对物品的价格进行核定；税务部门对逃税、漏税的单位个人进行立案、调查、处理、处罚；工商管理部门对违反工商管理法规的单位、个人进行调查、处理；等等。因为非侦查机关进行的是行政执法活动，法律没有规定检察机关要进行监督，所以，非侦查机关的调查活动不属于侦查活动监督的范畴。但根据国务院法制办、中央纪委、最高人民法院、最高人民检察院、公安部、司法部、人力资源和社会保障部《关于加强行政执法与刑事司法衔接工作的意见》（中办发〔2011〕8号）的规定，检察机关应加强与行政执法机关的联系。对于这些机关移送给侦查机关的犯罪案件，因为案件性质发生变化，即由行政违法转化为刑事犯罪，证据材料相应地也要进行转化，如果公安机关在转化证据中有违法行为，人民检察院应当监督纠正。

（三）侦查活动监督与侦查监督、审查逮捕、审查起诉的关系

1. 侦查活动监督与侦查监督的关系

有观点认为：侦查监督就是侦查活动监督。侦查与侦查活动是同一概念，因而侦查监督与侦查活动监督也是同一概念，只是使用的名词或提法不同而已，侦查监督即侦查活动监督，与审判监督、审查逮捕、审查起诉一样都是刑事检察工作的一部分。我们认为这种观点混淆了侦查监督和侦查活动监督的区别，侦查监督和侦查活动监督不是同一概念，但是，二者又具有十分密切的联系。所谓侦查监督，是指人民检察院对于侦查机关的整个侦查工作实行监督，它既包括对侦查机关侦查的案件在认定事实、适用法律是否正确实行监督，也包括对侦查机关在进行刑事侦查活动中有无违法行为实行监督。前者就是审查逮捕和审查起诉，后者即为侦查活动监督。可见，侦查活动监督在刑事检察工

作中具有特定含义，它是对侦查机关侦查活动是否合法而言的，侦查监督与侦查活动监督这两个概念是种属关系，侦查活动监督包括在侦查监督之内，审查逮捕、审查起诉既是侦查监督的内容，也是实现侦查活动监督的主要途径。①

2. 侦查活动监督与审查逮捕、审查起诉的关系

这些关系在学术界和司法实践中的认识是不尽相同的。我们认为，侦查活动监督是指对侦查机关的侦查活动进行监督，审查逮捕、审查起诉是实现侦查活动监督的两个重要途径。理由是：

第一，刑事诉讼中检察机关的监督职能体现在不同的方面，与公安机关、人民法院之间的关系是不同的。在审查逮捕和审查起诉中，检察机关和公安机关是一种互相制约的关系。检察机关对公安机关的有关程序和实体的问题、意见进行监督，并作出相应的决定，公安机关对检察机关的不捕不诉的决定，认为有错误时，可以要求复议，如果意见不被接受，可以向上一级检察机关提请复核。而对侦查活动的监督则是检察机关的专门权力，公安机关只能服从这种监督，不能制约这种监督。

第二，侦查活动监督所要解决的问题是查看、审查侦查活动行为是否依法进行。侦查机关提请逮捕和移送起诉是侦查机关经过调查取证后作出的决定，虽然不属于侦查活动的范围，它却是侦查活动的结果。而审查逮捕、审查起诉是对侦查活动结果的一个审查和检验，是从中发现侦查活动是否合法进行的一个有效措施。从这个意义上，审查批捕和审查起诉也是对侦查活动的监督。检察机关办理审查逮捕、审查起诉案件并不是单纯为办案而办案，而是通过办案来强化履行法律监督职责。

第三，审查逮捕、审查起诉是实现侦查活动监督的重要途径。但在实践中，也要防止用审查逮捕、审查起诉代替侦查活动监督。因为侦查活动监督是对侦查机关的侦查工作进行的监督。它不仅对侦查机关处理案件、运用法律的情况进行监督，也对侦查机关的侦查活动是否合法进行监督。审查逮捕、审查起诉是对案件是否符合逮捕、起诉条件进行的监督，是对运用法律的监督，侧重于对案件实体的监督。而侦查活动监督则是对侦查机关的侦查活动是否符合法定程序进行的监督，侧重于对诉讼程序的监督。但通过审查逮捕、审查起诉能发现侦查活动中的违法行为。

① 参见贺恒扬：《中国检察权实证研究》，法律出版社 2010 年版，第 218 页。

第三节　侦查活动监督实践中的问题及制度完善

当前和今后一个时期，我国仍处于人民内部矛盾凸显、刑事犯罪高发、对敌斗争复杂时期，侦查活动监督工作面临很多新的考验。

一是转变经济发展方式给维稳工作带来新挑战。经济发展方式的转变必然在经济社会领域引发一场深刻变革，涉及更多利益关系、利益格局的深层次调整，引发一些新矛盾，社会治安形势和犯罪态势将更加严峻。

二是西方对我围堵和分化、西化力度加大。西方反华势力和敌对集团打着“民主自由”的旗号，与境内敌对势力加紧勾连，通过插手敏感性、群体性事件和个案，炒作社会热点问题，策划实施渗透破坏活动的情况将越来越多，侦查监督工作维护国家安全的任务更加艰巨。

三是公民权利意识日益增强，诉求的多样化以及互联网的快速发展，使得执法环境更加复杂。在公开、透明、信息化条件下，互联网对执法办案的影响力不断增大，不少网络热点事件与司法个案有关，任何一次不公正、不规范、不文明的执法行为经互联网的渲染炒作，并在其他因素的综合作用下，都可能引发群访或者群体性事件，成为不稳定因素的源头。

四是三项重点工作的新要求和人民群众对严格公正文明廉洁执法的新期待，使得侦查监督工作肩负的责任和压力不断加大。随着经济社会的发展，越来越多的矛盾会以案件形式进入司法领域，化解矛盾纠纷，做到“案结事了、息诉罢访”，结合办案促进社会管理创新，成为对侦查监督工作的新要求。特别是社会主义法律体系形成后，有法必依、执法必严、违法必究已成为人民群众重要的期待。

五是侦查监督工作力量薄弱的问题依然存在，特别是侦查监督改革实施以后，这一问题更加突出。同时，侦查监督队伍在思想观念、执法理念、能力水平、作风养成等方面与新形势新任务的要求还存在不适应之处。

在面临严峻考验和重大挑战的同时，侦查监督工作也面临着难得的发展机遇和有利条件：各级党委、人大高度重视法律监督工作，全国31个省级人大常委会出台了关于加强诉讼活动法律监督工作的决议或者决定，为强化侦查活动监督工作指明了方向，创造了良好的监督环境；社会主义法律体系已经形成，为侦查监督工作深入开展提供了充分的法律依据；广大人民群众要求强化法律监督包括侦查活动监督的呼声强烈，为推动工作提供了强大动力；随着司法体制和工作机制改革的深入，制约侦查监督发展的体制性、机制性、保障性问题得到了不同程度的解决；长期以来工作实践为侦查活动监督工作的发展积累了较为丰富的理论和经验。

更为重要的是，修改后的《刑事诉讼法》第115条明确规定：“当事人和辩护人、诉讼代理人、利害关系人对于司法机关及其工作人员有下列行为之一的，有权向该机关申诉或者控告：（一）采取强制措施法定期限届满，不予以释放、解除或者变更的；（二）应当退还取保候审保证金不退还的；（三）对与案件无关的财物采取查封、扣押、冻结措施的；（四）应当解除查封、扣押、冻结不解除的；（五）贪污、挪用、私分、调换、违反规定使用查封、扣押、冻结的财物的。受理申诉或者控告的机关应当及时处理。对处理不服的，可以向同级人民检察院申诉；人民检察院直接受理的案件，可以向上一级人民检察院申诉。人民检察院对申诉应当及时进行审查，情况属实的，通知有关机关予以纠正。”这一规定是这次修改法律新增的内容。其重要意义有三个方面：一是加强了对当事人和利害关系人合法权利的救济和保障；二是赋予辩护人、诉讼代理人以独立的申诉和控告权；三是进一步强化了检察机关对侦查活动的法律监督。这是侦查活动监督制度的重要立法完善。

目前，侦查活动监督中仍然存在一些问题，亟须在制度层面加以改革和完善。

一、关于完善检察机关对超期羁押的监督

刑事强制措施是刑事诉讼制度的重要组成部分，贯穿于整个刑事诉讼，而且因其直接关系到当事人人身权利、财产权利等诸多宪法性权利，而成为人们日益关注的焦点，成为改革和完善侦查监督制度的重要任务之一。可以说，一个国家的法治进程如何，法治文明包括司法文明的发达程度如何，往往集中在该国公民的人身权利、财产权利能否得到有效法律保障。正因为如此，强制措施中最为严厉的逮捕措施才被规定在国家的根本大法——宪法之中。因此也可以说，建立完善的强制措施及其监督制度，不仅是改革和完善侦查监督制度的需要，更是建设我国社会主义法治尤其是刑事法治的需要，是社会主义法治国家的必然要求。

实践中，侦查机关不严格执行羁押期限的情形仍然存在，严重侵犯了犯罪嫌疑人的合法权益。十一届全国人大五次会议通过的新《刑事诉讼法》第115条明确规定，司法机关及其工作人员采取强制措施法定期限届满，不予以释放、解除或者变更的，当事人和辩护人、诉讼代理人、利害关系人有权向该机关申诉或者控告，受理申诉或者控告的机关应当及时处理。对处理不服的，可以向同级或者上一级人民检察院申诉。人民检察院对申诉应当及时进行审查，

情况属实的，通知有关机关予以纠正。这一规定为检察机关进一步加强对超期羁押的监督提供了法律保障。

目前，造成超期羁押的情况较为复杂，其中羁押延期的审核批准及其适用是较为突出的一个问题，有必要认真研究并加以规范。审查批准延长侦查羁押期限是法律赋予检察机关行使的一项司法权力，是检察权的重要组成部分。近年来，各地侦查机关（部门）提请批准延长侦查羁押期限案件大幅增加，从总体看，办案质量是好的，但也存在侦查机关（部门）提请不依法、不规范，检察机关审查把关不严、流于形式等问题。各级检察机关办案人员要进一步提高认识，树立以人为本和保护人权的刑事司法理念，摒弃重实体、轻程序，重配合、轻监督的陈旧观念，充分履行法律监督职责，严格按照刑事诉讼法、人民检察院刑事诉讼规则及高检院的有关规定，认真办理延长侦查羁押期限案件，维护国家法律的尊严，保障刑事诉讼活动的顺利进行，保护犯罪嫌疑人、被告人的合法权益，确保办案质量。

为了解决侦查机关应当释放犯罪嫌疑人而不释放，违法羁押犯罪嫌疑人，以及应当改变强制措施而不改变等问题，我们认为，一方面检察机关要加大监督力度，另一方面要完善有关法律规定，赋予检察机关必要的监督手段。如法律应当明确规定，检察机关发现有超期羁押问题的，可以进行必要的调查；对于违法行为，检察机关应当及时提出纠正意见；对于有关责任人，应当根据具体违法情况提出给予行政处分的建议。有关机关接到意见或者建议后，应当立即纠正超期羁押行为，并在一定期限内将处理情况回复人民检察院。对于检察机关在审查起诉阶段应当改变强制措施而不改变，违法羁押当事人的，有关人员可以向上级检察机关申诉，上级检察机关应当在一定期限内直接作出决定，纠正违法羁押行为；需要对有关责任人给予行政处分的，可以指令下级检察机关处理或者直接作出处理决定，通知下级检察机关执行。对司法工作人员因玩忽职守、滥用职权，致使犯罪嫌疑人、被告人超期羁押，造成严重后果的，依法追究刑事责任。

二、关于完善检察机关对搜查、扣押的监督制度

（一）搜查监督制度的改革和完善

在我国刑事诉讼中，搜查、扣押不属于刑事强制措施，而属于强制性侦查措施。搜查具有强制处分的性质，因其直接关系到犯罪嫌疑人、被告人以及其他诉讼参与人的政治权利、人身自由、财产权利、人格尊严、住宅安全、通信秘密以及其他个人隐私权利，许多国家的法律均对其适用作出了严格的限制性规定。根据我国刑事诉讼法的规定，搜查必须持有搜查证，但是执行拘留、逮

捕时，遇有紧急情况也可以不用搜查证。这是由搜查措施的目的和特点决定的。为了进一步完善搜查制度，保证搜查措施的依法进行，保证获取犯罪证据和查获犯罪嫌疑人的需要，同时也是保障有关当事人合法权益的需要，我们认为，应当从以下几个方面对我国搜查制度予以完善。

（1）进一步明确规定执行逮捕、拘留时，对犯罪嫌疑人人身及现场的搜查可以不需要搜查证，取消“遇有紧急情况”的条件限制。之所以如此，一是由搜查的目的和拘留、逮捕的特点决定的。执行拘留以及对未拘留的犯罪嫌疑人执行逮捕，本身即应当属于紧急情况的范畴；二是拘留、逮捕的法律原因即应当成为搜查的根据和理由；三是搜查权属于执行拘留、逮捕时的附带权，尤其是在执行拘留、逮捕时，对被拘留、逮捕的犯罪嫌疑人的人身的搜查，更突出地说明搜查与拘留、逮捕的法律关系。（2）明确规定对于拒绝搜查的人身及场所，执行搜查的侦查人员可以采取必要的强制力。但是，对住所类场所搜查后，应当采取必要的措施保证该场所的安全。（3）为了防止执行搜查的侦查人员越权搜查，搜查时应当告知被搜查人、见证人搜查的理由，并记录在案。有人认为，为了加强搜查的监督制约，应当建立搜查的司法授权机制，除紧急情况外，搜查必须经过法官的许可，只有取得了法官的许可令后才能够搜查。对此不能一概而论。对于逮捕所附带的搜查，如对被逮捕人的人身搜查，不宜要求司法授权，否则不仅不符合诉讼效率原则，在实践中也无此必要。但是，这并不是说搜查不需要监督制约。加强对搜查的监督制约，对于保证搜查依法进行、保障当事人合法权益具有重要意义。但是，对于如何加强监督制约，我们认为，不能简单地照抄照搬国外的做法，不能不考虑我国的国情，包括刑事案件发案的特点，公安机关、检察机关、审判机关之间的关系及其在设置上与国外的不同，特别是我国法院的单一体制与国外多重法院设置上的区别。在我国，法官在案件为进入审判阶段前介入侦查，早在20世纪80年代就已经存在，当时称之为法院提前介入制度。法官介入侦查的目的尽管不是为了司法审查，但是在法院介入侦查而导致审判失去中立、公正立场的弊端上是相同的，法院提前介入制度的消亡，已经充分说明了这一点。在法院体制不改变的情况下，重提法院对侦查活动的司法审查，和法院的介入侦查一样，是没有出路的。且在国外的一些国家中，对搜查、扣押等强制性侦查行为的控制、决定权也逐步从预审法官手中转移。在德国，1975年废除了预审制度，原为预审法官所拥有的一些强制处分权多被赋予了检察官。如德国检察官原有除紧急情况下的搜查决定权外，紧急情况下为逮捕目的而进行的搜查，紧急情况下邮件的扣押、开封，甚至对犯罪嫌疑人的拘提等措施，均被赋予了检察官。因此，加强对搜查等措施的监督制约，不能停留在只能依靠法院的司法审查这些观点、做法上，而应当具体分析每个国家的司法制度、司法特点以及各司法机关的不同性质，否则，只能是东施效颦。当然，如果由检察机关来签发搜查证，以目前检察机关的情况，也很难适应当前打击和控制犯罪形势的需要。对此，我们认为，可以通过发挥检察机关的法律监督作用，建立事后审查机制来解决这一问题。如赋予当事人申诉权，当事人认为侦查机关搜查违法的，可以向检察机关申诉，检察机关经审查，认为搜查确属违反法律规定的，依法提出纠正意见，并可以对违法行为人提出行政处分或者更换承办人的处置意见。

(二) 扣押监督制度的改革和完善

扣押是刑事侦查过程中获取、保全证据的重要手段之一。在通常情况下，是伴随搜查、勘验进行的，也可以在其他侦查活动中单独进行。根据我国刑事诉讼法的规定，扣押的范围限于“可用以证明犯罪嫌疑人有罪或者无罪的各种财物、文件”。扣押后应当清点清楚，并开列扣押清单一式两份，一份交扣押物品持有人，一份附卷备查。为了充分发挥扣押措施在刑事诉讼中的作用，同时也防止扣押权的滥用，我们认为应当进一步完善扣押措施的适用程序。一是进一步完善扣押的范围。扣押的范围不仅包括证明犯罪嫌疑人有罪或者无罪的财物、文件，还应当包括证明犯罪嫌疑人身份的有关证件，如身份证、护照等，对于在侦查过程中发现的其他违禁品也应当予以扣押。二是为了防止扣押权的滥用，建议赋予当事人申诉权。执行扣押的侦查人员扣押相应财物、文件后，应当告知被扣押财物、文件的持有人在一定期限内有权申请撤销，但是有碍侦查或者涉及国家秘密的除外。公安机关、国家安全机关扣押的，持有人可以向同级人民检察院申请予以撤销。检察机关经审查认为采取措施不当的，应当作出撤销的决定，通知公安机关、国家安全机关执行。人民检察院扣押的，持有人可以向上一级人民检察院申请撤销。上一级检察机关认为采取的措施不当的，可以直接作出撤销决定，通知下一级检察机关执行。

三、关于完善检察机关介入侦查制度

检察机关介入侦查制度，最早可以追溯到 1983 年“严打”斗争中。当时称之为“提前介入”制度，即检察机关在依法受理公安机关提请批准逮捕、移送审查起诉前，派员参加公安机关对案件的侦查、预审活动。当时，为了提高工作效率，遏制严重刑事犯罪上升的势头，许多地方在公安机关侦查阶段，检察机关甚至法院就介入案件，共同研究案件的事实、证据和定性问题。这种做法一经产生，就引起了法学理论和实务界的广泛关注和争论。特别是对法院提前介入到公安机关的侦查、检察机关的审查起诉等活动中的做法，进行了深刻的反思。经过一段时期后，人们对法院的提前介入问题形成了较为一致的看法，即人民法院提前介入，严重违反了刑事诉讼法规定的分工负责、互相配合、互相制约原则，违反了人民法院在诉讼中的审判中立和排除审前预断原则，在提高效率的背后，不仅是刑事诉讼中的控、辩、审基本诉讼结构被打破，而且诉讼正义也为此付出了严重的代价。因此，人民法院的提前介入制度很快就寿终正寝了。

（一）检察机关提前介入制度应否存在

对于检察机关的提前介入制度，从开始尝试到逐步完善和得到认可并得以推广，其间也曾出现肯定和否定两种不同意见。否定者认为，检察机关提前介入公安机关的侦查活动，存在以下弊端：其一，和法院介入侦查存在的问题一样，不符合刑事诉讼法关于公安、检察、法院三机关在刑事诉讼中相互关系的规定。检察机关对公安机关侦查活动的监督，应当在检察机关正式受理公安机关移送审查逮捕，移送审查起诉之后，通过审查批准逮捕、不批准逮捕，决定起诉、不起诉等活动来进行。提前介入虽然可以节省办案时间，但是破坏了分工负责的原则，而且使办案质量失去了应有的保障。其二，有碍于公安机关充分发挥办案的积极性、主动性和责任感，并导致公安机关和检察院之间产生不必要的矛盾。检察机关提前介入，公安机关在进行侦查、预审工作中，在对案件性质和事实的认定上会更多地受检察机关介入人员看法的影响，还会导致检察人员、侦查人员责任不清，在侦查中互相推诿等问题。其三，提前介入易使检察人员在认定案件事实、证据及案件性质等问题上先入为主，产生偏见，从而使审查批捕、审查起诉工作流于形式。其四，提前介入易导致公安、检察机关联合办案。

肯定者认为，检察机关提前介入的宗旨定位于对侦查活动进行监督，这就应当予以肯定。根据法律规定，检察机关对侦查活动负有监督职责，但是如果仅仅通过审查批捕、审查起诉方式进行，必然会导致这种监督过分注重实体问题，这就会影响对程序违法的发现和纠正力度。而且这种监督是静态的、事后的，检察机关只能通过公安机关移送的材料进行审查，这必然使检察机关缺乏必要的发现违法行为的渠道。对侦查活动只进行事后监督，必然会放任一部分侦查违法行为，并使受到侦查违法行为侵害的当事人权利得不到及时、有效的救济。另外，检察机关提前介入，有比较充分的法律根据。如刑事诉讼法关于检察机关可以派人参加公安机关对于重大案件的讨论，检察机关发现侦查活动有违法情况的，应当通知公安机关纠正等。因此，从加强侦查监督的角度，有必要肯定、加强并完善介入侦查制度。

经过多年的研究、探索和总结，肯定说逐步得到人们的广泛认同。1988年10月28日，最高人民检察院、公安部经过认真研究、论证，制定下发了

《关于加强检察、公安机关相互联系的通知》。在该通知中，检察机关提前介入的做法得到肯定，因而该通知也成为提前介入制度基本形成的标志。

1996年修改刑事诉讼法之后，随着相关法律规定的进一步完善，侦查监督工作的加强，人们对检察机关提前介入对于侦查监督的意义的认识越来越深入和理性，并且随着立案监督制度的确立，检察机关在侦查阶段的介入就不存在所谓的“提前”了，提前介入制度逐步形成了现在的介入侦查制度，并把介入侦查的目的规范在侦查活动监督上。人们开始逐渐地认识到，检察机关介入侦查，的确在提高办案质量、提高诉讼效率等方面起到了积极作用，但是这并不是检察机关介入侦查的根本目的。检察机关介入侦查，主要是为了解决检察机关侦查监督中时间滞后、渠道不畅、手段单一的问题。检察机关作为法律监督机关，其每一项工作均应当体现法律监督的性质。检察机关介入侦查，也必须立足于监督，在监督中体现配合，在配合中体现监督。这既是刑事诉讼分工负责、互相配合、互相制约基本原则的必然要求，也是人民检察院法律监督性质的必然要求。然而，对于这一点，在实践中把握得并不到位。一项对于基层检察机关介入侦查、引导取证工作的专题调研表明，不少基层检察机关的同志对于此举的价值取向缺乏全面的认识，他们在谈及这项工作时，提到的多是如何加强与公安机关配合和提高诉讼效率，而对监督制约则很少提及。应当明确，检察机关介入侦查既是对公安机关侦查工作的配合，更是对其侦查工作质量和程序合法性的监督制约。介入侦查、引导取证是通过介入侦查，引导侦查机关按照法律的规定开展证据的发现、收集、提取、保管、固定、完善工作，保证证据全面、客观、合法、真实，保障及时发现侦查活动中的违法行为，确保侦查活动依法顺利进行，依法准确追诉犯罪，而不能把介入当成“打成一片”，或者因先入为主而放弃案件正式移交后的严格审查把关。引导取证，在方式方法上，应重在“引导”而非协助；在内容上，引导的核心应是“取证”而不是整个侦查工作。引导取证的目的是为检察机关下一步的批捕和公诉工作打基础、做准备，同时监督公安机关依法侦查，而不是去公安机关帮助工作，更不能与公安侦查人员混为一体，甚至包办代替。开展这项工作，既要与公安机关积极配合协作，更要加强侦查监督，而不能越俎代庖，种了公安侦查的地，荒了检察监督的田。

总之，坚持并进一步完善介入侦查制度，对于有效防止和及时发现、纠正侦查活动中的违法行为，保证侦查活动的依法进行具有重要意义。在正确认识和把握介入侦查工作的法律监督目的性的前提下，检察机关正当、合理地介入公安机关侦查活动，符合刑事诉讼法规定的两机关分工负责、互相配合、互相制约原则，也有利于正确处理司法公正与诉讼效率的关系。因此，有必要进一步完善检察机关介入侦查的法律规定。

（二）检察机关介入侦查的范围

目前，检察机关对于公安机关侦查活动的介入主要限于参与公安机关对重大案件的讨论，对案件的复验、复查等。从加强监督的需要考虑，无论是介入的手段还是范围，都不能适应侦查监督工作的需要，因此，我们认为在上述各方面，均有必要作适当拓展、完善和规范，以适应强化检察机关侦查监督工作的需要。

对于检察机关介入侦查的范围，有的同志主张，检察机关为了履行监督职责，介入侦查不应有范围的限制，对所有案件在认为必要时都可以介入侦查。国外也有类似的立法例，如《俄罗斯联邦刑事诉讼法典》第37条规定，检察长在刑事案件的审前程序中，有权参加审前调查并在必要情况下亲自进行某些侦查行为。我们认为，从理论上说，检察机关作为法律监督机关，为了履行监督职责，可以对侦查机关侦查的任何案件在必要时予以介入，但是根据我国刑事诉讼的特点和刑事案件的发案情况以及检察机关自身的工作性质和实际情况，要求检察机关对所有案件都介入侦查是不现实的。检察机关介入侦查的着眼点和落脚点，不是检警一体、联合办案，而是为了履行监督职责，及时发现和纠正违法，因此，既要根据监督需要适当扩大介入案件的范围，增强检察机关发现和纠正违法行为的及时性和实际效果，又要防止联合办案，影响监督的客观性和公信力。因此，我们认为应当总结近年来检察机关介入侦查的工作经验，通过修改刑事诉讼法，对检察机关介入公安机关侦查案件的目的和范围作出明确规定。如严重危害社会治安的暴力犯罪案件，集团犯罪案件；严重破坏社会主义经济秩序犯罪案件；检察机关通知公安机关立案侦查的案件；当事人反映侦查人员有违法行为的案件；检察机关认为有必要介入的其他案件。对上述案件，检察机关可以介入公安机关侦查活动，参与案件的讯问、询问、勘验、检查、复验、复查等，并可对依法取证发表意见，从而加强对侦查活动的监督。

（三）检察机关介入侦查的方式

对于检察机关介入侦查的方式，我们认为，可以通过参加公安机关对重大案件的讨论，参加公安机关的勘验、检查、复验、复查，参加公安机关对犯罪嫌疑人、被害人的讯问、询问等方式进行。检察机关在派员介入侦查的过程中，发现侦查人员对犯罪嫌疑人刑讯逼供的，对被害人、证人以体罚、威胁、诱骗等非法手段收集证据的，伪造、变造、销毁、涂改证据的，徇私舞弊，放纵、包庇犯罪分子的，利用职务之便牟取非法利益的，违反赃款、赃物管理规定的，违法决定、执行、变更、撤销强制措施的，等等，应当进行纠正。其中情节较轻的，可以口头或者书面提出纠正违法意见。为了强化检察机关侦查监督的效力，我们认为对于违法情节较重的办案人，在依法提出纠正违法意见的同时，还要提出给予违法办案人行政处分或者更换办案人、改变案件管辖等处置意见，侦查机关接到检察机关纠正违法意见后，应当进行调查处置；情节严重构成犯罪的，要依法追究刑事责任。

第四章 刑事审判监督

第一节 概 述

刑事审判监督对于保障刑事审判活动依法进行，准确及时地查明案件事实和对被告人处以刑罚，保障无罪的人不受刑事追究等，具有重要意义。此次修改刑事诉讼法，根据中央司法体制和工作机制改革的要求，总结实践经验，对刑事审判检察监督制度作了进一步完善，也对检察机关的刑事审判监督工作提出了很多新的要求。

一、刑事审判监督的概念、特点和内容

刑事审判监督是指人民检察院对人民法院刑事审判活动是否依法所进行的专门法律监督。

人民检察院对刑事审判活动的监督具有如下几个特点：其一，监督的主体是人民检察院。对人民法院审理刑事案件的活动进行法律监督，是人民检察院作为法律监督机关的重要职责之一。其二，监督的直接对象是人民法院审理刑事案件作出的违反法律规定的判决、裁定以及审判过程中的违法行为。其三，监督的目的是为了保障人民法院依法正确行使刑事审判权，维护司法的公正和效率。

刑事审判监督包含两个方面的内容：一是对刑事审判程序是否合法进行监督。通过出席一审、二审、再审法庭，或者通过庭外调查，审阅审判卷宗，以及受理申诉、控告等途径对刑事审判程序是否合法进行监督。具体包括：（1）人民法院对刑事案件的受理是否合法；（2）人民法院对刑事案件的管辖是否合法；（3）人民法院审理刑事案件是否违反法定的审理和送达期限；（4）人民法院审判组织的组成是否合法；（5）法庭审理是否违反法定程序；（6）是否存在侵犯当事人和其他诉讼参与人的诉讼权利和其他合法权利的情形；（7）法庭审理中对有关回避、强制措施、调查、延期审理等程序问题所作的决定是否符合法律规定；（8）审判人员在审判活动中是否存在徇私枉法行为；（9）是否

存在其他违反法律规定的审理程序的行为。对刑事审判程序是否合法进行监督的主要方式是提出纠正意见。二是对刑事判决、裁定是否正确进行监督。具体包括：（1）原判决、裁定认定的事实是否清楚，证据是否充分；（2）原判决、裁定定性是否错误；（3）原判决、裁定适用法律是否错误；（4）原判决、裁定量刑是否适当；（5）人民法院在审理过程中是否违反法定的诉讼程序；(6) 审判人员在审理案件时，是否有贪污、受贿、徇私舞弊、枉法裁判行为。对刑事判决、裁定是否正确进行监督的主要方式是提起刑事抗诉。刑事抗诉是人民检察院认为刑事判决或裁定确有错误，按照法定诉讼程序，要求人民法院对案件进行重新审理并作出改判的法律监督活动。刑事抗诉包括二审抗诉和再审抗诉。

二、刑事诉讼中检察机关与审判机关的关系

我国检察机关与审判机关的关系主要有三个层面：第一，在我国宪政制度层面，二者有相同的宪法地位，都由人民代表大会产生，对它负责，受它监督。在宪法定性上，人民法院是国家的审判机关，人民检察院是国家的法律监督机关。第二，在国家的司法制度层面，二者都是国家的司法机关，审判制度与检察制度都是司法制度的重要组成部分。第三，在诉讼制度层面，二者以保证准确有效地执行法律为目的，分工负责、互相配合、互相制约，同时，检察机关对于人民法院的审判活动是否合法实行监督。

1996 年修改刑事诉讼法对我国刑事诉讼中的审判方式进行了改革，吸收了当事人主义诉讼模式中的合理经验，将原来的职权主义诉讼模式，即纠问式的庭审方式变为对抗制的庭审方式。控辩双方在庭审中的对抗性有所增强，检察机关作为公诉人的控方角色日益明显和突出。参加庭审的检察官兼具双重身份，即公诉人和审判监督者。对此有些人提出了一些不同的看法，认为检察机关在履行公诉权的同时担负着法律监督职权，不利于审判权的独立行使，不利于维护司法权威，对审判所具有的终局性是一种威胁甚至是破坏。所以，应当取消检察机关的审判监督权。也有人认为，在目前不改变现有检、审关系的情况下，应当对检察机关的审判监督权加以限制。

我们认为，为了保障在全社会实现公平正义，构建社会主义和谐社会，检察机关对法院审判活动的监督不仅不应取消或者限制，而且应当进一步加强。第一，从诉讼规律上看，司法人员办理案件的过程，是对案件事实进行认识的过程，由于案件事实是复杂的而且是过去发生的，因而认识案件事实要受诸多主客观因素的限制。这就决定了认识产生错误的可能性，以及由这种认识导致的裁判错误的可能性。为了防止和纠正可能出现的错误判决、裁定，就有必要

在刑事诉讼中建立审判监督制度以督促审判机关纠正错判。第二，从权力制衡的角度上看，任何权力都具有善与恶的两重性，要防止权力的滥用，避免其恶的属性出现，就必须对权力进行监督和制约。这也是被历史反复证明了的一条客观规律。具体到刑事诉讼活动来说，要保证国家审判权的正确行使、不被滥用，就必须建立起对审判权进行有效监督的机制。第三，从我国的司法实践看，法院审判活动中还存在违法现象，司法腐败和司法不公仍然是人民群众反映强烈的问题之一。这既影响了法律在人民群众心目中的形象和审判的权威，也妨碍了司法活动的目标即公平和正义在全社会的实现。因此，加强对审判活动的法律监督，是保证裁判的公正从而维护司法权威的客观需要，也是防止审判权滥用的现实需要。①

有人以实行三权分立国家的司法制度为例，提出审判权的行使不应受任何外在权力，包括检察权的任何干涉。我们认为，一个国家所确定的政权结构形式和司法机关与其他国家机关的基本关系，是司法机关是否或者如何接受监督的根本依据。根据我国宪法的规定，审判机关应当接受人民代表大会及其常委会的监督，检察机关作为法律监督机关，主要对司法活动进行诉讼监督。脱离宪法而侈谈司法权的独立和不受监督与制约，有背弃宪政之嫌。另外，不同国家司法的实际情况也决定了司法权是否需要外在监督或者加强外在监督。对司法机关、审判权的监督受到诸多因素的影响，主要包括执法环境、公众对司法的信赖程度、法官的素质和审判水平，以及司法的状态。是否需要监督以及监督的程度如何，是与这几个因素成反比的。司法愈公正、法官素质愈高、公众对司法愈信赖、执法环境愈好，监督就愈无必要。反之，强化监督会成为一种普遍的社会情绪和社会政策。② 按照我国的宪法规定和司法实践，显然，有必要加强检察机关对法院审判活动的监督。但这种监督应当符合司法规律和诉讼规律，既要有效地纠正审判中的违法行为，又要有利于维护脆弱的司法独立和司法权威。合理地设计、安排检察机关对法院审判活动的监督，并不会违反司法规律和诉讼规律，法律监督与公诉权也并不会产生矛盾。

基于对加强刑事审判法律监督必要性的认识，中央司法体制和工作机制改革对完善检察机关对刑事审判活动的监督提出了明确要求，此次修改刑事诉讼法也将完善检察监督作为重要内容之一。这些修改一方面有利于检察机关更好地开展对法院审判活动的监督，维护司法公正；另一方面，也对检察机关履行监督职责，做好刑事审判监督工作提出了新的要求。

---

① 参见孙谦主编：《中国检察制度论纲》，人民出版社2004年版，第93、94页。

② 参见陈国庆：《检察制度原理》，法律出版社2009年版，第237、238页。

三、做好刑事审判监督工作要正确处理几个关系

检察机关应当积极适应法制建设的新形势和人民群众的新要求，不断加强法律监督能力建设和执法规范化建设，努力做到敢于监督、善于监督、依法监督、规范监督。要正确处理刑事审判法律监督工作中的一系列重要关系：一是正确处理依法指控犯罪与加强法律监督的关系，全面履行检察机关在刑事诉讼中承担的职能，做到两者紧密结合、互相促进。二是正确处理打击犯罪与保障人权的关系，既坚决打击各种刑事犯罪，又依法保障诉讼参与人的合法权益。三是正确处理实体公正与程序公正的关系，既加强对刑事判决、裁定的监督，保证审判结果的公正，又加强对审判活动中违法情况的监督，保证审判程序的公正。四是正确处理执行法律与贯彻刑事政策的关系，在严格执法的同时，自觉运用刑事政策指导刑事审判法律监督工作，以有效打击预防犯罪、化解社会矛盾、促进社会和谐。五是正确处理协调配合与监督制约的关系，既认真履行法律监督职责，又加强与人民法院的相互配合；既敢于依法监督，又讲求监督的方式、方法，共同维护社会主义法制的权威。

第二节　对刑事审判程序的监督

对刑事审判程序是否合法进行的监督是检察机关刑事审判监督职能的重要内容之一，不同于对判决、裁定等诉讼结果的监督，这种监督贯穿于刑事审判的全过程，体现了同步监督的理念。

一、刑事审判程序监督的概念和方式

对刑事审判程序的监督，是指人民检察院依法对人民法院的刑事审判活动是否符合法律规定的诉讼程序所进行的专门法律监督。这里所说的监督，从程序上看，包括对人民法院第一审、第二审和再审程序的监督。从案件性质上看，不仅包括公诉案件，而且包括对自诉案件和刑事附带民事诉讼案件审判活动的监督。从审判的具体阶段上讲，既包括人民法院法庭审理活动，又包括人民法院对刑事案件的受理、审判前的审查与准备等庭下活动。

修改后的《刑事诉讼法》第203条的规定是关于人民检察院对刑事审判程序监督的直接法律根据。根据本条规定：“人民检察院发现人民法院审理案件违反法律规定的诉讼程序，有权向人民法院提出纠正意见。”“违反法律规定的诉讼程序”是指人民法院在审理刑事案件过程中，违反刑事诉讼法规定

的有关程序。“提出纠正意见”是指人民检察院进行法律监督，明确指出人民法院在审理哪个案件中，如何违反了法律规定的诉讼程序，应当怎样改正等。对于法庭审理活动违反法律规定的诉讼程序，出庭检察员应当建议休庭，在休庭后及时报告，并经检察长批准后提出纠正意见。

二、刑事审判程序监督的必要性和可行性

对于检察机关对刑事审判程序的监督，有的同志认为，检察机关乃是控诉犯罪的一方当事人，如果允许其对庭审活动予以监督，可能会破坏法官的中立性。因此，检察官不能作为法官之上的法官，对庭审活动进行监督。对此，我们不能苟同。

第一，检察机关在审判活动中不是一方当事人，与当事人有着本质的区别。我国检察机关的产生、性质以及其在诉讼中的作用均说明，在审判活动中，检察机关不仅要承担追诉犯罪的职能，还承担着保护当事人包括被告人的合法权益的职责。对于检察机关来说，对构成犯罪的被告人提起公诉，与其说是一种权力，倒不如说是一种义务更符合检察机关的职能。检察机关为了履行这一义务，必须符合客观、公正的要求。检察机关对于庭审活动的违法行为提出纠正意见，正是为了保证庭审的公正，履行其客观公正义务。即使在刑事诉讼中奉行当事人主义的国家，如美国，检察官同样可以对法官的违反程序的行为提出异议。因此，把我国的检察机关视为一方当事人，并且剥夺检察机关对庭审活动中的违法行为进行监督的权力，是不符合我国检察制度的实际的。

第二，我国检察机关对庭审中的违法行为进行监督，并不会破坏法官的中立性。我国检察机关的性质及法律监督的特征说明，检察机关的监督意见仅仅具有程序意义，虽然其具有强制力，一经提出，即应当引起一定的法律程序，但是也只能引起相应的审查程序，并无最终决定的实体效力。更何况，检察机关提出的纠正意见并非针对法庭审理案件所作的实体结论，而是针对法庭审理过程中发生的违反诉讼程序的行为。这种对违法情况提出纠正意见的行为，并不影响法官对案件的中立和公正处理。

第三，对庭审活动予以监督，是保证诉讼活动依法进行的需要，是实现社会公平正义的需要。有学者认为，一项监督机制是否需要建立，并不取决于监督者是什么态度，而取决于被监督者的状况是否需要监督，取决于国家和社会对被监督者过去滥用权力或者权利的观察和体验，对被监督者未来滥用权力或者权利的忧虑和警惕。我们认为这种观点是可取的。多年来的实践证明，对刑事诉讼的监督不能存在盲区，审判活动包括庭审活动都需要监督，否则就难以保证庭审活动的合法性，难以保证当事人包括被告人的合法权益。特别是当庭

审活动中的严重违法行为已经影响到审判活动正常、合法进行的情况下，如应当回避的审判人员拒不回避，或者合议庭组成不合法等，如果不允许监督，则既不利于维护法律的尊严和司法的公正性，也不利于保护当事人的合法权益。因此，我们认为，应当允许检察机关对庭审活动是否合法进行监督，唯此才能在刑事诉讼中全面保护当事人的合法权益，保证公平、正义体现在刑事诉讼中的每一个环节。

当然，这并不是说检察机关履行此项监督职能不需要任何限制。在庭审过程中，保证审判人员的主导地位和法庭审理秩序，是审判程序的基本要求。检察人员、被告人及其辩护人等均应当在审判人员的主导下依法表达自己的意见，行使各自的诉讼权力或者权利。因此，出席法庭的检察人员不能随意打乱法庭审理的秩序，要注意维护审判人员的权威。出席法庭的检察人员发现法庭审判违反法律规定的诉讼程序，应当在休庭后及时报告，并经检察长批准后提出纠正意见。这里的“休庭”，包括法庭根据案件进行情况而自行决定的休庭，也包括检察人员发现严重违法情况而建议法庭休庭的情况。

三、刑事审判程序监督的范围

关于刑事审判程序监督的范围，有人认为只限于对庭上审判活动的监督，而不包括对人民法院开庭前、开庭后等庭下审判活动的监督。修改后的《刑事诉讼法》第 203 条规定：“人民检察院发现人民法院审理案件违反法律规定的诉讼程序，有权向人民法院提出纠正意见。”《人民检察院组织法》第 5 条也明确规定，“对于人民法院的审判活动是否合法，实行监督”是人民检察院的一项重要职权。可见，根据法律规定，人民检察院的审判监督，应当是针对人民法院审理案件的整个程序或者说整个审判活动进行的。而人民法院对刑事案件的受理、审查以及开庭前准备等庭下活动，是法律规定的审判活动的重要内容，是审判程序的重要组成部分。从司法实践看，人民法院在开庭前后需要进行大量的工作，一些案件还要由审判委员会讨论决定，许多重要的审判活动都是庭下进行的，不少重要的审判决定也是在庭下作出的，如果人民检察院监督的审判活动只限于庭上，不能全面发挥审判监督的作用；从二审、再审等审判程序看，有些案件是在不开庭的情况下审理的，如果审判监督只是限于庭上监督，那么人民法院没有开庭的刑事审判活动势必被置于审判监督外，这也不利于保障人民法院审判活动的依法进行和法律的统一正确实施。

《人民检察院刑事诉讼规则》第 392 条规定了人民检察院对人民法院审判活动进行监督的主要情形，包括：（1）人民法院对刑事案件的受理违反管辖规定的。应当按照刑事诉讼法关于地域、级别管辖的规定，监督其管辖是否合法。（2）人民法院审理案件违反法定审理和送达期限的。这里的审理期限，包括一审、二审和再审期限。“送达期限”，包括法律规定的人民法院送达各种法律文书、通知的期限。（3）法庭组成人员不符合法律规定的。“法庭”包括一审、二审、再审、死刑复核等程序的法庭。“组成”，包括构成人员是审判员还是人民陪审员和人员数额的情况。（4）法庭审理案件违反法定程序的。这里的“法定程序”，是指刑事诉讼法规定的法庭审理的具体程序。（5）侵犯当事人和其他诉讼参与人的诉讼权利和其他合法权利的。“诉讼权利”，是指刑事诉讼法规定的诉讼参与人各种程序性的权利，如控告权、申请回避权、申请调取证据权、上诉权等。“其他合法权利”，是指公民依法享有的人身权利、财产权利等。（6）法庭审理时对有关程序问题所作的决定违反法律规定的。“有关程序问题所作的决定”，主要是指关于回避问题的决定，适用或者变更强制措施的决定，有关延期审理的决定，关于解决当事人等申请通知新的证人到庭、调取证据等问题的决定。（7）其他违反法律规定的审理程序的行为。例如，受理案件活动、开庭活动等活动中的违法行为。

应当注意，根据法律规定，人民法院在审理刑事案件中，一切违反法律规定的诉讼程序的行为，都应属于审判监督的内容。本条所列举的只是主要内容。其他如《人民检察院刑事诉讼规则》第284条第2款规定：“对于人民法院要求补充提供的材料超越刑事诉讼法第一百五十条规定的范围或者要求补充提供材料的意见有其他不当情况的，人民检察院应当向人民法院说明理由，要求人民法院开庭审判，必要时人民检察院应当根据刑事诉讼法第一百六十九条的规定向人民法院提出纠正意见。”第345条规定：“法庭审理过程中，合议庭对证据有疑问并在休庭后进行勘验、检查、扣押、鉴定和查询、冻结的，人民检察院应当依法进行监督，发现上述活动有违法情况的应当提出纠正意见。”第346条规定：“人民法院根据律师申请收集、调取的证据或者合议庭休庭后自行调查取得的证据，必须经过庭审辨认、质证才能决定是否作为判决的依据。未经庭审辨认、质证直接采纳为判决依据的，人民检察院应当提出纠正意见；作出判决的，应当依法提出抗诉。”

四、刑事审判程序监督的要求

要正确理解检察机关对刑事审判程序的监督，需要注意把握以下几点：第一，人民检察院对人民法院审理案件违反法律规定的诉讼程序的，不论是否实际影响到案件审理结果，都应当提出纠正意见。第二，人民检察院对人民法院审判进行法律监督，是指人民检察院作为一个法律监督机关的整体职能，有权对人民法院的审判活动进行监督。公诉人在履行提起公诉职能时，发现法庭有违反法律规定的诉讼程序的情况，应当把情况向检察院有关领导汇报后，以人民检察院的名义，向人民法院提出纠正意见。第三，出席法庭的检察人员虽然不能当庭就法庭的违法行为提出纠正意见，但对于具体的违法行为，可以当庭提出个人的不同意见，但这不是代表检察机关的纠正意见。而且，如果发现严重的违法行为，或提出意见后不被接受，可以记明笔录，并建议休庭，休庭后立即向检察长报告。第四，人民检察院对于提出的监督意见，应当逐件跟踪，督促纠正。对于人民检察院提出的纠正意见，人民法院应当认真研究，对于错误要及时进行改正，并应当向人民检察院通报改正情况。第五，对于排斥监督或者经监督仍不纠正的，人民检察院可以通过上级人民检察院向被监督单位的上级机关通报，必要时可以向同级人民代表大会常务委员会报告。

第三节　对简易程序的监督

简易程序，是指人民法院对于符合法定条件的刑事案件可以依法适用的比普通程序简单的第一审程序。检察机关对简易程序的监督根据简易程序的审理方式有其自身的特点。

一、简易程序的适用条件

根据1996年《刑事诉讼法》第174条的规定，适用简易程序的案件可以是公诉案件，也可以是自诉案件。可以适用简易程序的自诉案件应当是告诉才处理的案件或者被害人起诉的有证据证明的轻微刑事案件。适用简易程序的公诉案件必须是依法可能判处3年以下有期徒刑、拘役、管制、单处罚金，事实清楚、证据充分，且人民检察院建议或者同意适用简易程序的案件。

当前，司法实践中案多人少的矛盾较为突出。但由于各种条件的限制，在现阶段这一矛盾很难通过加大司法资源的投入得到解决，只能借助于审理方式的调整、诉讼程序的简化来达到目的。此次修改刑事诉讼法扩大了简易程序的适用范围，主要是基于以下三点考虑：一是解决困扰司法效率提高的突出问题。从司法实践的情况看，随着刑事案件数量的增多，司法机关特别是基层人民法院和人民检察院的工作压力越来越大。1996年刑事诉讼法规定了简易程序，使得一些简单的案件得以在较短的时间内审结，诉讼效率得到了一定程度的提高。但是，由于简易程序适用范围较窄，加之一些地方没有充分发挥其应有的诉讼价值，许多人民检察院和人民法院仍在承受普通程序案件过多的重荷。同时，其中有些案件尽管可能判处3年以上有期徒刑，但案情本身并不复杂，被告人对起诉书指控的犯罪事实供认不讳，控辩双方对事实、证据也没有原则性的分歧。在这种情况下，仍严格按照目前的法律进行烦琐、漫长的法庭调查和法庭辩论，无论是审判人员、公诉人还是当事人、辩护人，都觉得没有必要。因此，适当扩大简易程序的适用范围，更合理地配置现有司法资源，做到繁简分流，就成为解决现实矛盾和满足司法需求的必然选择。二是吸收公诉方式和刑事庭审方式改革取得的成功经验。2003 年 3 月 14 日，最高人民法院、最高人民检察院、司法部联合发布了《关于适用普通程序审理“被告人认罪案件”的若干意见（试行）》，规定对被告人对指控的基本犯罪事实无异议，并自愿认罪的第一审公诉案件，可以适用简化审理方式。这一尝试在实践中取得了良好的效果。在对被告人认罪案件的审理方式进行合理简化后，审判效率显著提高。而且由于被告人对司法机关认定的犯罪事实没有异议，上诉率也很低，基本没有抗诉和改判、发回重审的情况，实现了司法公正与办案效率的有机统一。近年来，在判处 3 年有期徒刑以上刑罚的案件中，适用普通程序简化审的案件已占 30% 左右。三是进一步完善我国刑事诉讼制度。在国外刑事诉讼活动中，对重罪和轻罪案件、被告人认罪和不认罪案件采用不同的程序审理，是相当普遍的做法。只有被告人不认罪和疑难、复杂案件，才完全适用普通程序审理；对于被告人认罪的案件，通常采用简化的程序。遵循我国刑事诉讼法规定的基本原则，在事实清楚、证据确实充分的前提下，借鉴国外的相关做法，对“被告人认罪案件”简化审理方式，对于进一步完善我国刑事诉讼制度具有重要意义。

修改后的《刑事诉讼法》第 208 条第 1 款规定：“基层人民法院管辖的案件，符合下列条件的，可以适用简易程序审判：（一）案件事实清楚、证据充分的；（二）被告人承认自己所犯罪行，对指控的犯罪事实没有异议的；（三）被告人对适用简易程序没有异议的。”根据该规定，适用简易程序的案件必须同时具备下列条件：

1. 必须是基层人民法院管辖的案件。基层人民法院管辖的案件是指除危害国家安全、恐怖活动案件和可能判处无期徒刑以上重刑的案件以外的其他刑事案件。

2. 必须是事实清楚、证据充分。这里所说的事实清楚、证据充分，即指案件事实简单明了，定罪量刑的证据客观全面，无须进行复杂的法庭调查和辩论，人民法院就能查明案件事实和作出判决。

3. 必须是被告人承认自己所犯罪行，对指控的犯罪事实没有异议。被告人承认自己所犯罪行，是指被告人承认其行为构成犯罪，而且对作有罪供述的法律后果有明确的认识。所谓对指控的犯罪事实没有异议，是指被告人同意起诉书所指控的犯罪事实。

4. 必须是被告人对适用简易程序没有异议。人民法院在决定适用简易程序审理案件前，应当征求被告人的意见，向被告人讲明有关法律规定，认罪和适用简易程序审理可能导致的法律后果，确认被告人自愿同意适用简易程序。

修改后的《刑事诉讼法》第209条还规定了不适用简易程序的情形：（1）被告人是盲、聋、哑人，或者是尚未完全丧失辨认或者控制自己行为能力的精神病人的；（2）有重大社会影响的；（3）共同犯罪案件中部分被告人不认罪或者对适用简易程序有异议的；（4）其他不宜适用简易程序审理的。

二、简易程序的建议权

根据修改后的《刑事诉讼法》第208条第2款的规定，人民检察院在提起公诉时，有建议人民法院适用简易程序的权力。具体来说，人民检察院建议适用简易程序的，应当制作《适用简易程序建议书》，在提起公诉时，连同全案卷宗、证据材料、起诉书一并移送人民法院。人民法院在征得被告人、辩护人同意后决定适用简易程序的，应当制作《适用简易程序决定书》，在开庭前送达人民检察院、被告人及辩护人。人民法院认为依法不应当适用简易程序的，应当书面通知人民检察院，并将全部案卷和证据材料退回人民检察院。

三、简易程序的法庭审理

根据有关规定，简易程序的法庭审理具有以下特点：

1. 部分案件可以由审判员一人独任审判。1996年刑事诉讼法规定，适用简易程序的案件由审判员一人独任审判。但简易程序适用范围扩大后，对被告人的量刑幅度将扩大，增加了准确量刑的难度，全部由独任审判员审判难以保证办案质量。因此修改后的《刑事诉讼法》第210条规定，对可能判处3年以上有期徒刑的案件，应当组成合议庭进行审判，以保证可能判处较重刑罚的被告人得到公正的量刑；对可能判处3年有期徒刑以下刑罚的案件，既可以组成合议庭进行审判，也可以由审判员一人独任审判。

2. 法庭调查、法庭辩论的程序明显简化。根据刑事诉讼法的规定，适用简易程序的案件，不受第一审普通程序关于送达期限，讯问被告人，询问证人，鉴定人，出示证据，法庭辩论等程序规定的限制。审判人员宣布开庭，传被告人到庭后，应当查明被告人的基本情况，然后依次宣布案由、审判人员、公诉人、被害人、辩护人、诉讼代理人和翻译人员的名单，并告知当事人的诉讼权利。公诉人宣读起诉书后，审判人员应当询问被告人对起诉书的意见，问清被告人是否认罪，并告知有关法律规定及可能导致的法律后果。被告人及其辩护人可以就起诉书指控的犯罪事实进行辩护，被告人有作最后陈述的权利。适用简易程序的公诉案件，人民法院一般应当当庭宣判，并在5日内将判决书送达被告人和提起公诉的人民检察院。

3. 简易程序可以转化为第一审普通程序。适用简易程序审理的公诉案件，人民法院发现不宜适用简易程序时，应当按照第一审普通程序重新审理。人民检察院发现与刑事诉讼法规定的适用简易程序条件不相符，应当立即书面通知人民法院，建议将简易程序变更为普通程序，人民法院应当将案件转为第一审普通程序审理。转为普通程序审理的案件，人民法院应当作出书面决定，通知人民检察院，并在3日内将全案卷宗和证据材料退回，审理期限从决定转为普通程序之日起重新计算。一般情况下，人民检察院不需要重新制作起诉书，但必须制作证据目录、证人名单以及主要证据复印件、照片，在5日内移送人民法院。

四、人民检察院派员出席法庭

1996年刑事诉讼法规定，适用简易程序审理公诉案件，人民检察院可以不派员出席法庭。修改后的《刑事诉讼法》第210条规定，所有适用简易程序审理的公诉案件，人民检察院都应当派员出席法庭。作这样的修改，主要基于两个方面的考虑：一是为了规范简易程序公诉案件的诉讼结构。凡是开庭审理的公诉案件，应当由控、辩、审三种职能构成一个完整的诉讼，适用简易程序审理的案件在诉讼程序上可以简化，但是在诉讼结构上不应简化。二是为了强化检察机关的法律监督职能。出庭公诉是检察机关履行诉讼监督职能的重要途径，也是确保程序公正的重要手段，许多监督职能需要通过出庭得到更好的履行。检察机关应当通过出席法庭、参与辩论的方式，切实加强对适用简易程序审理活动的法律监督，发现审判程序违法的，及时提出纠正意见。

各地人民检察院应当积极适应刑事诉讼法的新变化，充分认识加强简易程序公诉案件法律监督的重要意义，增强监督意识，落实各项监督措施，严格依法履行监督职责，通过加强出庭公诉工作确保诉讼监督的力度和深度，消除诉讼监督盲点，提高监督工作水平。对于因出席简易程序法庭带来的工作量增加问题，各地应通过增加办案力量、科学整合调配内部资源、强化绩效管理手段等途径予以解决。检察机关应当就简易程序公诉案件出庭问题与法院加强沟通，建立集中排期审理的制度，对适用简易程序的案件进行集中审理，以提高工作效率，缓解人手不足带来的压力。

另外，检察机关要高度重视对适用简易程序案件的量刑建议工作。原则上，适用简易程序的案件均要提出量刑建议，可以在发表公诉意见时予以发表。

五、对简易程序裁判的监督

对简易程序公诉案件的裁判进行审查，是履行诉讼监督职责的必要环节。不能因程序简易就降低裁判审查的标准，放松裁判审查的要求。要通过完善相关审查程序、总结科学的审查方法，及时发现案件中存在的程序和实体问题，采取有力措施进行监督。重点审查法院裁判认定的事实、罪名与起诉书指控是否一致，法律适用是否准确，判处的刑种、刑期是否在量刑建议幅度内等。对于确有错误的裁判，符合抗诉条件的要坚决依法提出抗诉。

另外，对于适用简易程序审理的自诉案件，人民检察院虽然不派员出席法庭，但应当依法对人民法院作出的判决、裁定进行监督，包括对人民法院第一审未生效判决、裁定的监督和对人民法院生效判决、裁定的监督。如果第一审未生效的判决、裁定确有错误的，人民检察院应当根据规定提出二审抗诉；如果生效的判决、裁定确有错误的，人民检察院应当根据规定提出再审抗诉。

第四节 第二审程序抗诉

刑事抗诉是人民检察院履行刑事审判监督的主要方式，是指人民检察院认为刑事判决或裁定确有错误，按照法定诉讼程序，要求人民法院对案件进行重新审理并作出改判的法律监督活动。根据刑事诉讼法的规定，人民检察院提出的抗诉包括两种，第一种是按照第二审程序提出的抗诉，第二种是按照审判监督程序提出的抗诉。

一、第二审程序抗诉的概念和特点

第二审程序抗诉是指，地方各级人民检察院对于本级人民法院第一审尚未发生法律效力的刑事判决或裁定，认为确有错误，在法定期限内向上一级人民法院提出抗诉，也称为上诉程序的抗诉。

一方面，抗诉基于公诉权，具有行使诉权的性质，是对原公诉决定的继续支持，是公诉活动的延伸，而且同样具有启动法院审判程序的功能。另一方面，抗诉又具有审判监督的性质，是人民检察院对人民法院审判活动的合法性以及审判结果的公正性的监督。与检察机关法律监督职责相关，检察机关的抗诉具有区别于上诉的特殊性质和效力。一是检察机关的抗诉必须是认为法院的判决、裁定确有错误，且这种错误既可能有利于被告人，也可能不利于被告人。这种客观的诉讼立场，不同于诉讼当事人的立场，也正是检察机关法律监督职责的要求。二是检察机关的抗诉具有特殊的法律效力。人民检察院对于按照二审程序抗诉的案件，第二审人民法院应当开庭审理；而对于被告人上诉的案件，人民法院可以不开庭审理。

二、第二审程序抗诉的条件

第二审程序抗诉的条件是指要求人民法院必须对案件进行重新审理的依据，也就是人民检察院提出抗诉的理由。具体而言包括两个方面：一是法定条件，即第一审的判决、裁定确有错误；二是客观条件，即确有抗诉的必要性。

（一）法定条件

判决、裁定确有错误是第二审程序抗诉的法定条件。修改后的《刑事诉讼法》第217条明确规定："地方各级人民检察院认为本级人民法院第一审的判决、裁定确有错误的时候，应当向上一级人民法院提出抗诉。"判决、裁定确有错误主要指实质性的错误，即导致刑事判决、裁定丧失客观公正性，在实体处理上发生了错误，但也包括程序上的错误足以影响实体问题的正确处理或者使实体处理具有发生错误的较大可能性的情形。具体而言，第二审程序抗诉的法定条件可以从以下四个方面进行把握：

1. 审查判决和裁定认定事实和采信证据是否确有错误。包括刑事判决或裁定认定事实有错误导致定性或者量刑明显不当，以及刑事判决或裁定采信证据有错误导致定性或者量刑明显不当。刑事判决或裁定认定事实有错误，导致定性错误或者量刑明显不当的，主要包括三种情形：一是刑事判决或裁定认定的事实与证据不一致，即法院所采信的证据不能证明所认定的案件事实，或者所认定的案件事实没有确实充分的证据予以证明；二是认定的事实与裁判结论有重大矛盾，即根据所认定的案件事实不能依法得出所作出的裁判结论；三是有新的证据证明刑事判决或者裁定认定事实确有错误。司法实践中，人民法院根据检察机关提出的证据对事实进行认定并作出裁判以后，可能发现新的证据证明原判决、裁定认定事实与客观实际不符，对于这种错误是否应当抗诉，在理论上和实践中都存在争议。一种观点认为，原判决、裁定是根据当时的证据情况作出的，后来出现的新证据不能否定当时所作判决、裁定的正确性，因而检察机关不能提出抗诉。另一种观点认为，就提出抗诉的条件而言，所谓"确有错误"也包括原判决、裁定认定事实不符合客观实际。我们认为，对发现新的证据证明原判决、裁定认定事实与客观实际不符的情况应予以监督和纠正，但采取什么方式需要具体情况具体分析。一般来说，对确有错误的判决、裁定，人民检察院依法有权提出抗诉，但有时考虑到保障被告人的诉讼权利而作重新起诉处理，有时考虑到抗诉的必要性而采取了其他的监督方式。例如，原审以证据不足作出的无罪判决，判决后发现新的证据足以证明被告人有罪的，实践中应当作重新起诉处理。又如，判决后发现新的证据证明原审认定的犯罪时间、地点与客观事实有出入但不影响定罪量刑的，一般就不作抗诉处理，而通过其他方式予以监督。

刑事判决或裁定采信证据有错误，导致定性错误或者量刑明显不当的，主要包括下列情况：一是刑事判决或者裁定据以认定案件事实的证据不确实，即人民法院采信的主要证据不确实，导致认定事实错误，进而影响定罪量刑的。二是据以定案的证据不足以认定案件事实，或者所证明的案件事实与裁判结论之间存在矛盾，即人民法院采信的证据不够充分，不足以证明所认定的案件事实的。三是据以定案的证据之间存在矛盾，即人民法院所采信的证据互相矛盾，并且不能合理排除的。四是经审查犯罪事实清楚，证据确实、充分，人民法院以证据不足为由判决无罪错误的。

这里需要注意两个问题：一是在审查决定抗诉时，不能简单地以认定事实和采信证据是否错误为标准，关键要看定性和量刑是否明显不当。一般情况下，如果案件的基本事实认定无误，而且定性和量刑无明显不当的，一般不需要提出抗诉。如果在认定事实和证据方面发生严重错误，严重损害当事人的权益，或者影响对其他人的刑事追究，检察机关就应依法提出抗诉。二是提出刑事抗诉，不仅要求判决、裁定本身确有错误，还要求人民检察院据以支持抗诉主张的证据确实、充分，表明判决、裁定确实发生了错误。如果支持抗诉主张的证据不确实、不充分，就无法证明判决、裁定是不是有错误、有什么错误。这涉及检察官和法官对证据的认识和采信问题。

2. 审查刑事判决或者裁定在适用法律方面是否确有错误。适用法律不仅包括对法律条文的引用和解释，也包括人民法院运用法律解决案件实体问题的过程。适用法律方面确有错误可以分为两类：一是定性错误。是指对案件进行实体评判时发生错误，导致有罪判无罪，无罪判有罪，或者混淆此罪与彼罪、一罪与数罪的界限，造成适用法律错误，罪刑不相适应的。二是量刑错误。是指重罪轻判或者轻罪重判，量刑明显不当的。主要包括：未认定有法定量刑情节而超出法定刑幅度量刑，也就是无依据地加重、减轻或者免除处罚；认定法定量刑情节错误，导致未在法定刑幅度内量刑或者量刑明显不当；适用主刑刑种错误，超出法定刑幅度量刑，如法定最低刑为有期徒刑而判处拘役；应当判处死刑立即执行而未判处，或者不应当判处死刑立即执行而判处；应当并处附加刑而没有并处，或者不应当并处附加刑而并处；依法不应当判处缓刑或免予刑事处分，而错误适用缓刑或判处免予刑事处分。需要注意的是，人民检察院针对量刑错误提出抗诉，一般要求是量刑方面存在畸轻畸重，明显违背罪刑相适应原则，超出法官自由裁量的幅度的情形。对量刑偏轻或者偏重，但是没有超出法定量刑幅度的，应视为在法官自由裁量的范围之内，一般不宜提出抗诉。一方面符合诉讼经济原则，另一方面也有利于维护判决、裁定的稳定性和审判的权威。

根据最高人民检察院《关于刑事抗诉工作的若干意见》，对原审刑事判决或定在适用法律方面有下列情形之一的，一般不宜提出抗诉：（1）法律规定不明确、存有争议，抗诉的法律依据不充分的；（2）刑事判决或裁定认定罪名不当，但量刑基本适当的；（3）具有法定从轻或者减轻处罚情节，量刑偏轻的；（4）未成年人犯罪案件量刑偏轻的；（5）被告人积极赔偿损失，人民法院适当从轻处罚的。

3. 审查人民法院在审判过程中是否严重违反法定诉讼程序。程序公正是司法公正的应有内容，人民法院在审判过程中严重违反法定诉讼程序必然严重影响公正的审判。根据《关于刑事抗诉工作的若干意见》，对于具有下列情形之一，可能影响公正审判的，人民检察院应当提出抗诉和支持抗诉：（1）违反有关回避规定的；（2）审判组织的组成严重不合法的；（3）除另有规定的以外，证人证言未经庭审质证直接作为定案根据，或者人民法院根据律师申请收集、调取的证据材料和合议庭休庭后自行调查取得的证据材料没有经过庭审辨认、质证直接采纳为定案根据的；（4）剥夺或者限制当事人法定诉讼权利的；（5）具备应当中止审理的情形而作出有罪判决的；（6）当庭宣判的案件，合议庭不经过评议直接宣判的；（7）其他严重违反法律规定的诉讼程序，影响公正判决或裁定的。

需要注意的是，人民法院审判活动虽然违反法定诉讼程序，但是未达到严重程度，不足以影响公正裁判的，一般不宜提出抗诉，必要时可以检察建议书、纠正违法通知书等形式向人民法院提出纠正意见，要求人民法院纠正审判活动中的违法情形。

4. 审查审判人员在案件审理期间是否有贪污受贿、徇私舞弊、枉法裁判行为。审判人员在案件审理期间，有贪污受贿、徇私舞弊、枉法裁判行为，影响公正判决或裁定，包括造成判决和裁定认定事实和采信证据确有错误、刑事判决或者裁定在适用法律方面确有错误，或者人民法院在审判过程中严重违反法定诉讼程序的，人民检察院应当提出抗诉和支持抗诉。办理此类抗诉案件，需要注意三点：一是有违法犯罪行为的人必须是审判人员，包括人民法院的院长、副院长、审判委员会委员，以及组成合议庭的审判员、助理审判员、人民陪审员等。二是有贪污受贿、徇私舞弊、枉法裁判行为，且已经查证属实。如果仅有嫌疑，尚未查证属实，不能作为抗诉的依据。三是审判人员的贪污受贿、徇私舞弊、枉法裁判行为必须与本案的审判活动有关，直接影响案件的公正审判。一般来说，审判人员在审理案件时有贪污受贿、徇私舞弊、枉法裁判等行为会影响判决、裁定的公正性、正确性，但两者之间并没有必然联系。应当对判决、裁定本身是否正确进行审查。对于存在司法腐败，判决、裁定确有错误或者有发生错误的较大可能性的，就应当坚决抗诉。同时，各级人民检察院在办理刑事抗诉案件中，在纠正不公正裁判的同时，要注意依法查处裁判不公背后可能存在的审判人员违法犯罪行为。

（二）客观条件

确有抗诉必要，是第二审程序抗诉的客观条件。抗诉必要性作为刑事抗诉的条件虽然尚未被法律明文规定，但长期司法实践的客观情况表明，刑事抗诉不能不考虑抗诉的必要性，只有把“确有错误”和“确有抗诉必要”两个条件结合起来，才符合刑事抗诉工作的规律和特点，唯此，检察机关才能在刑事抗诉工作中充分贯彻国家的刑事政策，实现法律效果、社会效果和政治效果的有机统一。刑事抗诉的必要性需要根据案件情况综合加以考虑。对刑事判决、裁定中存在的任何错误，人民检察院都应进行监督，但监督的方式要与错误的性质和严重程度相适应。判决、裁定的错误，可能是实体性错误，也可能是程序性错误，还可能是技术性差错。有的判决、裁定尽管在认定事实、适用法律等方面存在这样或者那样的错误，但是这些错误的存在可能对案件的实质性结论并没有影响。因此，有必要区分情况，对一些严重的错误以抗诉的方式进行监督，对其他错误采取发送纠正违法通知书、提出纠正意见等其他非抗诉方式进行监督。

三、提出第二审程序抗诉的机关

提出二审抗诉的机关包括以下几个方面的内容：

一是有权对人民法院尚未发生法律效力的一审判决、裁定提出第二审程序抗诉的是作出一审判决、裁定法院的同级地方人民检察院。修改后的《刑事诉讼法》第 217 条规定：“地方各级人民检察院认为本级人民法院第一审的判决、裁定确有错误的时候，应当向上一级人民法院提出抗诉。”可见，有权对人民法院尚未发生法律效力的一审判决、裁定提出抗诉的，只能是同级地方人民检察院。最高人民法院的判决、裁定都是终审的判决、裁定，所以最高人民检察院不能针对最高人民法院的判决、裁定提出第二审程序抗诉。

二是上级人民检察院可责成下级人民检察院依法提出抗诉。《人民检察院刑事诉讼规则》第 403 条第 2 款规定，上一级人民检察院在上诉、抗诉期限内，发现下级人民检察院应当提出抗诉而没有提出抗诉的案件，可以指令下级人民检察院依法提出抗诉。

三是被害人及其法定代理人有权请求人民检察院提出抗诉。修改后的《刑事诉讼法》第218条规定，“被害人及其法定代理人不服地方各级人民法院第一审的判决的，自收到判决书后五日以内，有权请求人民检察院提出抗诉”。

四是上级人民检察院决定是否支持抗诉。修改后的《刑事诉讼法》第221条规定：“地方各级人民检察院对同级人民法院第一审判决、裁定的抗诉，应当通过原审人民法院提出抗诉书，并且将抗诉书抄送上一级人民检察院。原审人民法院应当将抗诉书连同案卷、证据移送上一级人民法院，并且将抗诉书副本送交当事人。上级人民检察院如果认为抗诉不当，可以向同级人民法院撤回抗诉，并且通知下级人民检察院。”法律如此规定，首先与我国检察机关的领导体制相适应。根据人民检察院组织法的规定，上下级人民检察院之间是领导与被领导的关系，上级人民检察院有权审查下级人民检察院所作的任何决定，并有权撤销其认为有错误的决定。其次，根据修改后的《刑事诉讼法》第224条的规定，第二审人民法院开庭审理抗诉案件时，将由同级人民检察院派员出庭支持抗诉，而不是由提出抗诉的人民检察院派员出庭，因此上一级人民检察院必须对抗诉进行审查。最后，由上一级人民检察院审查下级人民检察院提出的抗诉，也有利于保证刑事抗诉的准确性、严肃性和权威性。根据人民检察院刑事诉讼规则的规定，下级人民检察院对上一级人民检察院撤回抗诉的决定有提请复议权，如果认为上一级人民检察院撤回抗诉不当，可以提请复议。上一级人民检察院应当复议，并将复议结果通知下级人民检察院。

四、第二审程序抗诉的期限

抗诉期限是指刑事诉讼法规定的人民检察院提出第二审程序抗诉的时间限制。规定第二审程序抗诉期限的目的，主要是促使检察机关及时对判决、裁定进行审查，防止诉讼的过分延迟。根据修改后的《刑事诉讼法》第219条的规定，不服判决的抗诉期限为10日，不服裁定的抗诉期限为5日，从接到判决书、裁定书的第二日起算。如果期限届满未提出上诉、抗诉，刑事判决、裁定便发生法律效力。此后即使发现确有错误，同级人民检察院也不能提出第二审程序抗诉，只能由上级人民检察院按照审判监督程序提出抗诉。

五、第二审程序抗诉的审查

第二审程序抗诉的审查主要包括以下步骤：

(一) 审查刑事判决书、裁定书

人民检察院收到同级人民法院第一审刑事判决书或者裁定书后，应当及时指定专人进行审查，并在法定抗诉期限内决定是否提出抗诉。审查判决书、裁定书是人民检察院刑事抗诉工作的重要基础。只有通过认真审查，才能及时发现判决、裁定中存在的错误，才有可能进行监督。被害人及其法定代理人不服判决，在收到判决书后5日以内请求人民检察院提出抗诉的，人民检察院应当受理，并尽快予以审查，在收到请求后5日内作出是否抗诉的决定，并且答复请求人。被害人及其法定代理人在法定期限内请求提出抗诉时，如果人民检察院已经对判决进行了审查并作出决定的，人民检察院也应当受理被害人及其法定代理人的请求，并将已作出的是否抗诉决定答复请求人。为加强对职务犯罪案件判决的法律监督，解决一些地方存在的职务犯罪案件轻刑化的问题，根据最高人民检察院《关于加强对职务犯罪案件第一审判决法律监督的若干规定(试行)》(高检发诉字〔2010〕140号)的规定，对人民法院作出的职务犯罪案件第一审判决的法律监督还要实行上下两级检察院同步审查的内部工作机制。

审查判决书、裁定书，要做到：一要及时。由于法定的抗诉期限比较短，而审查决定抗诉往往需要做大量的工作，如果不及时进行审查，就有可能在规定期限内发现不了判决、裁定中的错误，或者无法对有关问题进行认真细致的研究，影响抗诉决定的作出和办案质量，甚至可能来不及制作高质量的抗诉书。二要全面。要对判决书、裁定书的内容进行全面细致的审查，避免遗漏。不仅要审查刑事部分是否正确，也要审查附带民事诉讼部分是否正确；不仅要审查针对主犯所作的判决、裁定内容是否正确，也要审查针对其他被告人所作的判决、裁定内容是否正确；不仅要审查对实体问题的处理是否正确，也要审查人民法院是否有严重违反法定诉讼程序、影响公正审判的情形。

对判决书、裁定书的刑事部分，应当重点围绕以下几个方面进行审查：(1) 事实是否清楚。犯罪的动机、目的是否明确；犯罪的手段是否清楚；与定罪量刑有关的情节是否具备；犯罪的危害后果是否查明；行为和结果之间是否存在刑法上的因果关系。(2) 证据是否确实、充分。认定主体的证据是否确实、充分；认定犯罪行为和证明犯罪要素的证据是否确实、充分；涉及犯罪性质、决定罪名的证据是否确实、充分；涉及量刑情节的相关证据是否确实、充分；提出抗诉的刑事案件，支持抗诉主张的证据是否具备合法性、客观性和关联性；抗诉主张的每一环节是否均有相应的证据予以证实；抗诉主张与抗诉证据之间、抗诉证据与抗诉证据之间是否存在矛盾；支持抗诉主张的证据是否形成完整的锁链。(3) 适用法律是否正确。适用的法律和法律条文是否正确；

罪与非罪、此罪与彼罪、一罪与数罪的认定是否正确；具有法定从重、从轻、减轻、免除处罚情节的，适用法律是否正确；适用刑种和量刑幅度是否正确。(4) 程序是否违法。

(二) 决定是否抗诉

案件承办人对判决、裁定审查后，应当填写《对法院刑事判决、裁定审查表》，提出同意刑事判决、裁定或者抗诉的具体意见，报公诉部门负责人审核。对拟提出抗诉的案件，还应写出《刑事抗诉案件审查报告》一并报经公诉部门负责人审核，呈报主管检察长。一般而言，公诉部门负责人应预先组织本处（科）对抗诉案件进行讨论，充分研究，并将各种不同意见一并报主管检察长。根据最高人民检察院《关于刑事抗诉工作的若干意见》的规定，拟抗诉的案件，应当提交检察委员会讨论决定。对于被害人及其法定代理人的抗诉请求，应填写《抗诉请求答复书》，在收到请求后的5日内答复请求人。

六、提出抗诉、支持抗诉和撤回抗诉

提出抗诉的人民检察院必须在法定期限内制作《刑事抗诉书》，通过原审人民法院向上一级人民法院提出抗诉，并且将抗诉书副本连同检察内卷材料报送上一级人民检察院。原审人民法院应当在3日内将抗诉书连同案卷、证据材料移送上一级人民法院，并且将抗诉书副本送达有关当事人。

上级人民检察院收到下级人民检察院《刑事抗诉书》副本后，指定专人阅卷审查，认为抗诉正确或者部分正确的，应当制作《支持刑事抗诉意见书》提交同级人民法院，并做好派员出席第二审法庭的准备。上级人民检察院对下级人民检察院的刑事抗诉意见，可以全部支持，也可以部分支持，并通知提起抗诉的下级人民检察院。

上级人民检察院收到下级人民检察院《刑事抗诉书》副本后，指定专人阅卷审查，认为抗诉不当的，应当制作《撤回抗诉决定书》，并向同级人民法院撤回抗诉；同时应当制作《撤回抗诉通知书》，通知提出抗诉的下级人民检察院。下级人民检察院认为撤回抗诉不当的，可以提请复议。上一级人民检察院应当进行复议，并将复议结果通知下级人民检察院。

上一级人民检察院在上诉、抗诉期限内，发现下级人民检察院对应当抗诉的案件没有提出抗诉的，可以指令下级人民检察院依法提出抗诉。第二审人民法院发回原审人民法院重新按照第一审程序审理的案件，如果人民检察院认为重新审判的判决、裁定确有错误，仍然可以按照第二审程序提出抗诉。

七、人民检察院派员出庭和查阅案卷

按照刑事诉讼法的规定，人民检察院提出抗诉的案件和二审人民法院开庭审理的公诉案件，二审人民法院的同级人民检察院应当派员出席法庭支持公诉。修改后的《刑事诉讼法》第 223 条进一步明确了第二审法院应当开庭审理的案件范围，规定，“第二审人民法院对于下列案件，应当组成合议庭，开庭审理：（一）被告人、自诉人及其法定代理人对第一审认定的事实、证据提出异议，可能影响定罪量刑的上诉案件；（二）被告人被判处死刑的上诉案件；（三）人民检察院抗诉的案件；（四）其他应当开庭审理的案件”。第二审案件的开庭审理过程必然要涉及与公诉有关的问题，需要检察人员在场，必要时还需要进行辩论、质证；同时人民检察院派员出庭，也便于人民检察院掌握审判活动情况，进行法律监督。

检察人员出席第二审法庭的任务是：（1）支持抗诉或者听取上诉人的上诉意见，对原审法院作出的错误判决或者裁定提出纠正意见；（2）维护原审人民法院正确的判决或者裁定，反驳无理上诉，建议法庭维持原判；（3）维护诉讼参与人的合法权利；（4）对法庭审理案件有无违反法律规定的诉讼程序的情况记明笔录；（5）依法从事其他诉讼活动。

人民检察院派员出席第二审法庭，在庭前应做好必要的准备工作，保证出庭任务的完成。查阅案卷是准备工作的一个重要方面。检察人员通过查阅案卷，可以全面了解第一审的情况，为出席二审法庭做好充分的准备。1996 年《刑事诉讼法》第 188 条仅规定“第二审人民法院必须在开庭十日以前通知人民检察院查阅案卷”，导致实践中一些重大复杂案件检察机关阅卷时间不足，影响办案质量。修改后的《刑事诉讼法》第 224 条规定，第二审人民法院应当在决定开庭审理后及时通知人民检察院查阅案卷，人民检察院应当在一个月以内查阅完毕，人民检察院查阅案件的时间不计入审理期限。该规定对原条文作了三个方面的修改：一是修改了人民法院通知人民检察院阅卷的时间，将第二审人民法院“在开庭十日以前通知”修改为“在决定开庭审理后及时通知”；二是增加了人民检察院阅卷的期限，规定“人民检察院应当在一个月以内查阅完毕”；三是明确规定“人民检察院查阅案卷的时间不计入审理期限”，使得检察机关的阅卷时间有了较为充分的保障。

八、限制发回重审次数

1996 年刑事诉讼法对二审法院以事实不清、证据不足为由发回重审没有限制次数，在有的案件中由于多次发回重审，导致发生超期羁押的情况，侵犯了被告的合法权益。为避免案件反复发回重审，久拖不决，2003年，最高人民法院在《关于推行十项制度，切实防止产生新的超期羁押的通知》中明确规定："第二审人民法院经过审理，对于原判决事实不清楚或者证据不足的案件，只能裁定撤销原判，发回原审人民法院重新审判一次，严格禁止多次发回重审。"修改后的《刑事诉讼法》第225条第2款规定，对于因原判决事实不清楚或者证据不足，第二审人民法院发回原审人民法院重新审判的案件，原审人民法院再次作出判决后，被告人提出上诉或者人民检察院提出抗诉的，第二审人民法院应当依法作出判决或者裁定，不得再次发回原审人民法院重新审判。

第五节　死刑复核法律监督

2006年10月召开的十届全国人大常委会第二十四次会议修改了《人民法院组织法》，取消了最高人民法院可以授权高级人民法院进行死刑复核的规定。据此，最高人民法院自2007年1月1日起统一行使死刑核准权。法律的这一修改，是我国刑事司法制度的一大改革和进步。但是，由于修正前的刑事诉讼法关于死刑复核程序规定得过于原则和简单，缺乏可操作性，特别是检察机关缺乏介入和监督死刑复核活动的具体程序和措施，以致实践中死刑复核程序缺乏外部监督制约，不利于对死刑的公正和统一适用。为了明确和规范检察机关对死刑复核程序的监督，修改后的刑事诉讼法增加规定，在复核死刑案件过程中，最高人民检察院可以向最高人民法院提出意见。最高人民法院应当将死刑复核结果通报最高人民检察院。

一、检察机关开展死刑复核法律监督的法理基础

检察机关介入死刑复核程序开展法律监督，具有充分的法理基础。①

（一）检察机关对死刑复核实行法律监督，符合我国人民代表大会制度关于对国家权力进行监督制约的原理

我国实行的是人民代表大会制度，司法权在国家权力架构中的法律地位、具体权限和独立性、权威性都是有限的、相对的。具体到审判机关包括最高人

① 参见万春、高景峰：《死刑复核法律监督制度研究》，载《刑事诉讼法再修改与检察监督制度的立法完善》，中国检察出版社2008年版。

民法院，不仅要接受国家权力机关的宏观监督，而且要接受检察机关根据宪法和法律授权并依照法定程序进行的法律监督和制约。我国宪法和法律均赋予检察机关法律监督职能，要求对刑事诉讼活动和人民法院的审判活动是否合法进行监督，没有将最高人民法院和死刑复核程序排除在外。检察机关对最高人民法院的死刑复核权进行监督和制约，是其履行宪法和法律赋予的法律监督职责的重要方面。

（二）检察机关对死刑复核的法律监督不会影响最高人民法院应有的诉讼地位和其审判的独立性、权威性

我国宪法和法律赋予检察机关对审判机关的法律监督权，只是同级机关之间的一种程序性的监督权，而不是像国家权力机关的上位对下位的具有实体效力的监督权。从我国刑事诉讼法的规定和审判实践来看，法官无论是在一审、二审还是在再审、死刑复核程序中，始终处于主导地位，检察官的活动始终受法官的控制和约束。

（三）检察机关对死刑复核实行法律监督，体现了检察官客观性义务的要求

我国检察机关作为法律监督机关，行使公诉权必须遵循客观公正和保障人权原则，不仅要承担依法追诉犯罪职能，还要承担维护法律统一正确适用、保护公民免受不公平对待的责任。最高人民检察院既不是以一方当事人也不是以国家公诉人的身份参加死刑复核活动，而是以国家最高法律监督机关的身份和视角对死刑复核案件进行客观、公正的审查，从维护法律统一正确实施和社会公平正义的高度来审查案件，并依法作出决定。

二、检察机关开展死刑复核法律监督的现实必要性

检察机关依法对死刑复核程序进行监督具有迫切而现实的必要性。

（一）检察机关对死刑复核实行法律监督，是切实保障人权的需要

限制和减少死刑的适用是我国刑事立法和司法的一个重要原则，必须确保死刑只适用于那些罪行极其严重的犯罪分子，必须确保剥夺生命权程序的正当性。我国法律之所以设置死刑复核程序，就是为了贯彻“少杀”、“慎杀”，避免错杀的死刑政策，以最大限度地实现人权保障。检察机关对死刑复核实行法律监督，必将更加有效地确保这一法律程序得以正确运用，有利于保障那些罪行不是极其严重或者不是必须立即执行的被告人的生命权不被剥夺，有利于保障死刑案件被告人的程序权利得到充分实现，有利于促使每一个死刑案件被告人的人权得到切实的尊重与保护，从而最大限度地实现死刑复核程序应有的保

障人权价值。

（二）检察机关对死刑复核实行法律监督，是完善对于审判活动的监督制约机制，保证司法公正的需要

死刑复核作为是否判处死刑的最后一道关口，必须确保其活动的公正性。最高人民法院收回死刑核准权对于确保死刑适用的准确性具有重要意义，但是仅此是不够的。正如人民法院的其他审判活动需要接受法律监督和当事人权利制约一样，死刑核准作为决定公民生命权利予夺的重大审判权力，更有必要受到有效的外部监督。检察机关作为法律监督机关，有责任对死刑案件的审核过程和结果是否合法实行法律监督。

（三）检察机关对死刑复核实行监督，是确保检察机关充分发挥其法律监督职能的需要

死刑复核程序是死刑案件的最后一道关口，与一审、二审程序相比，具有特殊重要的地位，将最终决定一个人生命权利的剥夺与否，即使检察机关的法律监督权在之前的所有程序中都能够有效行使，法律监督在死刑复核程序这一决定性程序中的缺失也会使检察机关法律监督作用功亏一篑。因此，为确保死刑案件的公正性、合法性，就更应当加强检察机关对死刑复核程序的法律监督。

三、检察机关开展死刑复核法律监督的定位

检察机关开展死刑复核法律监督，不是作为公诉人继续行使追诉职能，而是作为客观、公正的法律监督者和法律守护人，维护死刑复核活动的合法性和公正性，维护法律的统一正确实施。因此，最高人民检察院对死刑复核案件的监督不仅要防止应杀不杀，人为控制死刑，也要防止错杀和滥杀。对于应当判处死刑但最高人民法院拟不核准死刑，以及不应当判处死刑的案件，最高人民检察院都应当提出监督意见。这种诉讼地位，充分体现了我国检察机关的法律监督性质，也符合死刑复核这一特殊审判程序的特殊性和法律价值。

四、死刑复核法律监督的原则

检察机关开展死刑复核法律监督应当遵循的基本原则，主要有以下几项：①

① 参见万春、高景峰：《死刑复核法律监督制度研究》，载《刑事诉讼法再修改与检察监督制度的立法完善》，中国检察出版社2008年版。

（一）严格限制并减少死刑

设置死刑复核制度的出发点和着眼点，是为了贯彻落实宽严相济的刑事司法政策和少杀、慎杀的死刑政策，防止死刑被滥用、误用。因此，检察机关对死刑复核活动实行法律监督，也应体现死刑复核制度的基本价值观，将严格限制和减少死刑适用作为重要原则。

（二）切实保障人权

死刑复核制度的核心价值，在于通过为适用死刑增加一道由最高人民法院亲自把守的关口，有效防止错杀无辜、侵犯公民基本人权。因此，加强和完善死刑复核法律监督的基本出发点，应是有利于体现死刑复核的法律价值，达到切实维护人权的目的。在检察机关开展死刑复核法律监督的程序设置和工作部署上，也应突出对人权的保障。

（三）维护公共利益

对于极少数事实清楚、证据确凿、触犯死罪而且情节特别严重、不杀不足以平民愤的犯罪分子，依法判处并核准死刑，是保障国家利益和被害人合法权利、维护公平正义和社会秩序的客观需要，体现了现阶段死刑制度的社会效益。

（四）公平性

检察机关对死刑复核进行法律监督要坚持公平性原则。一方面，检察机关对于办理死刑复核监督案件应当有统一的实体上和程序上的标准，掌握死刑政策不能随心所欲、忽宽忽严，要保证死刑适用的公平性。另一方面，对于法院死刑复核中出现的同罪不同罚、忽轻忽重或者违反法律规定随意从轻或者从重处罚的情形，应当进行监督纠正。

（五）及时性

一旦死刑裁判出现错误，执行后就再也无法挽回死者的生命。而且，在最高人民法院已经作出错误的死刑复核裁判后再通过抗诉进行监督纠正，其法律效果和社会效果也远不如在未作出裁判前就向最高人民法院提出法律监督意见，从而防止其作出错误的裁判。因此，检察机关办理死刑复核案件必须强调及时性，在保证审查案件质量的前提下，以尽可能短的办案时间，及时、准确地向最高人民法院提出法律监督意见。

（六）突出重点

从必要性来说，检察机关应当对所有死刑复核案件进行审查并提出法律监督意见。但是从可行性来说，由于这项工作刚刚起步，缺乏实践经验，而且目前检察机关法律监督的任务较重而人力资源明显不足，因此不可能介入所有死刑复核案件和全部死刑复核活动，而只能突出重点。

五、死刑复核法律监督的客体

检察机关开展死刑复核法律监督的目的是为了保证死刑复核过程和结果的合法性，因此，其客体应当包括以下内容：

（一）最高人民法院对死刑复核案件的审理活动

最高人民法院对死刑复核案件的审理活动，包括受理死刑复核案件、组成合议庭、审查案卷材料、讯问被告人、听取检察机关和辩护人意见、调查核实证据和召开审判委员会讨论案件等一系列活动。这些活动都是最高人民法院行使死刑核准权的重要组成部分，其中任何一个方面发生问题，都可能影响死刑复核裁判的合法性与正确性。因此，检察机关要依法监督这些活动是否符合法律规定，有无违反法定程序的情况或者审判人员收受贿赂、以权谋私、徇私舞弊、枉法裁判、玩忽职守等渎职行为，从而保证死刑复核全过程的合法性和公正性，维护司法的程序正义。

（二）最高人民法院进行死刑复核后作出的裁判

最高人民法院对死刑案件进行复核后，应根据案件的事实、证据和适用法律的具体情况，依法分别作出核准死刑、不核准死刑的裁定，对于不核准死刑的，最高人民法院可以发回重审或者予以改判。对于这些判决或裁定，最高人民检察院应当依法进行监督。

（三）高级人民法院报请复核的死刑裁判

最高人民法院开展死刑复核的客体是高级人民法院作出的死刑二审判决、裁定和被告人不上诉的死刑一审判决，以及中级人民法院作出的被告人不上诉的死刑一审判决。其中，中级人民法院作出的被告人不上诉的死刑一审判决，需先经高级人民法院复核并作出同意死刑的裁定后，才能报送最高人民法院。在最高人民检察院开展死刑复核进行法律监督的任务中，也包括对上述三类死刑裁判的监督内容。检察机关经审查认为上述死刑裁判确有错误或者存在重大程序违法的，应当及时向最高人民法院提出不予核准的法律监督意见。

六、死刑复核法律监督的主要方式

按照修改后的《刑事诉讼法》第 240 条第 2 款的规定，在复核死刑案件过程中，最高人民检察院可以向最高人民法院提出意见。最高人民法院应当将死刑复核结果通报最高人民检察院。这里需要注意几个方面的问题：第一，在检察机关介入死刑复核的时间段上，刑事诉讼法规定最高人民检察院可以在复核死刑案件过程中提出意见，即最高人民检察院可以对死刑复核程序进行同步监督。第二，监督的主体是最高人民检察院，只能由最高人民检察院向最高人民法院提出意见。第三，这里所说的“提出意见”，既可以是认为生效的死刑裁判确有错误，提出建议不予核准的意见；也可以是认为生效的死刑裁判正确，提出建议核准的意见；还可以是认为死刑复核活动违反法律规定的诉讼程序，提出纠正意见。第四，刑事诉讼法规定，最高人民法院应当将死刑复核结果通报最高人民检察院。死刑复核结果包括裁定核准或者裁定不核准死刑，对于不核准死刑的，最高人民法院可以发回重新审判或者予以改判。对于这些判决或者裁定，检察机关应当依法进行监督。

除了修改后的刑事诉讼法规定的“提出意见”的监督方式以外，根据相关法律的规定，检察机关还可以采取下列方式对死刑复核活动进行监督：

1. 派员列席法院审判委员会会议。最高人民法院在死刑复核中，对于疑难、复杂的案件，在上报主管副院长审核后，要提交审判委员会审理决定。因此，最高人民检察院检察长或者受检察长委托的副检察长应当依法列席最高人民法院审判委员会讨论死刑复核案件的会议，并就案件的事实认定、证据采信、法律适用和是否应当核准死刑等，代表最高人民检察院发表意见。

2. 抗诉。最高人民检察院对各级人民法院已经发生法律效力的判决和裁定，发现确有错误的，有权按照审判监督程序向同级人民法院提出抗诉。这里的“各级人民法院”包括最高人民法院；“已经发生法律效力的判决和裁定”包括死刑复核程序中作出的核准或者不核准死刑的裁定，以及发回重新审判或者最高人民法院改判的判决。

3. 立案侦查职务犯罪。最高人民检察院在开展死刑复核法律监督工作中，接到当事人或者人民群众对审判人员在死刑复核活动中有贪污受贿、徇私舞弊、枉法裁判、玩忽职守等职务犯罪行为的控告、举报，或者发现审判人员职务犯罪的线索的，应当及时进行初查，认为有犯罪事实需要追究刑事责任的，应当报经检察长批准，予以立案侦查，依法追究犯罪嫌疑人的刑事责任。

在修改后的刑事诉讼法颁布实施以后，检察机关应当在刑事诉讼法相关规定的基础上，与审判机关加强沟通协商，进一步探索和规范对死刑复核进行法律监督的范围和程序。

第六节　审判监督程序抗诉

人民检察院认为人民法院已经发生法律效力的判决、裁定确有错误，符合抗诉条件的，应当按照审判监督程序提出抗诉。审判监督程序抗诉是人民检察院对人民法院刑事审判活动进行监督的重要内容之一，是对发生法律效力的裁判结果的监督。

一、审判监督程序抗诉的概念和特点

审判监督程序抗诉，是指最高人民检察院对地方各级人民法院、上级人民检察院对下级人民法院已经发生法律效力的刑事判决或裁定，认为确有错误，向同级人民法院提出的抗诉，也称为再审程序抗诉。

审判监督程序抗诉有以下特点：

1. 监督性。这是刑事抗诉的本质特征。根据宪法、人民检察院组织法等法律的规定，人民检察院是国家的法律监督机关，有权依法对人民法院的审判活动进行诉讼监督。

2. 专门性。人民检察院是履行刑事审判监督的专门机关，其他任何机关、团体和个人都无权行使刑事抗诉职权。这种专门性，是由人民检察院在国家机构体系中作为专门法律监督机关的地位所决定的。

3. 特定性。根据刑事诉讼法的规定，审判监督程序抗诉只能针对人民法院确有错误的生效判决和裁定提出。

4. 程序性。审判监督程序抗诉的法律效力体现为启动再审程序，具有程序性意义，抗诉启动程序所涉及的实体问题需要人民法院进行重新审理后才能解决。

5. 有效性。刑事抗诉具有刚性，对人民法院具有约束力，必然引起人民法院对刑事判决、裁定进行重新审理，是一种有效的监督手段。

二、审判监督程序抗诉的对象

审判监督程序抗诉的对象是已经发生法律效力的刑事判决、裁定，既包括公诉案件的判决、裁定，也包括自诉案件的判决、裁定。发生法律效力的刑事判决、裁定包括：一是已经超过法定上诉、抗诉期限的第一审刑事判决、裁定；二是经第二审终审的刑事判决、裁定；三是最高人民法院所作的刑事判决、裁定；四是经最高人民法院核准死刑的判决；五是经高级人民法院核准判

处死刑缓期二年执行的判决。

三、审判监督程序抗诉的条件

审判监督程序抗诉的条件与第二审程序抗诉的条件基本相同，一是终审判决、裁定确有错误，二是确有抗诉必要。但由于审判监督程序抗诉所针对的是已经发生法律效力的判决、裁定，因此，按照审判监督程序提出抗诉的案件，应当比照第二审程序抗诉案件的标准从严掌握。具体而言，一是对支持抗诉的证据，应当要求得更为严格。二是要充分考虑抗诉的法律效果和社会效果，注意维护刑事裁判的稳定性和刑事抗诉的权威性。三是要充分发挥刑事政策在刑事抗诉工作中的指导作用，包括认真贯彻宽严相济的刑事政策。

修改后的《刑事诉讼法》第 242 条对人民法院应当重新审判的情形作了修改，人民检察院办理审判监督程序抗诉案件，可以比照上述规定进行审查。具体包括以下五种情形：

1. 有新的证据证明原判决、裁定认定的事实确有错误，可能影响定罪量刑的。"新的证据"，是指在人民法院已经生效的判决、裁定作出时尚没有发现的证据。修改后的刑事诉讼法给这一情形增加了"可能影响定罪量刑"的限制，如果发现新的证据证明原审认定犯罪事实与客观事实有出入，但不影响定罪量刑的，不宜提出抗诉，可以通过其他方式予以监督。

2. 据以定罪量刑的证据不确实、不充分、依法应当予以排除，或者证明案件事实的主要证据之间存在矛盾的。"据以定罪量刑的证据"，是指生效判决、裁定使用的决定定性或者量刑的证据。"不确实"，是指原证据经查证是错误的。"不充分"，是指原证据不能证明认定的事实。"依法应当予以排除"是新增加的情形，与修改后的刑事诉讼法关于非法证据排除的规定相呼应，指通过非法方法收集的言词证据和物证、书证，应当依法予以排除，不得作为判决的依据。"证明案件事实的主要证据之间存在矛盾"，是指人民法院采信的主要证据互相矛盾，并且不能合理排除的。

3. 原判决、裁定适用法律确有错误的。"适用法律确有错误"，是指定罪、量刑存在错误，如定性不准、罪数认定错误、适用刑罚畸重畸轻等。

4. 违反法律规定的诉讼程序，可能影响公正审判的。这是新增加的情形，包括审判组织的组成不合法、违反有关回避规定、剥夺或者限制当事人法定诉讼权利、违反审理期限等具体情形。应当注意，人民法院审判活动虽然违反法定诉讼程序，但是未达到严重程度，不足以影响公正审判的，人民检察院不宜提出抗诉。

5. 审判人员在审理该案件的时候，有贪污受贿，徇私舞弊，枉法裁判行为的。这里的“审判人员”，包括人民陪审员在内，也包括参与案件讨论的审判委员会委员等。

四、死刑抗诉案件的证据要求

办理按审判监督程序抗诉的死刑案件，必须有更为严格的证据要求。对于以下事实的证明必须达到证据确实、充分：（1）确有犯罪事实发生；（2）被告人实施了犯罪行为及实施犯罪行为的时间、地点、手段、后果以及其他情节；（3）影响被告人定罪量刑的身份情况；（4）被告人有刑事责任能力；（5）被告人的罪过；（6）是否共同犯罪及被告人在共同犯罪中的地位、作用；（7）对被告人从重处罚的事实。

根据相关规定，对于人民法院判处被告人死刑缓期二年执行的案件，有下列情形之一的，除原判认定事实、适用法律有严重错误或者罪行极其严重、必须判处死刑立即执行的以外，一般不宜按照审判监督程序提出抗诉：一是因被告人有自首、立功等法定从轻、减轻处罚情节而被判处死刑缓期二年执行的；二是因婚姻家庭、邻里纠纷等民间矛盾激化引发的案件，因被害方的过错行为引起的案件，被告人案发后真诚悔罪并积极赔偿被害人经济损失的案件，人民法院根据案件具体情况，判处被告人死刑缓期二年执行的；三是被判处死刑缓期二年执行的罪犯入监劳动改造后，考验期将满，认罪服法，狱中表现较好的；四是定罪的证据确实，但影响量刑的证据尚存有疑点，而判处被告人死刑缓期二年执行的。

五、提出审判监督程序抗诉的主体和时间要求

根据刑事诉讼法的规定，有权对已经发生法律效力的刑事判决、裁定提出抗诉的，只能是原审人民法院的上级人民检察院。也就是说，地方各级人民检察院对同级人民法院的刑事判决、裁定，认为确有错误时，不能按审判监督程序抗诉，只能提请上级人民检察院抗诉。

提请上级检察院按照审判监督程序抗诉的案件，原则上应当自法院作出裁判之日起 2 个月以内作出决定；需要复核主要证据的，可以延长 1 个月。上级检察院审查审判监督程序抗诉案件，原则上应当自收案之日起 1 个半月以内作出决定；需要复核主要证据或者侦查卷宗在 15 册以上的，可以延长 1 个月。最高人民检察院、省级人民检察院认为下级人民法院的刑事判决、裁定确有错误时，可以直接向同级人民法院提出抗诉，也可以指令作出生效判决、裁定的人民法院的上一级人民检察院向同级人民法院提出抗诉。

六、审判监督程序抗诉的审查

审判监督程序抗诉的审查主要包括以下步骤：

（一）审查生效判决书、裁定书

在审判监督程序抗诉案件中，主要通过下列途径发现判决、裁定的错误：其一，收到人民法院生效判决书、裁定书后，人民检察院通过指定专人审查发现错误；其二，根据当事人及其法定代理人、近亲属的申诉，对判决、裁定审查后发现错误；其三，根据社会各界和有关部门转送的材料和反映的意见，对判决、裁定审查后发现错误；其四，在办案质量检查和案件复查等工作中，发现错误的判决、裁定。

如果是生效的一审判决、裁定，审查方法与按照第二审程序抗诉前审查判决书、裁定书的方法相同。如果是经过上诉、抗诉而生效的第二审判决、裁定，一般应将判决书、裁定书与一审判决书、裁定书以及引起二审的抗诉书或上诉状对照起来进行审查。主要审查终审判决、裁定在认定事实、采信证据、适用法律、定罪量刑和诉讼程序等方面是否正确、合法，是否采纳了检察机关正确的抗诉意见和上诉人的合理要求，对无理的上诉是否驳回。在审查过程中，承办案件的检察官应当审阅案卷材料，提讯在押的原审被告人，复核主要证据，了解原审被告人服刑期间的表现和社会各界对原审判决、裁定的反映，必要时针对尚不清楚的事实和情节提取新的证据。

另外，2012 年 1 月 19 日印发的最高人民检察院《关于办理不服人民法院生效刑事裁判申诉案件若干问题的规定》对不服人民法院生效刑事裁判申诉案件规定了有限复查原则，即经两级人民检察院办理且省级人民检察院已经复查的，如果没有新的事实和理由，人民检察院不再立案复查。但原审被告人可能被宣告无罪的除外。

（二）提请抗诉

提请抗诉不是办理审判监督程序抗诉案件的必经程序。凡是本院有权按照审判监督程序提出抗诉的，可以根据下级人民检察院的提请作出抗诉决定，也可以不经提请直接作出抗诉决定。凡是本院不能按照审判监督程序提出抗诉的，应当审查决定是否提请上级人民检察院抗诉。需要由上一级人民检察院按照审判监督程序提出抗诉的案件，承办案件的检察人员完成审查判决书（裁定书）、审阅案卷材料、复核主要证据等工作后，应制作《刑事抗诉案件审查报告》，提出是否提请上一级人民检察院抗诉的意见，经公诉部门负责人审核，报请检察长提交检察委员会讨论决定。经检察委员会决定提请上一级人民检察院抗诉的案件，应当制作《提请抗诉报告书》，连同侦查、检察、审判卷宗一并报送上一级人民检察院审查决定。对终审判处被告人死刑、缓期二年执行的案件，省级人民检察院认为应判处死刑立即执行的，应当在收到终审判决书后1个月内提请最高人民检察院审查。

（三）决定抗诉

最高人民检察院、上级人民检察院在接到《提请抗诉报告书》后，应当及时指定检察人员进行审查。特别是对认为判处死刑缓期二年执行不当，拟要求改判死刑立即执行的案件，应当尽快审查决定是否抗诉。一般地，承办案件的检察人员应当按照下列步骤审查案件：（1）认真细致地阅读《提请抗诉报告书》，熟悉案件的基本情况，重点要了解不同诉讼阶段对案件事实的认定有什么不同，公诉意见、历次判决结论有什么差异，并将判决理由与提请抗诉的理由进行对比，初步分析案件分歧的焦点所在。（2）审阅卷中起诉书、判决书，核对《提请抗诉报告书》所列举的公诉意见、判决结论、判决理由等内容是否存在错误。（3）审查卷中证据材料。在全面审阅的基础上，要重点审查生效判决所认定的案件事实有哪些证据证明，下一级检察院提请抗诉的理由有哪些证据可以作为依据，特别是对认定事实有分歧的，要仔细审查各个分歧意见分别有哪些证据。（4）根据卷中证据情况，提出对案件事实的初步认定意见，注意与生效判决的认定意见有没有不同。（5）列出案件分歧的焦点问题，包括事实认定上的分歧、认定证据上的分歧以及适用法律上的分歧等。（6）分析生效判决是否存在错误，提请抗诉的理由中哪些成立、哪些不成立以及是否存在疏漏，确定不抗诉或者抗诉的意见。（7）根据案件具体情况，应当提讯被告人、复核主要证据或提取新的证据。（8）根据复核证据的情况，进一步提出认定事实、证据和适用法律的意见，分析判决是否确有错误，抗诉的理由是否充分，最后作出抗诉或者不抗诉的结论。

七、提出抗诉

决定抗诉后，应当制作《刑事抗诉书》，向同级人民法院提出抗诉。如果是以有新的证据证明原判决、裁定认定的事实确有错误为由提出抗诉，提出抗诉时应随附新的证据目录、证人名单和主要证据复印件或者照片。

人民检察院按照审判监督程序提出抗诉的案件，接受抗诉的人民法院应当组成合议庭重新审理。经重新审理作出的判决、裁定仍然确有错误时，如果是按照第一审程序审判的，同级人民检察院应当按照第二审程序向上一级人民法院提出抗诉；如果是按照第二审程序审判的，上级人民检察院应当按照审判监督程序向同级人民法院提出抗诉。

八、人民检察院派员出庭

根据刑事诉讼法的规定，人民法院按照审判监督程序重新审理案件，或者依照第一审程序进行，或者依照第二审程序进行。但是再审案件毕竟不同于一审案件和二审案件，由于种种原因，在很多情况下再审案件只能书面审理，或者采用书面审理与个别调查相结合的方式审理，往往不具备开庭审理甚至公开审理的条件。例如，被告人已经死亡等，一般无法开庭审理。所以，再审案件，无论是按一审程序还是按二审程序，如果人民法院不予开庭审理，人民检察院便不能派员出席再审法庭。但是，凡是人民法院开庭审理的再审案件，人民检察院均要派员出席法庭，履行监督职责。

九、不服人民法院生效刑事裁判申诉案件的承办部门

人民检察院办理不服人民法院生效刑事裁判申诉案件的承办部门经历了数次的修改、变化过程。《人民检察院刑事诉讼规则》第407条规定，对人民法院已经发生法律效力的判决、裁定需要提出抗诉的，由控告申诉检察部门报请检察长提交检察委员会讨论决定。人民检察院决定抗诉后，由审查起诉部门出庭支持抗诉。1999年9月21日颁布的最高人民检察院《关于修改〈人民检察院刑事诉讼规则〉第405条和第407条的通知》对《人民检察院刑事诉讼规则》第407条予以修改，规定控告申诉检察部门对于不服法院生效刑事判决、裁定的申诉进行审查，认为需要提出抗诉的，移送本院公诉部门审查，公诉部门认为需要提出抗诉的，报请检察长提交检察委员会讨论决定。检察委员会讨论决定抗诉的，由公诉部门出庭支持抗诉。

近年来，各地对现行不服法院生效刑事裁判申诉案件的复查抗诉程序提出了很多意见，认为现行办案程序在体现各诉讼职能相互监督制约、诉讼环节设计以及诉讼效率等方面存在问题。2009年，高检院将改革和完善不服法院生效刑事裁判申诉案件的办理程序列入了检察改革的项目。高检院对此进行了充分的调研论证，并于2012年1月19日印发了《关于办理不服人民法院生效刑事裁判申诉案件若干问题的规定》（高检发〔2012〕1号），对人民检察院办理不服人民法院生效刑事裁判申诉案件的承办部门再次作了调整。文件规定：当事人及其法定代理人、近亲属认为人民法院已经发生法律效力的刑事判决、裁定确有错误，向人民检察院申诉的，由作出生效判决、裁定的人民法院的同级人民检察院刑事申诉检察部门受理。刑事申诉检察部门对已经发生法律效力的刑事判决或者裁定的申诉案件复查后，认为需要提出抗诉的，报请检察长提交检察委员会讨论决定。检察委员会决定抗诉后，人民法院开庭审理时，由刑

事申诉检察部门出庭支持抗诉。该规定赋予了刑事申诉检察部门向检委会直接提出抗诉意见的权力和派员出庭支持抗诉的权力，优化了办案程序，提高了诉讼效率，并且有利于加强检察机关内部监督制约机制。

第七节　其他审判监督

一、对量刑活动的监督

（一）量刑监督概述

修改后的刑事诉讼法在完善一审程序时增加了关于“量刑”活动的内容，第 193 条第 1 款规定，在法庭审理过程中，对与定罪量刑有关的事实、证据都应当进行调查、辩论。按照该规定，法庭在对被告人决定量刑时，应当听取公诉人、当事人和辩护人、诉讼代理人关于对被告人量刑的意见，对与量刑有关的事实、证据应当进行调查、辩论。这一修改回应了 2009 年以来各级法院进行量刑规范化试点、各级检察机关试点量刑建议的改革举措。

人民法院的量刑是审判活动的重要组成部分，应当接受各方监督，包括人民检察院的监督，使量刑过程公开、公正和透明。人民检察院对人民法院量刑活动的监督包括以下几个方面：第一，人民检察院应当依照法定程序，收集能够证实犯罪嫌疑人、被告人犯罪情节轻重以及其他与量刑有关的各种证据，提交人民法院。包括作为法定量刑情节的主从犯、自首、立功、累犯、中止、预备、未遂、正当防卫的证据，以及作为酌定量刑情节的犯罪动机、认罪态度、悔罪表现、退赃情况、赔偿情况的证据。第二，对于公诉案件，人民检察院可以提出量刑建议，量刑建议书中一般应当载明人民检察院建议对被告人处以刑罚的种类、刑罚幅度、刑罚执行方式及其理由和依据。第三，在法庭辩论阶段，人民检察院可以和被告方围绕量刑问题进行辩论，发表量刑建议，并说明理由和依据。第四，对于量刑明显不当的判决、裁定，人民检察院应当提出抗诉。

（二）提出量刑建议

人民检察院对向人民法院提起公诉的案件，可以提出量刑建议。量刑建议是指人民检察院对提起公诉的被告人，依法就其适用的刑罚种类、幅度及执行方式等向人民法院提出的建议。检察机关对公诉案件提出量刑建议，有利于保障当事人的诉讼权利，有利于强化对量刑裁判的监督制约，促进法院公正量刑。

1. 量刑证据和量刑情节的审查

人民检察院审查案件，要客观全面地审查案件证据，既要注重审查定罪证据，也要注重审查量刑证据；既要注重审查法定量刑情节，也要注重审查酌定量刑情节；既要注重审查从重量刑情节，也要注重审查从轻、减轻、免除处罚量刑情节。在审查案件过程中，还可以要求侦查机关提供法庭审判所需的与量刑有关的各种证据材料。

2. 量刑建议的提出

量刑建议除有减轻处罚情节外，一般应当在法定量刑幅度内提出，不得兼跨两种以上主刑。量刑建议一般应当具有一定的幅度，但对于某些敏感复杂的案件、社会关注度高的案件、涉及国家利益和严重影响局部地区稳定的案件等，也可暂不提出量刑建议，或者仅提出依法从重、从轻、减轻处罚等概括性建议。在法庭审理过程中，公诉人发现拟提出的量刑建议需要作出相应调整的，可以根据授权加以调整；需要报检察长决定调整的，应当依法建议休庭，报检察长决定后再提出。

检察机关以量刑建议书的形式提出量刑建议的，量刑建议书应当与起诉书一并移送人民法院；庭审中调整量刑建议的，可以在庭审后将调整的量刑建议书提交人民法院。

二、检察长列席人民法院审判委员会会议

（一）检察长列席审判委员会会议的法律地位及其作用

根据人民法院组织法的规定，人民检察院检察长可以列席同级人民法院审判委员会会议。为了落实有关司改任务，进一步规范人民检察院检察长列席人民法院审判委员会会议制度，“两高”于2010年1月12日发布了《关于人民检察院检察长列席人民法院审判委员会会议的实施意见》（法发〔2010〕4号）。

检察长列席审判委员会会议是人民检察院依法对人民法院的审判活动实行法律监督的一种重要方式，是中国特色社会主义司法制度的重要体现。审判委员会的任务是总结审判经验，讨论重大的或者疑难的案件和其他有关审判工作的问题。审判委员会属于审判组织，审判委员会会议是一种重要的司法活动和审判活动。检察长列席审判委员会会议对于有效加强对审判活动的法律监督，提高司法工作的质量和效率，维护和促进司法公正，具有重要作用。

（二）检察长列席审判委员会会议的任务

人民检察院检察长列席人民法院审判委员会会议的任务是，对于审判委员

会讨论的案件和其他有关议题发表意见，依法履行法律监督职责。

具体来讲，检察长列席审判委员会会议的主要任务包括：（1）对人民检察院提起公诉或者提出抗诉的案件的事实、证据及法律适用等情况加以说明和阐释，以利于审判委员会全面、客观、公正地作出决定；（2）对相关案件的认定和处理等问题以及与检察工作相关的司法解释和规范性文件草案提出意见和建议，供审判委员会决策参考；（3）对包括审判委员会审议活动在内的人民法院审判活动是否合法实施法律监督。

（三）列席的人员和范围

人民检察院检察长可以列席同级人民法院审判委员会会议。检察长不能列席时，可以委托副检察长列席同级人民法院审判委员会会议。检察长或者检察长委托的副检察长列席审判委员会会议及其在审判委员会会议上的发言，均代表人民检察院而不是其个人。实践中，根据实际需要并经与人民法院沟通，检察长或者检察长委托的副检察长可以带案件承办人等检察人员作为助手列席审判委员会会议。

人民法院审判委员会讨论下列案件或者议题，同级人民检察院检察长可以列席：（1）可能判处被告人无罪的公诉案件；（2）可能判处被告人死刑的案件；（3）人民检察院提出抗诉的案件；（4）与检察工作有关的其他议题。包括司法解释、规范性文件以及人民检察院为赔偿义务机关的刑事赔偿案件等。

（四）列席的程序

1. 告知议题。人民法院院长决定将属于检察长列席范围的案件或者议题提交审判委员会讨论的，人民法院应当通过适当方式告知同级人民检察院。

2. 启动列席。检察长列席审判委员会可以由人民检察院主动提出，也可以由人民法院主动邀请。对于人民法院审判委员会讨论的议题，人民检察院认为有必要的，可以向人民法院提出列席审判委员会会议；人民法院认为有必要的，可以邀请人民检察院检察长列席审判委员会会议。

3. 会前准备。人民检察院检察长决定列席审判委员会会议的，人民法院应当将会议议程、会议时间通知人民检察院，并将会议材料在送审判委员会委员的同时送人民检察院检察长。人民检察院检察长列席审判委员会会议，应当在会前进行充分准备，必要时可就有关问题召开检察委员会会议进行讨论。

4. 会议发言。检察长或者受检察长委托的副检察长列席审判委员会讨论案件的会议，可以在人民法院承办人汇报完毕后、审判委员会委员表决前发表意见。审判委员会会议讨论与检察工作有关的其他议题，检察长或者受检察长委托的副检察长的发言程序适用前述规定。检察长或者受检察长委托的副检察长在审判委员会会议上发表的意见，应当记录在卷。实践中，经列席会议的检察长提出并经会议主持人同意，检察长所带助手可以作补充发言。

5. 送达相关文书。人民检察院检察长列席审判委员会会议讨论的案件，人民法院应当将裁判文书及时送达或者抄送人民检察院。人民检察院检察长列席的审判委员会会议讨论的其他议题，人民法院应当将讨论通过的决定文本及时送给人民检察院。

（五）需要注意的问题

1. 检察长列席审判委员会会议要坚持客观公正的原则。检察长在审判委员会会议发言时，是以法律监督者的身份而不是公诉方的身份，要注意全面客观地反映案件情况，特别是要注意如实介绍被告人的辩解和辩护人的辩护意见以及检察机关和法院意见分歧等情况，做到不偏不倚。

2. 检察长列席审判委员会会议既不能越位也不能消极。检察长是审判委员会的列席者，不是审判委员会成员，不参加审判委员会表决，在发言时也要按规定的顺序进行，而且发言也要注意简洁，同时，还要避免列席会议走形式。要努力通过富有成效的列席活动充分发挥检察机关的法律监督职能。

三、其他监督方式

检察机关要善于综合运用多种监督手段，形成完整的监督体系，增强刑事审判监督工作的全面性和有效性。根据相关法律、司法解释和规范性文件的规定，检察机关还可以采取下列方式对法院的刑事审判活动进行监督：

1. 纠正违法通知书和检察意见函。对人民法院有错误的判决、裁定，尚未达到抗诉条件，或者没有抗诉必要的，可采取发纠正违法通知书或检察意见书的形式进行监督。

2. 口头监督。对审判过程中轻微违反程序，采取口头方式足以纠正的，或者审判活动正在进行当中，但应当及时指出错误的，可以采取口头方式进行监督，但应当将监督情况记录在案。

3. 联席会议。对人民法院刑事审判活动中存在的共性问题，可以通过联席会议提出纠正意见；对检法两家在法律适用上有分歧的问题以及在抗诉程序操作上需要协调一致的问题，也可以通过联席会议进行讨论。

4. 检察建议。人民检察院发现人民法院在司法过程中存在苗头性、倾向性的不规范问题，需要改进的，可以提出检察建议。

5. 提出纠正违法意见或者更换办案人建议。对司法工作人员的渎职行为，尚未构成犯罪的，应当提出纠正违法意见。被调查人继续承办案件将严重影响正在进行的诉讼活动的公正性的，应当建议更换办案人。

6. 追究违法者责任。对审判人员在案件活动中有贪污受贿、徇私舞弊、枉法裁判行为的，移交有关部门追究党纪政纪责任直至刑事责任。

7. 向党委、人大报告或向上级人民法院通报。对人民法院在审判活动中的严重违法行为，经依法监督未及时纠正，或者发现人民法院在审判活动中较严重而又具有普遍性的违法行为，可以向同级党委、人大报告，或者采取通过上级人民检察院向同级人民法院通报的方式进行监督。

第五章　刑罚执行监督

第一节　概　述

刑罚执行监督是法律赋予检察机关的一项重要法律监督职能，是刑事诉讼监督的一个重要组成部分。检察机关充分履行刑罚执行监督职能，有利于国家法律的统一、正确实施，实现全社会的公平与正义；有利于打击严重刑事犯罪，促进社会的和谐与稳定；有利于促进行刑机关文明管理，推进刑事执法水平的提高；有利于促进罪犯的人权保障，维护刑罚对象的合法权益。此次修改刑事诉讼法在完善刑罚执行监督方面作了一些重要修改，检察机关应当密切关注这些新变化，进一步做好刑罚执行监督工作。

一、刑罚执行监督的概念

刑罚执行监督，是指人民检察院对刑罚执行机关执行人民法院已经发生法律效力的刑事判决、裁定的活动是否合法所实行的法律监督。修改后的《刑事诉讼法》第265条规定："人民检察院对执行机关执行刑罚的活动是否合法实行监督。如果发现有违法的情况，应当通知执行机关纠正。"

二、刑罚执行监督的内容

在我国，因人民法院发生法律效力的刑事判决、裁定的具体内容不同，刑罚执行机关、执行的场所也不相同。人民法院负责死刑、罚金刑、没收财产刑等的执行；公安机关负责拘役的执行；社区矫正机构负责社区矫正的执行；有期徒刑、无期徒刑、死刑缓期执行则由监狱执行；看守所负责代为执行余刑3个月以下的有期徒刑。因此，人民检察院对刑罚执行监督的内容也包含了多个方面：

（一）对执行死刑和财产刑判决的监督

1. 对死刑立即执行的临场监督。根据修改后的《刑事诉讼法》第252条的规定，人民法院在交付执行死刑前，应当通知同级人民检察院派员临场监督。检察机关派员临场监督的内容包括：执行死刑立即执行的程序是否合法，手续是否完备；指挥执行的审判人员在交付执行前是否对罪犯验明正身，是否询问有无遗言、信札等，以防止错杀、误杀；有无应当停止执行死刑的情况；死刑的执行方法、场所是否合法；死刑执行后，是否查明罪犯已经死亡；交付执行的人民法院是否通知罪犯家属等。检察人员发现人民法院在执行死刑过程中存在违法行为的，应当及时提出纠正意见。

2. 对死刑缓期执行的监督。根据刑事诉讼法的有关规定，人民检察院对死刑缓期执行监督的主要内容包括：人民法院是否将被判处死刑缓期执行的罪犯交付监狱执行刑罚；对在死刑缓期二年执行的期间又故意犯罪的罪犯，人民法院是否依法核准或者裁定执行死刑；执行机关是否依照法定的条件和程序，按期提出对死刑缓期执行的罪犯减刑的意见；有权裁定减刑的人民法院是否依法裁定减刑等。

3. 对财产刑判决的监督。包括对人民法院执行罚金刑和没收财产刑的监督。

（二）对监管场所执行刑罚的监督

所谓监管场所，包括监狱、未成年犯罪管教所、看守所、拘役所等。对监管场所执行刑罚的监督，主要包括以下内容：

1. 对刑罚交付执行的监督。包括交付执行的刑罚是否是已经发生法律效力的判决、裁定；是否及时将已经发生法律效力的刑事判决、裁定交付执行；交付执行时，法律文书、手续是否齐全；刑罚执行机关是否依法收押罪犯等。

2. 对刑罚变更执行的监督。根据我国刑法、刑事诉讼法的规定，刑罚的变更执行包括减刑、假释、暂予监外执行三种。对减刑、假释、暂予监外执行的监督，包括对这些刑罚变更的活动是否符合法定条件，变更后刑罚措施的执行是否符合法律的规定等。

3. 对刑罚终止执行的监督。根据我国法律的规定，终止刑罚执行有四种情形，即罪犯刑期已满，法院依法决定释放，特赦，被执行刑罚的罪犯已经死亡。人民检察院对刑罚终止执行的监督，包括监督终止执行的情形是否符合法律规定；执行机关是否及时依法释放罪犯并发给释放证明；对执行刑罚中罪犯死亡的处理是否合法等。

4. 对针对服刑罪犯提出的申诉、控告、检举的处理是否合法的监督。我国法律规定罪犯有权就自己的处罚及其有关处理向有关单位提出申诉、控告和检举，同时对如何处理这些问题有明确的规定。人民检察院就是要监督刑罚执行机关是否依法保护了罪犯的上述权利，对罪犯的申诉、控告和检举的处理是否及时、合法等。同时，人民检察院还要依法办理属于自己管辖的申诉、控告和检举等。

5. 对监狱狱政管理和教育改造罪犯的活动进行监督。狱政管理、教育改造活动主要包括监狱的分押分管工作，警戒工作，人民警察戒具和武器的使用情况，罪犯通信、会见、生活、卫生、劳动和教育改造情况。监督的内容不仅包括监狱的狱政管理、教育改造活动是否符合有关法律规定，而且还要检察罪犯合法权益是否得到保障。

（三）对在社会上执行的刑罚活动的监督

对在社会上执行的刑罚活动的监督，是指对人民法院、公安机关、司法行政机关对管制、剥夺政治权利、缓刑、假释和暂予监外执行罪犯的交付执行、监督管理及社区矫正活动是否合法实行法律监督。

三、刑罚执行监督的方式

刑罚执行监督内容的广泛性，决定了刑罚执行监督的方式具有多样性的特点，具体包括口头提出纠正意见、发出纠正违法通知书、提出检察建议、查办职务犯罪等多种方式。检察人员在开展刑罚执行监督中，对于轻微违法问题，应及时提出口头纠正意见，并督促纠正。对于严重违法问题，经本院检察长批准后向监管场所发出《纠正违法通知书》，要求告知纠正结果，并抄报其主管机关。对于发现监管场所存在安全隐患、制度漏洞的，提出检察建议。

查办刑罚执行和监管活动中发生的职务犯罪，是检察机关开展刑罚执行监督工作的重要手段和保障。根据刑法、刑事诉讼法规定和检察机关内部分工，监所检察部门直接办理监管人员体罚、虐待被监管人的案件，私放在押人员的案件，过失致使在押人员脱逃的案件，徇私舞弊办理减刑、假释、暂予监外执行的案件，以及监管民警在刑罚执行和监管活动中实施的其他渎职侵权和贪污贿赂犯罪等。

四、刑罚执行监督的特征

1. 监督过程的承接性。刑罚执行是刑事诉讼的最后阶段，是对侦查、起诉、审判等环节的自然承接，由此决定了刑罚执行监督的承接性。从刑事诉讼监督的过程来看，刑罚执行监督上承刑事立案监督、侦查活动监督和刑事审判监督，与它们共同构成了刑事诉讼监督的基本框架。

2. 监督职能的广泛性。2007 年，最高人民检察院《关于加强和改进监所检察工作的决定》明确监所检察的主要职责是：（1）对监狱、看守所、拘役所执行刑罚和监管活动是否合法实行监督；（2）对人民法院裁定减刑、假释是否合法实行监督；（3）对监狱管理机关、公安机关、人民法院决定暂予监外执行活动是否合法实行监督；（4）对劳动教养机关的执法活动是否合法实行监督；（5）对公安机关、司法行政机关管理监督监外执行罪犯活动是否合法实行监督；（6）对刑罚执行和监管活动中的职务犯罪案件立案侦查，开展职务犯罪预防工作；（7）对罪犯又犯罪案件和劳教人员犯罪案件审查逮捕、审查起诉，对立案、侦查和审判活动是否合法实行监督；（8）受理被监管人及其近亲属、法定代理人的控告、举报和申诉；（9）承办检察长交办的其他事项。由此可知，检察机关不仅对监管场所内执行刑罚的活动进行监督，而且对监外罪犯的管理教育活动进行监督。检察监督的范围，包括刑罚执行主体对罪犯行刑改造的全部活动。

3. 监督方式的多样性。刑罚执行监督的方法，包括一般执行监督方法与特殊执行监督方法。[①] 前者主要有两种形式：一是对轻微违法行为提出口头纠正意见；二是对严重违法行为发出纠正违法通知书。后者包括：（1）死刑临场监督；（2）对罪犯暂予监外执行活动实施监督；（3）对罪犯减刑、假释活动进行监督；（4）对刑罚执行活动中的违法犯罪案件进行办理，包括对司法工作人员的贪污贿赂、渎职侵权等职务犯罪案件进行立案侦查；对被监管人员的犯罪案件，通过办案手段协同有关部门予以打击，维护正常的监管秩序。此外，检察机关还可以根据法律监督的情况和被监督对象的现状，提出完善、改进监管工作的检察建议。

4. 监督形式的特殊性。刑罚执行监督的组织形式主要为派驻检察。派驻检察，指人民检察院为履行刑罚执行监督职责，依法在监管改造场所设置专门的检察机构，保障国家法律在监管改造场所的统一、正确实施。其具体形式有：一是派出检察院，即在大型监狱，或在监狱比较集中的地区设置派出检察院，其具有批准逮捕、提起公诉、接受控告申诉、职务犯罪侦查等多项职能；二是派驻检察室，即在不需要设立派出检察院的监管改造场所设置派驻检察室，承担刑罚执行监督的各项任务；三是派员检察，即由人民检察院的监所检察部门派员到监管改造场所进行监督检查。

5. 监督效能的程序性。刑罚执行监督工作中，检察机关的任务是对刑罚执行活动是否合法进行审查，其本身不是具体的管理部门，不参与具体的管教活动。即刑罚执行监督权对于刑罚执行主体来讲，只是一种程序性的权力，而不是实体处分和惩戒的权力。检察机关不能直接改变刑罚执行的现状，监督效能的实现主要依赖于执行机关的重新作为。即使是查处执行人员职务犯罪案件，其本身仍不能代替执行行为，纠正错误行为仍需要执行机关依职权作出。

---

① 参见龙宗智：《检察制度教程》，法律出版社2002年版，第279页。

第二节 死刑执行临场监督

死刑的执行是一项严肃、重大的司法活动，应当严格按照法律规定的程序进行，以体现国家刑罚的严肃性，实现对犯罪的惩罚和威慑作用。人民检察院依法对执行死刑实行临场监督，有利于保证执行死刑工作依法、准确、文明和规范进行，有利于在死刑的适用上最大限度地做到慎重。修改后的《刑事诉讼法》第 252 条第 1 款规定："人民法院在交付执行死刑前，应当通知同级人民检察院派员临场监督。"

一、死刑临场监督程序的启动

人民检察院的死刑临场监督程序随着同级人民法院的《执行死刑临场监督通知》的送达而启动。在我国，死刑除依法由最高人民法院判决的以外，各高级人民法院和解放军军事法院依法判决和裁定的，应当报请最高人民法院核准，最高人民法院判决和核准的死刑立即执行的判决、裁定，应当由最高人民法院院长签发执行死刑命令，执行死刑命令应当按照统一格式填写，然后由院长签名，并加盖最高人民法院印章，通过高级人民法院交原审人民法院执行。原审人民法院接到执行死刑命令后，应当在 7 日以内交付执行，并在交付执行 3 日前通知同级人民检察院派员临场监督。

二、死刑临场监督的任务、程序

人民检察院在收到《执行死刑临场监督通知》后，应当进行下列工作：

1. 核实执行人民法院是否收到最高人民法院核准死刑的判决或者裁定和最高人民法院院长签发的执行死刑命令；
2. 依法监督执行死刑的场所、方法和执行死刑的程序是否合法；
3. 发现不应当执行死刑情形的，建议执行人民法院停止执行；
4. 执行死刑后，监督检查罪犯是否确已死亡；
5. 发现和通知纠正执行死刑活动中的违法情况；
6. 履行法律、司法解释规定的其他监督任务。

承担临场监督执行死刑工作的人民检察院应当指派本院公诉部门承办该案或者熟悉该案案情的检察人员履行临场监督职责，临场监督人员应进一步熟悉该案案情，做好相关准备工作。但是，对于由监所检察部门审查起诉的案件或者最高人民法院对被判处死刑缓期二年执行的罪犯核准执行死刑的案件，应当指派本院监所检察部门的检察人员履行临场监督职责。必要的时候，检察长应当到执行现场对临场监督工作进行具体指挥。人民检察院派员临场监督的时候，应当配备书记员担任记录，根据需要还应当配备司法警察负责临场监督人员进入和离开执行现场前后的安全保卫工作。人民检察院应当在执行1日前将执行临场监督任务的人员情况通报执行人民法院。

死刑可以在刑场或者指定的羁押场所内执行，死刑采用枪决或者注射等方法执行。采用注射方法执行死刑的，应当在指定的刑场或者羁押场所内执行。采用枪决、注射以外的其他方法执行死刑的，应当事先报请最高人民法院批准。指挥执行的审判人员对罪犯验明正身，讯问有无遗言、信札时，检察人员应当在场监督。审判人员应当核实罪犯姓名、别名、性别、年龄、职业、拘留、逮捕时间等，进一步核实是否确系应当执行的罪犯，防止错杀，讯问罪犯有无遗言、信札应当制作笔录，然后交付执行人员执行死刑。执行死刑完毕，法医验明罪犯是否死亡时，检察人员应当在场监督。检察人员对法医出具的结论有疑问的，应当立即向指挥执行的审判人员提出。在执行死刑过程中，人民检察院临场监督人员根据需要可以进行拍照、摄像，对形成的资料要严格按照保密规定进行保存和管理。执行死刑后，临场监督的检察人员应当在执行人民法院的相关文书上签名确认，同时应当填写死刑临场监督笔录，签名后入卷归档并将最高人民法院的死刑判决、裁定层报最高人民检察院备查。

三、突发情况的处理

人民检察院收到同级人民法院《执行死刑临场监督通知》后，发现有下列情形之一的，应当建议执行人民法院停止执行：

1. 被执行人并非应当执行死刑的罪犯的；
2. 罪犯犯罪时不满18周岁的；
3. 判决或者裁定可能有错误的；
4. 在执行前罪犯检举揭发重大犯罪事实或者有其他重大立功表现，可能需要改判的；
5. 罪犯正在怀孕的。

临场监督的检察人员在执行人员执行死刑前，如果发现可能有错误，应当建议暂停执行，并立即向本院检察长报告。检察长认为暂停执行建议正确的，应当向执行人民法院提出停止执行建议；认为暂停执行建议不当的，应当立即予以撤销。人民检察院建议停止执行死刑的，应当及时制作《停止执行死刑意见书》送达执行人民法院；停止执行死刑的原因消失后，应当制作《撤销停止执行死刑意见通知书》送达执行人民法院。人民检察院建议停止执行死刑的，应当逐级对案件提出意见，报告最高人民检察院。停止执行死刑的原因消失后，人民法院决定对罪犯重新执行死刑时，人民检察院应当核实有无最高人民法院院长再签发的执行死刑命令。人民检察院在死刑临场监督过程中，发现有玩忽职守、滥用职权或者收受贿赂等行为，涉嫌犯罪的，应当依法处理。

另外，《刑法修正案（八）》增加规定："审判的时候已满75周岁的人，不适用死刑，但以特别残忍手段致人死亡的除外。"因此，临场监督的检察人员发现罪犯在审判的时候已满75周岁的，应当注意人民法院对其判处死刑是否符合法律规定的条件，发现可能有错误的，应当建议执行人民法院停止执行。

第三节　对暂予监外执行的监督

暂予监外执行，是指对依照法律规定不宜在监狱或者其他执行机关执行刑罚的罪犯，暂时采用不予关押的方式执行原判刑罚的变通方法。目前，暂予监外执行的提起和审批程序不够规范，一些不符合暂予监外执行条件的罪犯被暂予监外执行，脱离监管，在监外执行期间再次犯罪，给社会治安带来新的不稳定因素。尤其是保外就医在执行中存在的问题较为严重，许多罪犯为了早日离开监狱，千方百计地利用保外就医来达到目的。此次修改刑事诉讼法增加规定了检察机关对暂予监外执行的同步监督制度，有利于加强检察机关对暂予监外执行监督的力度，有效地发挥监督职能。

一、暂予监外执行的条件

按照修改前的刑事诉讼法的规定，符合暂予监外执行条件的罪犯必须是被判处有期徒刑或者拘役的罪犯，并同时符合下列三种情形之一：一是有严重疾病需要保外就医的；二是怀孕或者正在哺乳自己婴儿的妇女；三是生活不能自理，适用暂予监外执行不致危害社会的。同时，对符合上述条件，但是可能有社会危险性的罪犯或者自伤自残的罪犯，不得保外就医。根据司法实践的需要，修改后的《刑事诉讼法》第254条将暂予监外执行的对象扩大到被判处无期徒刑的罪犯中怀孕或者正在哺乳自己婴儿的妇女，从而体现了人道主义原则。

有权决定或者批准暂予监外执行的机关包括交付执行的人民法院，省级以上监狱管理机关和设区的市一级以上公安机关：一是人民法院在判决时发现未被羁押的罪犯符合法律规定的暂予监外执行条件，在判处刑罚的同时，决定暂予监外执行；二是公安机关将罪犯送交执行机关时，执行机关在将罪犯收押前，应当对交付执行的罪犯进行身体检查，对于符合暂予监外执行的罪犯可以暂不收监，由交付执行的人民法院决定暂予监外执行；三是在刑罚执行过程中发现罪犯符合暂予监外执行条件的，由执行机关提出书面材料和意见，报请省级以上监狱管理机关或者设区的市一级以上公安机关批准暂予监外执行。

二、暂予监外执行制度存在的主要问题

过去，暂予监外执行制度存在的主要问题是：第一，1996 年《刑事诉讼法》第 214 条规定，对于被判处有期徒刑或者拘役的罪犯，有下列情形之一的，可以暂予监外执行……但《监狱法》第 25 条规定，对于被判处无期徒刑、有期徒刑在监内服刑罪犯，符合刑事诉讼法规定的监外执行条件的，可以暂予监外执行。对涉及无期徒刑罪犯能否暂予监外执行问题，两部法律之间有矛盾。第二，目前保外就医的主要依据是 1990 年司法部、最高人民检察院、公安部《罪犯保外就医执行办法》和所附的《罪犯保外就医疾病伤残范围》，该办法历时已久，无法解决现在出现的一些新情况。第三，对暂予监外执行的审批采取行政化的审批方式，程序相对封闭，相关各方不能参与其中。检察机关对暂予监外执行的监督是一种“事后监督”，监督时机滞后，监督的效果往往不佳。第四，暂予监外执行的执行机关对罪犯疏于管理，致使罪犯脱管、漏管现象频发，有的暂予监外执行的情形消失后未及时收监。

三、对呈报暂予监外执行活动的监督

修改前的刑事诉讼法关于检察机关对暂予监外执行的监督强调事后监督的原则，导致检察机关要进行有效的监督存在一定的难度：一是知情渠道不畅通，人民检察院不了解执行机关呈报暂予监外执行所依据的事实和理由，难以发现可能存在的问题；二是事后监督导致监督的滞后性，人民检察院收到批准的决定时已时过境迁，罪犯已经不在监管场所内了，监督的及时性和有效性都会受到影响。

为完善检察机关对暂予监外执行的监督机制，修改后的《刑事诉讼法》第 255 条增加规定：“监狱、看守所提出暂予监外执行的书面意见的，应当将书面意见的副本抄送人民检察院。人民检察院可以向决定或者批准机关提出书面意见。”这一修改使得检察机关对暂予监外执行的法律监督实现了“事后监督”到“同步监督”的转变，强化了检察机关对于刑罚执行活动进行监督的职责，有利于执行机关严格执法。

检察机关对监狱、看守所呈报暂予监外执行活动进行监督，主要考察两个

方面：一是从实体方面，考察呈报暂予监外执行罪犯是否符合法律规定的条件；二是从程序方面，考察呈报暂予监外执行的程序是否符合法律和有关规定。

检察机关对监督、看守所呈报暂予监外执行活动进行监督，应当把书面审查与实地调查有机结合。派驻检察人员要认真审查监狱呈报暂予监外执行罪犯的病残鉴定和病历资料，了解罪犯病史，同时向有关人员，比如罪犯同一监区的其他罪犯、管教干警、家属等了解情况，可以通过建立病残罪犯档案等形式全面掌握罪犯的身体状况，提出合理的建议。另外，检察机关还可以通过列席监狱、看守所审核拟呈报罪犯暂予监外执行的会议的方式，履行监督职责。

检察机关发现监狱、看守所在呈报暂予监外执行活动中有下列情形的，应当及时提出纠正意见：（1）呈报保外就医罪犯所患疾病不属于《罪犯保外就医疾病伤残范围》的；（2）呈报保外就医罪犯属于因患严重慢性疾病长期医治无效情形，执行原判刑期未达1/3以上的；（3）呈报保外就医罪犯属于自伤自残的；（4）呈报保外就医罪犯没有省级人民政府指定医院开具的相关证明文件的；（5）对适用暂予监外执行可能有社会危险性的罪犯呈报暂予监外执行的；（6）对罪犯呈报暂予监外执行没有完备的合法手续的；（7）其他违反暂予监外执行规定的。

四、对暂予监外执行决定的监督

按照刑事诉讼法的规定，决定或者批准暂予监外执行的机关应当将暂予监外执行决定抄送人民检察院。人民检察院接到暂予监外执行决定后，应当迅速审查。为了解情况，承办人员可以向罪犯所在单位和有关人员进行调查，可以向有关机关调阅有关资料。经审查认为暂予监外执行不当，应当向批准或者决定暂予监外执行的机关提出纠正意见的，由检察长决定。人民检察院认为暂予监外执行不当的，应当自接到通知之日起1个月内将书面意见送交决定或者批准暂予监外执行的机关。人民检察院向决定或者批准暂予监外执行的机关送交不同意暂予监外执行的书面意见后，应当监督其立即对决定或者批准暂予监外执行的结果进行重新核查，并监督其重新核查的结果是否符合法律规定。对核查不符合法律规定的，应当依法提出纠正意见。

五、对暂予监外执行交付执行和监督管理活动的监督

按照有关规定，人民检察院对人民法院、公安机关、监狱、看守所交付暂予监外执行活动和监督管理暂予监外执行罪犯活动实行法律监督，发现违法违规行为的，应当及时提出纠正意见。人民检察院应当采取定期和不定期、全面

检察和重点检察相结合的方法进行检察。所谓定期检察，是指每半年至少开展一次全面检察。所谓不定期检察，是指根据实际情况的需要，可采取及时检察或重点检察，或联合检查的方法，目的是解决应当解决的重要问题。

人民检察院应当针对检察中发现的问题，区别不同情况，发出纠正违法通知书、检察建议书或者提出口头纠正意见。交付执行机关和执行机关对人民检察院提出的纠正意见、检察建议无异议的，应当在15日内纠正并告知纠正结果；对纠正意见、检察建议有异议的，应当在接到人民检察院纠正意见、检察建议后7日内向人民检察院提出，人民检察院应当复议，并在7日内作出复议决定；对复议结论仍然提出异议的，应当提请上一级人民检察院复核，上一级人民检察院应当在7日内作出复核决定。暂予监外执行罪犯在暂予监外执行期间涉嫌犯罪，公安机关依法应当立案而不立案的，人民检察院应当按照刑事诉讼法的规定进行监督。

为了防止罪犯利用暂予监外执行制度逃避刑罚，修改后的刑事诉讼法明确了暂予监外执行罪犯应当予以收监的三种情形：一是发现不符合暂予监外执行条件的；二是严重违反有关暂予监外执行监督管理规定的；三是暂予监外执行的情形消失后，罪犯刑期未满的。另外，修改后的刑事诉讼法还增加规定：不符合暂予监外执行条件的罪犯通过贿赂等非法手段被暂予监外执行的，在监外执行的期间不计入执行刑期。罪犯在暂予监外执行期间脱逃的，脱逃的期间不计入执行刑期。检察机关应当注意刑事诉讼法的这一新变化，加强对有关机关执行该规定情况的监督。发现有刑事诉讼法规定的情形，暂予监外执行的罪犯应当收监而未及时收监的，或者暂予监外执行的期间不应当计入执行刑期，但执行机关将其计入执行刑期的，应当及时提出纠正意见。

第四节　对社区矫正的监督

修改后的刑事诉讼法增加了社区矫正的相关规定。第258条规定：“对被判处管制、宣告缓刑、假释或者暂予监外执行的罪犯，依法实行社区矫正，由社区矫正机构负责执行。”社区矫正是非监禁刑罚执行方式，是指将符合法定条件的罪犯置于社区内，由专门的国家机关在相关社会团体、民间组织和社会志愿者的协助下，在判决、裁定或决定确定的期限内，矫正其犯罪心理和行为恶习，促使其顺利回归社会的非监禁刑罚执行活动。司法行政机关、人民法院、人民检察院、公安机关应当分工负责、互相配合、互相制约，切实维护社区矫正的统一性、权威性和严肃性。

一、社区矫正制度的建立

管制、缓刑、假释、暂予监外执行是对罪犯采取非监禁的刑罚执行方式。在过去的司法实践中，各地普遍反映，公安机关作为管制、缓刑、假释、暂予监外执行的执行主体，由于其本身承担着繁重的维稳和维护社会治安的职责，又普遍存在警力不足问题，对其所承担的执行职责无暇顾及，再加上我国经济社会情况变化带来的基层管理能力弱化，管制、缓刑、假释、暂予监外执行在实际执行中面临诸多问题需要解决：一是管制刑在实际执行中难以落到实处，往往流于形式，有些地方群众称“管制”为不管制，效果很差，导致司法机关很少适用管制刑，使得我国刑法中这一唯一的非监禁刑种没有充分发挥应有的作用；二是对缓刑、假释、暂予监外执行罪犯的监督考察不力，有些地方缓刑、假释、暂予监外执行罪犯外出打工、经商无人过问，脱管、漏管现象严重，普遍存在无人监督、无人考察等现象，使缓刑、假释、暂予监外执行制度没有发挥应有的积极作用。①

2003 年 7 月 10 日，最高人民法院、最高人民检察院、公安部、司法部联合颁布了《关于开展社区矫正试点工作的通知》，确定自 2003 年起，在北京、上海、天津、江苏、浙江、山东六省（市）开展社区矫正试点工作，后来范围逐步扩大到全国 27 个省（区、市），2009 年起在全国范围内全面试行社区矫正。社区矫正作为非监禁刑罚执行方式，将符合法定条件的罪犯置于社区内，由专门的国家机关在相关社会团体、民间组织和社会志愿者的协助下，进行有针对性的思想教育、心理和行为矫正，促进罪犯形成健康的社会人格，使罪犯最终能够以普通社会成员的身份顺利回归社会，从而减少监禁改造可能带来的消极服从、自信心与进取心丧失以及狱内交叉感染等负面作用的产生，在维护社会和谐稳定、降低刑罚执行成本等方面发挥了重要作用，在完善我国非监禁刑罚执行制度方面作出了有益探索，积累了丰富经验，取得了很好的效果。据统计，截至 2011 年 7 月底，我国社区矫正工作已经覆盖全国 31 个省（区、市）和新疆生产建设兵团，在全国 333 个地（市）、2460 个县（市、区）、32075 个乡镇（街道）开展，分别占全国地（市、州）、县（市、区）、乡镇（街道）建制数的 96%、86%、79%。累计接收社区服刑人员 72.3 万人，矫正人员 33 万人。在矫正期间再犯罪率仅为 0.21%，远远低于在监狱服刑罪犯 8% 左右的再犯罪率。

2011 年 2 月 25 日，第十一届全国人大常委会第十九次会议审议通过的

① 参见黄太云：《〈刑法修正案（八）〉解读》，载《人民检察》2011 年第 6 期。

《刑法修正案（八）》将社区矫正正式写入刑法。2012年1月10日，最高人民法院、最高人民检察院、公安部、司法部联合印发了《社区矫正实施办法》。此次修改刑事诉讼法又对社区矫正的基本程序问题作出了规定。由此，社区矫正制度在我国初步建立起来。

二、各有关部门在社区矫正工作中的职责分工

在党委、政府统一领导下，各有关部门应当进一步明确职责，加强协作，建立社区矫正工作衔接配合的长效机制：司法行政机关负责指导管理、组织实施社区矫正工作，县级司法行政机关社区矫正机构对社区矫正人员进行监督管理和教育帮助，司法所承担社区矫正日常工作；人民法院对符合社区矫正适用条件的被告人、罪犯依法作出判决、裁定或者决定；人民检察院对社区矫正各执法环节依法实行法律监督；公安机关对违反治安管理规定和重新犯罪的社区矫正人员及时依法处理；社会工作者和志愿者在社区矫正机构的组织指导下参与社区矫正工作；有关部门、村（居）民委员会、社区矫正人员所在单位、就读学校、家庭成员或者监护人、保证人等协助社区矫正机构进行社区矫正。

三、检察机关对社区矫正的监督

社区矫正作为一种刑罚执行方式，检察机关对其享有当然的法律监督权。并且，这种监督应该贯穿于社区矫正工作的始终，包括入口的监督、矫正中的监督和出口的监督。最高人民法院、最高人民检察院、公安部、司法部《关于在全国试行社区矫正工作的意见》提出，人民检察院要加强对社区矫正各执法环节的法律监督，发现有违法情况时应及时提出纠正意见或者检察建议，保障社区矫正人员的刑罚正确执行。按照《社区矫正实施办法》的规定，检察机关对社区矫正的监督主要通过以下几个方面的工作来实现：

（一）入口的监督

1. 人民检察院对拟适用社区矫正的被告人、罪犯，需要调查其对所居住社区影响的，可以委托县级司法行政机关进行调查评估。

2. 对于适用社区矫正的罪犯，人民法院应当将判决书、裁定书、决定书、执行通知书、假释证明书副本等法律文书抄送其居住地县级人民检察院。

（二）矫正中的监督

1. 以下法律文书应当抄送人民检察院：社区矫正人员经批准变更居住地的，县级司法行政机关应当将有关法律文书抄送现居住地及新居住地县级人民检察院；缓刑、假释、暂予监外执行的社区矫正人员违反有关法律、行政法规

和监督管理规定，司法行政机关提出的撤销缓刑、假释建议书或者收监执行的建议书，以及人民法院作出的裁定书，应当抄送社区矫正人员居住地同级人民检察院；社区矫正人员符合法定减刑条件，司法行政机关提出的减刑建议书，以及人民法院作出的减刑裁定书副本应当抄送社区矫正人员居住地同级人民检察院。

2. 司法行政机关和公安机关、人民检察院、人民法院建立社区矫正人员的信息交换平台，实现社区矫正工作动态数据共享。

（三）出口的监督

1. 社区矫正人员矫正期满，司法所应当组织解除社区矫正宣告，向社区矫正人员发放解除社区矫正证明书，并书面通知决定机关，同时抄送县级人民检察院。

2. 社区矫正人员在社区矫正期间死亡的，县级司法行政机关应当及时书面通知批准、决定机关，并通报县级人民检察院。

通过上述方式，人民检察院实现了对社区矫正活动的全过程参与，同时也保证了做好监督工作的信息来源渠道。在此基础上，人民检察院发现社区矫正执法活动违反相关法律规定的，可以区别情况提出口头纠正意见、制发纠正违法通知书或者检察建议书，交付执行机关。执行机关应当及时纠正、整改，并将有关情况告知人民检察院。同时，在实施社区矫正过程中，司法工作人员有玩忽职守、徇私舞弊、滥用职权等违法违纪行为，构成犯罪的，应当依法追究刑事责任。

另外，《刑法修正案（八）》增加了关于“禁止令”的规定。根据相关规定，对判处管制、宣告缓刑的犯罪分子，人民法院根据犯罪情况，认为从促进犯罪分子教育矫正、有效维护社会秩序的需要出发，确有必要禁止其在管制执行期间、缓刑考验期限内从事特定活动，进入特定区域、场所，接触特定人的，可以同时宣告禁止令。人民检察院在提起公诉时，对可能判处管制、宣告缓刑的被告人可以同时提出适用禁止令的建议。同时，人民检察院对社区矫正机构执行禁止令的活动实行监督。发现有违反法律规定的情况，应当通知社区矫正机构纠正。对于人民法院禁止令确定需经批准才能进入的特定区域或者场所，社区矫正人员确需进入的，应当经县级司法行政机关批准，并告知人民检察院。

第五节　对减刑、假释的监督

根据我国法律规定，减刑是指对于被判处管制、拘役、有期徒刑、无期徒刑的罪犯，在刑罚执行期间确有悔改表现或者立功表现，经过法定程序，而将原判刑罚予以适当减轻的刑罚执行制度。假释是指对于被判处有期徒刑、无期徒刑的罪犯，在执行一定的刑罚期限后，确有悔改表现，释放后不致再危害社会，而附条件地予以提前释放的刑罚执行制度。

对服刑人员予以减刑、假释是刑罚执行中比较容易发生违法问题的诉讼环节。减刑、假释制度运用得好，能极大限度地调动罪犯改造的积极性，有利于服刑人员的教育改造；运用得不好，该减不减，或过度适用，则不利于服刑人员的改造，损害司法公正。此次修改刑事诉讼法增加规定了对减刑、假释的同步监督制度，有利于改革和完善刑罚执行监督制度，充分发挥人民检察院在刑罚执行中的监督作用。

一、减刑、假释的条件

关于减刑的条件，《刑法》第 78 条规定，被判处管制、拘役、有期徒刑、无期徒刑的犯罪分子，在执行期间，如果认真遵守监规，接受教育改造，确有悔改表现的，或者有立功表现的，可以减刑；有下列重大立功表现之一的，应当减刑：（1）阻止他人重大犯罪活动的；（2）检举监狱内外重大犯罪活动，经查证属实的；（3）有发明创造或者重大技术革新的；（4）在日常生产、生活中舍己救人的；（5）在抗御自然灾害或者排除重大事故中，有突出表现的；（6）对国家和社会有其他重大贡献的。减刑以后实际执行的刑期，判处管制、拘役、有期徒刑的，不能少于原判刑期的 1/2；判处无期徒刑的，不能少于 13 年；人民法院依照《刑法》第 50 条第 2 款规定限制减刑的死刑缓期执行的犯罪分子，缓期执行期满后依法减为无期徒刑的，不能少于 25 年，缓期执行期满后依法减为 25 年有期徒刑的，不能少于 20 年。

关于假释的条件，《刑法》第 81 条规定，被判处有期徒刑的犯罪分子，执行原判刑期 1/2 以上，被判处无期徒刑的犯罪分子，实际执行 13 年以上，如果认真遵守监规，接受教育改造，确有悔改表现，没有再犯罪的危险的，可以假释。如果有特殊情况，经最高人民法院核准，可以不受上述执行刑期的限制。对累犯以及因故意杀人、强奸、抢劫、绑架、放火、爆炸、投放危险物质或者有组织的暴力性犯罪被判处 10 年以上有期徒刑、无期徒刑的犯罪分子，不得假释。

二、减刑、假释制度存在的主要问题

过去，减刑、假释制度在执行中存在的主要问题是：第一，减刑、假释的主要依据是罪犯在监管改造中的表现，而刑罚执行机关对罪犯改造中的表现进行考核时，主观随意性过大，不能全面、客观地反映罪犯的改造情况。第二，人民法院对刑罚执行机关提出的减刑、假释建议的审理，采取书面审理方式，审理程序缺乏诉讼特征。第三，人民检察院对减刑、假释的监督主要是事后监督，对减刑、假释中的违法行为发现渠道不畅。

三、对提请减刑、假释活动的监督

按照修改前的刑事诉讼法的规定，由于检察机关无法介入减刑、假释的申报和审批过程，执行机关也不移送有关案卷材料，审查监督就成为无源之水、无本之木。修改后的《刑事诉讼法》第262条第2款规定："被判处管制、拘役、有期徒刑或者无期徒刑的罪犯，在执行期间确有悔改或者立功表现，应当依法予以减刑、假释的时候，由执行机关提出建议书，报请人民法院审核裁定，并将建议书副本抄送人民检察院。人民检察院可以向人民法院提出书面意见。"上述规定体现了人民检察院对减刑、假释活动的同步监督，增加了检察机关对减刑、假释的监督途径，强化了监督职能。

对执行机关提请减刑、假释活动的监督，主要审查三个方面，除了通常的"提请减刑、假释罪犯是否符合法律规定条件"和"提请减刑、假释的程序是否符合法律和有关规定"，即实体和程序方面要合法外，为突出保护罪犯合法权益的理念，还应当审查"对依法应当减刑、假释的罪犯，监狱是否提请减刑、假释"。这主要有两种情况：第一种是罪犯符合《刑法》第78条规定的6种重大立功，应当减刑而监狱没有提请对该罪犯减刑的情况；第二种是在办理减刑过程中出现的个别异常情况。如目前各监狱都在执行《司法部关于计分考核奖罚罪犯的规定》，监狱对罪犯每日、每个阶段的计分考核情况都要进行公示。实践中，有的排名靠后的罪犯已经得到减刑，而排名靠前的罪犯由于种种原因没有被减刑。检察工作中关注的应是这类罪犯的情况，而不是由于比例限制而无法减刑、假释的情况。对这类罪犯的减刑、假释情况，派驻检察人员要对罪犯的表现认真调查，查清监狱不予办理减刑的原因，认为监狱不予办理的理由不成立的，要及时向监狱提出提请减刑、假释的建议。

在减刑、假释检察工作中，要把书面检察和实地调查、全面检察和重点检察有机地结合起来。要从罪犯计分考核原始凭证入手进行审查。在审查罪犯减刑、假释的案卷材料中，要注重对罪犯表扬、奖励和记功情况的审查，要重点审查表扬奖励是否符合相关规定、证据是否充分；奖励的事实是否真实存在，奖励是否有权威机构鉴定，尤其是涉及技术革新方面的奖励，罪犯投票程序是否符合规定等。在书面审查发现问题后，向有关人员，包括罪犯、罪犯家属和干警了解情况；在日常检察活动中，通过与罪犯和干警谈话和沟通情况发现问题，与书面材料进行印证，两种方法结合起来，充分发挥作用。另外，检察机关还可以列席执行机关审核拟提请罪犯减刑、假释的会议，通过这种方式开展监督工作。

检察机关发现执行机关在提请减刑、假释活动中有下列情形的，应当及时提出纠正意见：（1）对没有悔改表现或者立功表现的罪犯，提请减刑的；（2）对没有悔改表现，假释后可能再危害社会的罪犯，提请假释的；（3）对被判处死刑缓期执行的累犯以及因故意杀人、强奸、抢劫、绑架、放火、爆炸、投放危险物质或者有组织的暴力性犯罪被判处死刑缓期执行，人民法院决定对其限制减刑的犯罪分子，提请减刑的；（4）对累犯以及因故意杀人、强奸、抢劫、绑架、放火、爆炸、投放危险物质或者有组织的暴力性犯罪被判处10年以上有期徒刑、无期徒刑的犯罪分子，提请假释的；（5）对依法应当减刑、假释的罪犯没有提请减刑、假释的；（6）提请对罪犯减刑的起始时间、间隔时间和减刑后又假释的间隔时间不符合有关规定的；（7）被提请减刑、假释的罪犯被减刑后实际执行的刑期或者假释考验期不符合有关规定的；（8）提请减刑、假释没有完备的合法手续的；（9）其他违反提请减刑、假释规定的。

在对上述违法情形进行监督时，尤其要注意“提请对罪犯减刑的起始时间、间隔时间和减刑后又假释的间隔时间不符合有关规定的”情形。2012年最高人民法院《关于办理减刑、假释案件具体应用法律若干问题的规定》对罪犯减刑起始时间和间隔时间、罪犯减刑后又假释的间隔时间都有明确的规定。比如，该司法解释中规定：“被判处五年以上有期徒刑的罪犯，一般在执行一年六个月以上方可减刑，两次减刑之间一般应当间隔一年以上。被判处不满五年有期徒刑的罪犯，可以比照上述规定，适当缩短起始和间隔时间。”“罪犯减刑后又假释的间隔时间，一般为一年；对一次减去二年有期徒刑后，决定假释的，间隔时间不能少于二年。”但在实践中有时会突破规定的时间限制。因此，在检察工作中，要注意这个问题，为什么要突破这个规定，是否有充足的理由来突破这个规定，对这些理由都要认真审查。

四、对减刑、假释裁定的监督

长期以来，人民法院审理减刑、假释案件主要采用书面审理方式，这既不利于人民法院科学判断罪犯是否符合条件，也不利于充分保护罪犯的合法权益。对减刑、假释案件依法实行开庭审理，可以避免人民群众对“暗箱操作”的怀疑，也可以使人民法院听取刑罚执行机关、检察机关、罪犯本人以及同监区罪犯等多方面的意见，确保减刑、假释案件的公平公正，增强司法公信力。但是，鉴于目前人民法院普遍存在案多人少的矛盾，要求所有减刑、假释案件一律开庭审理是不切实际的。最高人民法院《关于办理减刑、假释案件具体应用法律若干问题的规定》列举了人民法院应当开庭审理的六类案件：(1) 因罪犯有重大立功表现提请减刑的；(2) 提请减刑的起始时间、间隔时间或者减刑幅度不符合一般规定的；(3) 在社会上有重大影响或社会关注度高的；(4) 公示期间收到投诉意见的；(5) 人民检察院有异议的；(6) 人民法院认为有开庭审理必要的。检察机关对人民法院审理减刑、假释案件的监督也应体现“同步监督”的理念。对人民法院采取听证或者庭审方式审理减刑、假释案件的，同级人民检察院应当派员参加，发表检察意见并对听证或者庭审过程是否合法进行监督。

检察机关对人民法院审理减刑、假释案件的监督还包括对审理结果的监督。按照刑事诉讼法的规定，人民法院的减刑裁定和假释裁定的副本应当抄送人民检察院。人民检察院收到人民法院减刑、假释裁定书副本后，应当及时审查，认为减刑、假释的裁定不当的，应当在收到减刑、假释裁定书副本后20日以内，向人民法院提出书面的纠正意见。这里所谓的减刑、假释的裁定不当，是指减刑、假释的对象不符合减刑、假释的法定条件，减刑、假释的裁定不符合法定的程序，或者减刑的幅度不当等。对人民法院减刑、假释裁定的纠正意见，由作出减刑、假释裁定的人民法院的同级人民检察院书面提出。下级人民检察院发现人民法院减刑、假释裁定不当的，应当立即向作出减刑、假释裁定的人民法院的同级人民检察院报告。

人民检察院的纠正意见必然引起作出裁定的人民法院重新审理。人民法院收到纠正意见后应当重新组成合议庭，原来参加减刑、假释审核裁定的审判人员不能成为合议庭的成员。人民法院重新组成合议庭进行审理，应当对案件进行认真、全面的审查，并在收到人民检察院的纠正意见后1个月以内，作出最终裁定。人民检察院应当监督人民法院是否在收到纠正意见后1个月内重新组成合议庭进行审理。

五、对假释交付执行和监督管理活动的监督

按照有关规定，人民检察院对人民法院、公安机关、监狱、看守所交付假释活动和监督管理假释罪犯活动实行法律监督，发现违法违规行为的，应当及

时提出纠正意见。人民检察院应当采取定期和不定期相结合的方法进行检察，并针对存在的问题，区别不同情况，发出纠正违法通知书、检察建议书或者提出口头纠正意见。交付执行机关和执行机关对人民检察院提出的纠正意见、检察建议无异议的，应当在15日内纠正并告知纠正结果；对纠正意见、检察建议有异议的，应当在接到人民检察院纠正意见、检察建议后7日内向人民检察院提出，人民检察院应当复议，并在7日内作出复议决定；对复议结论仍然提出异议的，应当提请上一级人民检察院复核，上一级人民检察院应当在7日内作出复核决定。假释罪犯在暂假释期间涉嫌犯罪，公安机关依法应当立案而不立案的，人民检察院应当按照刑事诉讼法的规定进行监督。

第六章 检察机关直接立案侦查案件的监督

第一节 概 述

职务犯罪侦查工作是检察机关的重要职责，是我国反腐败斗争的重要组成部分，党的十七大提出“建立健全决策权、执行权、监督权既相互制约又相互协调的权力结构和运行机制”。2004年以来，强化检察机关自身办案活动的监督一直是深化检察改革的重点之一，最高人民检察院也推出了一系列强化职务犯罪侦查权行使监督制约机制的改革措施。2012年修改后的刑事诉讼法中，体现了强化权力制约与监督的精神。本章所指的“职务犯罪侦查权的监督”，主要强调检察机关办理直接立案侦查案件的执法规范建设，这里的“监督”属于狭义的“监督”，指的是通过建立内外监督制约机制，加强对自侦案件执法活动的监督。

一、加强对职务犯罪侦查权监督的必要性

（一）由我国职务犯罪侦查工作的现状所决定

近年来，最高人民检察院一直强调地方各级检察机关在职务犯罪侦查工作中要牢固树立法治意识，坚持依法办案、规范执法和文明执法，并突出强调规范侦查工作和加强队伍建设，先后制定了《人民检察院刑事诉讼规则》、《关于检察机关反贪污贿赂工作若干问题的决定》、《关于加强渎职侵权检察工作的决定》和《检察机关职务犯罪侦查部门办案质量考评办法》等规范性文件，对职务犯罪侦查工作包括侦查程序进行了规范，还先后召开了全国检察机关职务犯罪侦查工作会议，统一了全国检察机关职务犯罪侦查工作的指导思想和与之相关的一些理论与实践问题，有力地推进了职务犯罪侦查制度和机制的改革创新。与此同时，又从制度上制定了“九条硬性规定”、“六个必须”等一系列办案纪律规范，开展了清理久侦不结案件、质量大检查等专项活动，以及集中教育整顿、执法思想大讨论、“三讲”教育学习、执法作风大检查等规范执

法、严格执法的教育活动，在逐步强化"以质量为核心"的侦查观念，进一步提高办案质量的同时，加强了对办案人员八小时以外的监督管理，着重解决办案人员中存在的特权思想、霸道作风和执法犯法、违法办案等突出问题，侦查业务建设和队伍建设取得了明显成效。但是尽管如此，各地检察机关对职务犯罪侦查工作的开展仍很不平衡。一些检察机关由于研究不够深入，认识不够到位，仍然没有正确处理好打击、惩治、预防职务犯罪活动与改革发展稳定之间、与改善投资环境和搞活经济之间、与社会和谐协调发展之间的相互关系，在侦查工作中仍然存在片面性和执法不统一、不规范等现象，在立案、撤案、不起诉等方面的执法标准不统一，没有形成侦查合力，查办案件工作缺乏力度，甚至造成执法中的一些混乱。上级检察机关对侦查实践中存在的这些问题，没有建立起有效的信息互通和工作调控机制，以致掌握不及时、不全面，监督纠正不得力。所有这些因素的存在，不仅在一定程度上影响了职务犯罪侦查工作的力度，而且还影响到法律监督的整体力度和社会公信力。

（二）有利于提高办案质量

强化职务犯罪侦查监督机制，能够督促办案人员正确行使职权，严格依法办案，一方面客观公正地收集证据，既收集对犯罪嫌疑人有罪、罪重的证据，也收集对犯罪嫌疑人无罪、罪轻的证据，防止刑讯逼供、指供、诱供，防止冤假错案的发生。另一方面也有利于督促办案人员准确认定案件事实，区分罪与非罪、罪重与罪轻、此罪与彼罪，防止有案不查或压案不办，该立案的不立案，不该立案的而立案等违法现象的发生，使案件得到正确的处理，保障实体公正的实现。

（三）符合增强执法公信力的需要

在现行体制下，由于职务犯罪案件的立案、侦查、逮捕、起诉均由同一个检察院办理，权力较为集中，影响检察机关执法的公正性和公信力，也容易引发人民群众对办案结果的质疑。加强对职务犯罪侦查权的监督机制建设，有助于防止检察机关的权力过分集中，增加了职务犯罪侦查权行使的规范性和透明度，体现了检察机关对人民群众的新要求、新期盼的积极回应，对于提高检察机关的执法公正性和公信力，具有积极的意义。

（四）有利于保障犯罪嫌疑人的合法权益

在刑事诉讼中，由于犯罪嫌疑人所处的特殊地位，其合法权益和正当的诉讼权利最容易受到侵犯。坚持惩罚犯罪与保障人权并重，既注重及时、准确地惩罚犯罪，维护公民、社会和国家利益，又注意对刑事诉讼参与人包括犯罪嫌疑人、被告人合法权利的保护是司法改革的指导思想，也是修改后的刑事诉讼法的重要理念之一。通过强化我国职务犯罪的内部制约和外部监督机制，保障侦查程序法治化，防止强制措施和侦查手段的不当运用而侵犯公民的人身权利和财产权利，加强对监督者自身的监督，促进职务犯罪侦查监督机制向规范、高效、有力的方向发展，有利于保障犯罪嫌疑人的合法权益和正当的诉讼权利。

二、对职务犯罪侦查权进行监督的主要内容

按照不同的划分标准，对职务犯罪侦查权进行监督包含着不同的内容：从职务犯罪侦查的环节来看，包括对立案、强制措施、侦查措施、侦查终结的监督。从监督主体来看，可以划分为内部监督制约机制和外部监督制约机制。内部监督制约机制是指围绕职务犯罪侦查权的有效行使，以加强职务犯罪追诉各个环节的诉讼体制内的制约职能为制约手段，实现职务犯罪侦查依法有序进行做的设计和制度配置。从现行法律框架和司法改革的成果来看，内部监督机制主要包括内部职能分工负责、立案环节制约制度、侦查强制措施的制约、审查起诉制约、规范自侦案件办案程序、上级院对下级院执法办案活动监督制度、执法活动监督制度。外部监督制约制度主要包括全面推行人民监督员制度和深化检务公开制度。

三、修改后的刑事诉讼法对职务犯罪侦查规范化提出的要求

（一）修改后的刑事诉讼法涉及职务犯罪侦查的内容概述

本次刑事诉讼法的修改直接涉及职务犯罪侦查权行使的条款有20个，包括非法证据排除、强制措施适用、技术性侦查手段、查封扣押冻结款物等多方面的内容。这些修改针对1996年刑事诉讼法实施以来没有解决和难以解决的问题，进行了集中解决，比如规定了检察机关技术侦查措施的使用权，等等；同时吸收和巩固了司法改革的成果，使之上升为法律制度，比如同步录音录像制度。总体来说，本次修改在为检察机关提供更为有利条件的同时，也对职务犯罪侦查工作作出了更为严格的规范性制约，使得侦查工作的难度增加。

1. 完善逮捕以外其他强制措施的规定，建立更加科学的强制措施体系。一是为了使法律规定更加符合司法实际，防止规避法律、不规范执法甚至违法现象的发生，修改后的刑事诉讼法适当延长了拘传时间。第117条规定“传唤、拘传持续的时间不得超过十二小时；案情特别重大、复杂，需要采取拘留、逮捕措施的，传唤、拘传持续的时间不得超过二十四小时”。二是增强了监视居住的可操作性，切实发挥其既有利于减少羁押，又能确保诉讼顺利进行的作用。修改后的《刑事诉讼法》第73条第1款增加规定了对于特别重大贿赂犯罪，监视居住在住处执行可能有碍侦查的，经上一级人民检察院或者公安

机关批准，可以在指定的居所执行；第72条修改了监视居住的适用条件，使其与取保候审有所区别，并比取保候审更为严格；同时，鉴于现代通信手段发达，为防止被监视居住人串供等妨碍诉讼行为的发生，修改后的《刑事诉讼法》第76条规定："执行机关对被监视居住的犯罪嫌疑人、被告人，可以采取电子监控、不定期检查等监视方法对其遵守监视居住规定的情况进行监督；在侦查期间，可以对被监视居住的犯罪嫌疑人的通信进行监控。"

2. 完善检察机关的侦查手段，明确检察机关可以使用技术侦查措施。如修改后的《刑事诉讼法》第148条第2款规定："人民检察院在立案后，对于重大的贪污、贿赂犯罪案件以及利用职权实施的严重侵犯公民人身权利的重大犯罪案件，根据侦查犯罪的需要，经过严格的批准手续，可以采取技术侦查措施，按照规定交有关机关执行。"同时在第149条、第150条分别对技术侦查措施的适用范围、适用对象、期限、取得证据的用途和执行机关等方面进行了规定。

3. 增加了不得强迫自证其罪的规定。修改后的《刑事诉讼法》第50条规定，"严禁刑讯逼供和以威胁、引诱、欺骗以及其他非法方法收集证据，不得强迫任何人证实自己有罪"。这意味着检察机关不能强迫犯罪嫌疑人提供不利于他自己的证据，也就要求侦查人员独立收集证据，不能过于依赖犯罪嫌疑人的配合，对我国检察机关侦查人员长期依赖口供的习惯是个挑战。

4. 完善了辩护制度，提前了律师介入侦查的时间。修改后的《刑事诉讼法》第33条第1款规定："犯罪嫌疑人自被侦查机关第一次讯问或者采取强制措施之日起，有权委托辩护人。"第36条规定："辩护律师在侦查期间可以为犯罪嫌疑人提供法律帮助；代理申诉、控告；申请变更强制措施；向侦查机关了解犯罪嫌疑人涉嫌的罪名和案件有关情况，提出意见。"同时，根据修改后的《刑事诉讼法》第37条，除危害国家安全犯罪案件、恐怖活动案件、特别重大贿赂犯罪案件以外，在侦查期间，辩护律师持"三证"即可会见在押的犯罪嫌疑人，无须其他任何批准，并且看守所应当及时安排会见，至迟不得超过48小时，且会见时不被监听。上述规定从立法上解决了律师"会见难"的问题。辩护权的扩张和律师在侦查阶段的介入，是强化人权保障的体现。但是从另一个方面来看，律师介入侦查后，依法为犯罪嫌疑人分析其所交代事实的法律性质和后果，犯罪嫌疑人因畏罪而产生动摇心理是正常的，因而更容易使犯罪嫌疑人的供述不稳定；如果律师违背职业操守，甚至违纪违法，给犯罪嫌疑人进行"指点"或者"暗示"，势必强化犯罪嫌疑人的侥幸心理，翻供、拒供的可能性进一步加大。因此，职务犯罪侦查部门面临着更大的讯问破案压力，窝案、串案的办理难度也大大提高。

5. 进一步完善了证据制度。一是增加了证据种类。修改后的刑事诉讼法吸收了《办理死刑案件证据规定》和《非法证据排除规定》[①] 的有关要求，第 48 条将“电子数据”、“辨认、侦查实验等笔录”都列入了“可以用于证明案件事实的材料”，同时对书证和物证进行了区分；第 52 条明确了“行政机关在行政执法和查办案件过程中收集的物证、书证、视听资料、电子数据等证据材料，在刑事诉讼中可以作为证据使用”，这些规定使得检察机关取证工作的证据来源得以扩大，但如何有效、规范地获取证据，是职务犯罪侦查工作面临的新任务。二是确立了非法证据排除制度。修改后的《刑事诉讼法》第 54 条第 1 款规定：“采用刑讯逼供等非法方法收集的犯罪嫌疑人、被告人供述和采用暴力、威胁等非法方法收集的证人证言、被害人陈述，应当予以排除。收集物证、书证不符合法定程序，可能严重影响司法公正的，应当予以补正或者作出合理解释；不能补正或者作出合理解释的，对该证据应当予以排除。”第 2 款规定：“在侦查、审查起诉、审判时发现有应当排除的证据的，应当依法予以排除，不得作为起诉意见、起诉决定和判决的依据。”三是明确了证明标准。1996 年刑事诉讼法对侦查终结、提起公诉和作出有罪判决均规定了“案件事实清楚，证据确实、充分”的证明标准。为准确适用这一标准，修改后的《刑事诉讼法》第 53 条第 2 款明确了“证据确实、充分”的条件，即：(1) 定罪量刑的事实都有证据证明；(2) 据以定案的证据均经法定程序查证属实；(3) 综合全案证据，对所认定事实已排除合理怀疑。这种证明标准的充实、完善，也对检察机关查办职务犯罪案件侦查终结时的证据质量提出了新的要求。四是增加了侦查人员出庭说明情况的规定，修改后的《刑事诉讼法》第 57 条规定：“在对证据收集的合法性进行法庭调查的过程中，人民检察院应当对证据收集的合法性加以证明。现有证据材料不能证明证据收集的合法性的，人民检察院可以提请人民法院通知有关侦查人员或者其他人员出庭说明情况；人民法院可以通知有关侦查人员或者其他人员出庭说明情况。有关侦查人员或者其他人员也可以要求出庭说明情况。经人民法院通知，有关人员应当出庭。”侦查人员出庭说明情况主要针对程序性事实的证实，特别是证明取证程序是否合法，常常成为辩方要求侦查人员出庭说明的初衷。此时，侦查人员作为控方证人，就要在这方面接受控辩双方的询问，多角度地向法庭阐述收集证

---

① 即最高人民法院、最高人民检察院、公安部、国家安全部、司法部联合发布的《关于办理死刑案件审查判断证据若干问题的规定》（法发〔2010〕20 号）、《关于办理刑事案件排除非法证据若干问题的规定》（法发〔2010〕20 号），以下简称《办理死刑案件证据规定》和《非法证据排除规定》。

据的全过程。因此，侦查人员出庭说明情况应具备相当稳定的心理素质与较强的应对能力。

6. 强化检察机关对人身和财产的强制性侦查措施的监督，赋予当事人、辩护人、诉讼代理人和利害关系人认为司法机关及其工作人员不依法采取侦查措施的申诉控告权和相关程序。如修改后的《刑事诉讼法》第115条规定："当事人和辩护人、诉讼代理人、利害关系人对于司法机关及其工作人员有下列行为之一的，有权向该机关申诉或者控告：（一）采取强制措施法定期限届满，不予以释放、解除或者变更的；（二）应当退还取保候审保证金不退还的；（三）对与案件无关的财物采取查封、扣押、冻结措施的；（四）应当解除查封、扣押、冻结不解除的；（五）贪污、挪用、私分、调换、违反规定使用查封、扣押、冻结的财物的。受理申诉或者控告的机关应当及时处理。对处理不服的，可以向同级人民检察院申诉；人民检察院直接受理的案件，可以向上一级人民检察院申诉。人民检察院对申诉应当及时进行审查，情况属实的，通知有关机关予以纠正。"

7. 明确规定了同步录音录像制度。修改后的《刑事诉讼法》第121条规定："侦查人员在讯问犯罪嫌疑人的时候，可以对讯问过程进行录音或者录像；对于可能判处无期徒刑、死刑的案件或者其他重大犯罪案件，应当对讯问过程进行录音或者录像。录音或者录像应当全程进行，保持完整性。"结合之前《办理死刑案件证据规定》、《非法证据排除规定》和《人民检察院讯问职务犯罪嫌疑人实行全程同步录音录像的规定（试行）》（高检办发〔2006〕30号）的有关要求，讯问的过程应当进行全程同步录音录像。庭审中经法庭提出要求，公诉部门应当当庭出示、播放同步录音录像资料，修改后的刑事诉讼法在这方面给予了法律上的肯定。同步录音录像的全面推行，有利于日后当事人提出供述系刑讯逼供时，通过录音录像查明事实、消除争议，也对侦查人员讯问工作的规范化提出了更高要求。

8. 延长了自侦案件的审查批捕时间。修改后的《刑事诉讼法》第165条规定："人民检察院对直接受理的案件中被拘留的人，认为需要逮捕的，应当在十四日以内作出决定。在特殊情况下，决定逮捕的时间可以延长一日至三日。对不需要逮捕的，应当立即释放；对需要继续侦查，并且符合取保候审、监视居住条件的，依法取保候审或者监视居住。"

（二）修改后的刑事诉讼法对职务犯罪侦查规范化提出的新要求

修改后的刑事诉讼法关于职务犯罪侦查方面的上述修改，在对职务犯罪侦查权的行使带来深刻影响的同时，也对规范职务犯罪侦查工作提出了新的要求，具体说来，检察机关在行使职务犯罪侦查权时应当注重做好以下几个方面的工作：

1. 树立打击犯罪与保障人权相统一的观念。打击犯罪本身是对广大人民合法权益的保护，同时，在打击犯罪的过程中还要依法保护诉讼参与人包括犯罪嫌疑人的合法权益，如果不能有效地保护甚至侵犯后一种人员的合法权益，那么这些人员及他们的关系网络辐射所及的人员累计相加的结果就绝不是少数，这样，以保护广大人民群众合法权益为出发点的侦查工作就会违反初衷，造成损害一批人合法权益的后果。因此，必须牢固树立惩罚犯罪和保障人权双重价值的刑事诉讼价值观，强化权利制衡新理念，自觉接受修改后的刑事诉讼法对职务犯罪侦查权的各项制约，将维护犯罪嫌疑人合法权益作为职务犯罪侦查工作开展的积极推动力，从思想观念上适应修改后的刑事诉讼法强调打击犯罪与保障人权并重对职务犯罪侦查权的监督制衡。

2. 革新传统侦查模式，实现“由证到供”的转变。长期以来，传统的侦查思路把讯问犯罪嫌疑人、获取口供作为侦查的重心，侦查的模式是“由供到证”。随着修改后的刑事诉讼法的实施，必须将侦查重心前移，从迷信口供、围绕口供收集其他证据的传统方式中解脱出来，坚决地树立证据观念，以证据确立事实，以证据认定犯罪，前移侦查重心，强化初查工作，更加注重侦查办案的证据性、合法性、规范性和技巧性，特别是在提高证据的收集、固定、拓展和分析运用上狠下工夫，以有效的初查夯实决策和侦查运作的基础，实现由人到事的“以供求证”模式向由事到人的“以证求供”模式的转变。

3. 客观全面收集证据。这既是修改后的刑事诉讼法的必然要求，也是长期司法实践正反两方面经验教训的科学总结。所谓“客观”，就是一切从案件的实际出发，尊重客观事实，实事求是，按照案件本来面目开展侦查活动，客观收集各种证据。在处理案件时必须以查证的案件事实为根据，忠于事实真相，切忌先入为主，凭主观愿望和主观臆断取舍证据。所谓“全面”，就是在侦查中要全面反映案情，不能仅凭某一情节或部分案件材料下结论、作处理，客观全面反映案件本来面目，防止冤假错案发生。具体要做到：一是在侦查活动中凡是对定案有意义的证据材料，都必须收集调取；二是要全面收集调取有罪、无罪、罪重和罪轻的证据；三是在处理案件时要认真审查核实收集调取的每一个证据，科学分析各证据间的有机联系，去粗取精，去伪存真，切实防止浅尝辄止。

4. 严格依法适用强制措施与侦查手段。修改后的刑事诉讼法明确了检察机关可以适用技术侦查措施；规定拘传时间一般为 12 小时并将案情特别重大复杂案件的拘传时间可延长到 24 小时；进一步完善了监视居住措施，规定了取保候审、监视居住的不同适用条件、对特别重大贿赂犯罪在住处执行监视居住可能有碍侦查的，经上一级人民检察院批准可以在指定的居所执行，等等，这些修改立足于职务犯罪侦查工作的实际需要，对侦查工作能够起到有力的保障和促进作用，但在适用强制措施和技术侦查手段时，必须要严格依照法律规定的条件和程序，绝不允许违法变通，越权行事，并且要注意采用强制措施的种类、强制的力度必须与犯罪嫌疑人涉嫌罪行的轻重程度及妨碍侦查活动顺利进行的可能性大小相适应。

5. 全面贯彻宽严相济刑事政策。坚持该严则严、当宽则宽、宽严有度，正确区分罪与非罪、罪与错的界限，正确处理法律与政策的关系，正确处理办案数量、质量、效率、效果的辩证关系，不断改进办案方式，慎用逮捕、扣押等强制性措施，做到打击犯罪者、保护无辜者、支持改革者、教育和挽救失足者，更好地尊重和保护人权。

6. 坚持自觉接受监督，强化自身监督。从权力必须接受监督的原理讲，任何一项权力缺乏监督制约，都必然产生腐败。职务犯罪侦查权作为检察权行使的重要组成部分，如果缺少相应的监督制约机制，同样会出现侦查权滥用甚至腐败现象。多年来司法改革的实践表明，检察机关只有首先正己，才能确保运用法律监督武器维护法制的统一正确实施。目前，检察机关职务犯罪侦查工作面临的执法形势和条件已经发生深刻变化，尤其是修改后的刑事诉讼法的颁布实施，实践要求检察机关必须从根本上加强对自身执法活动的监督制约。要坚持把自觉接受监督、强化自身监督放在与强化侦查职能同等重要的位置，牢固树立理性、平和、文明、规范的执法理念，高度重视外部监督，实行人民监督员制度，自觉接受权力机关的监督、社会各界和人民群众包括媒体舆论的监督，夯实侦查权正确行使，确保执法公信力的基础；不断强化内部制约，积极推行立案报备、撤案报批、审查决定逮捕上提一级、讯问全程录音录像、严格执行有关查封、扣押、冻结款物规范等各项内部监督制度，规范职务犯罪侦查权的行使。

本章将立足于检察机关自侦执法活动的监督制约，从修改后的刑事诉讼法中选取了对检察机关职务犯罪侦查权的规范行使提出明确要求的条文进行分析，并结合近年来司法改革成果，分别从内部监督机制与外部监督机制两个方面入手对检察机关办理直接立案侦查案件的监督予以解读。

第二节 职务犯罪侦查工作的内部监督机制

一、内部职能分工负责机制

从权力的来源讲，检察权是宪法和法律赋予检察机关整体的权力，不是赋予检察机关某个内设部门的。各个内设机构只是承担法律监督整体职能（如职务犯罪侦查、诉讼监督等）中的某一项职责。这就要求检察机关的各个内设机构既要认真按照职能分工的要求依法履行好自身的职责，又要树立全局观念，将监督意识、审查意识与侦查意识有机结合起来，增强整体的法律监督意识，形成法律监督的合力。从具体权能的配置讲，检察权虽是检察机关整体的权力，但在权力运行过程中进行合理分工和制约是必要的。20 世纪 80 年代末期以来，检察机关改变了过去检察机关对贪污贿赂案件侦查、批捕、起诉均由一个部门办理的所谓“一竿子”办到底的传统做法，改革为在检察机关内部严格划分反贪污贿赂部门、反渎职侵权检察部门等侦查部门与侦查监督部门、公诉部门的职能，使检察机关的办案程序形成了侦查工作与审查批捕工作、审查起诉工作相互制约的格局。为了防止职务犯罪侦查职权集中行使而缺乏必要的监督，最高人民检察院根据权力分工制衡的原理，在总结以往经验的基础上，于1998 年 10 月制定了《关于完善人民检察院侦查工作内部制约机制的若干规定》，并于2004 年对该规定进行了完善，实现了举报工作与侦查工作的职能划分，形成了多层次制约的机制，在保证法律正确实施方面发挥了积极的作用。

《人民检察院刑事诉讼规则》第 5 条规定：“人民检察院按照法律规定设置内部机构，在刑事诉讼中实行侦查、审查逮捕、审查起诉等业务分工，各司其职，互相制约，保证办案质量。”根据本条规定，2004 年修订的最高人民检察院《关于人民检察院办理直接立案侦查案件实行内部制约的若干规定》（高检发〔2004〕12 号）从两个方面对直接立案侦查案件的办案工作进行了分工制约：一是实行检察机关各内设业务部门的职能分工，即人民检察院对贪污贿赂、渎职侵权等职务犯罪的查处工作，在不同阶段，由不同内设机构承办，互相制约。即举报中心负责人民检察院直接受理立案侦查的贪污贿赂、渎职侵权犯罪案件的举报线索的受理、管理工作；反贪污贿赂部门、反渎职侵权部门负责贪污贿赂、渎职侵权犯罪案件的侦查工作；侦查监督部门负责贪污贿赂、渎职犯罪案件的审查决定逮捕工作；侦查监督部门负责贪污贿赂、渎职侵权犯罪案件的审查起诉工作；刑事申诉检察部门负责贪污贿赂、渎职犯罪案件的申诉复查工作。侦查权与审查决定权分离，凡侦查工作中需要对犯罪嫌疑人作出程序性处理决定的，都要由侦查部门以外的其他部门进行审查。二是实行检察长分管业务分离制度。明确规定分管侦查工作的检察长不得同时分管侦查监督和公诉工作，以防止在分管工作中淡化相互制约。

2009年出台的最高人民检察院《关于完善抗诉工作与职务犯罪侦查工作内部监督制约机制的规定》（高检发〔2009〕19号），进一步完善了抗诉部门与职务犯罪侦查工作部门之间的制约机制：一是人民检察院的抗诉职权与职务犯罪侦查权职权分别由不同的业务部门行使，规定人民检察院负责抗诉工作的部门在办案过程中发现职务犯罪线索的，应当对案件线索逐件登记、审查，经检察长批准，及时移送职务犯罪侦查部门办理，并向举报中心通报。职务犯罪侦查部门应当对有关部门移送的案件线索及时依照规定立案侦查。二是要求职务犯罪侦查部门应当在收到案件线索后1个月以内将审查结果书面反馈移送线索部门。移送线索的部门认为职务犯罪侦查部门应当立案侦查而未立案侦查的，应当报经分管检察长同意，建议职务犯罪侦查部门报请立案侦查，必要时，提请检察长决定。三是抗诉工作的部门与职务犯罪侦查部门应当加强相互配合与协助。职务犯罪侦查部门对负责抗诉工作的部门移送的案件线索决定立案侦查或者不予立案的，应当在立案决定、不立案决定、侦查终结处理决定作出后10日内书面反馈移送线索的部门。职务犯罪侦查部门在办案工作中发现司法工作人员有贪污受贿、徇私舞弊、枉法裁判等违法行为，可能导致原判决、裁定错误的，应当经检察长批准，及时通报负责抗诉工作的部门。负责抗诉工作的部门应当在抗诉、提请抗诉、不抗诉决定作出后10日内书面反馈职务犯罪侦查部门。

二、对立案环节的监督

刑事诉讼法赋予人民检察院刑事诉讼立案监督权，但对人民检察院直接受理案件的立案监督未明确规定，① 为确保检察权的正确行使，在人民检察院内部加强对直接受理案件的立案监督是十分必要的。人民检察院对直接受理案件

① 参见修改后的《刑事诉讼法》第111条：“人民检察院认为公安机关对应当立案侦查的案件而不立案侦查的，或者被害人认为公安机关对应当立案侦查的案件而不立案侦查，向人民检察院提出的，人民检察院应当要求公安机关说明不立案的理由。人民检察院认为公安机关不立案理由不能成立的，应当通知公安机关立案，公安机关接到通知后应当立案。”

立案环节的监督主要体现在对直接受理侦查案件的线索管理，立案侦查与立案监督职能分属举报中心、侦查部门和侦查监督部门，并相互制约。具体说来，包括：

（一）举报中心统一受理、管理人民检察院直接受理侦查的犯罪案件线索

根据《人民检察院刑事诉讼规则》第121条和《关于人民检察院办理直接受理立案侦查案件实行内部制约的若干规定》第3条的规定，人民检察院办理直接受理侦查案件，实行侦查工作与案件线索的受理、管理、审查工作相分离，侦查部门不直接面向社会受理案件。人民检察院举报中心统一受理、管理单位和个人对贪污贿赂、渎职侵权犯罪行为的举报，凡检察机关其他部门包括侦查部门收到的举报线索应当一律移交举报中心管理。对举报线索，举报中心派专人审查后，对不属于人民检察院管辖的，要移送有关主管部门；对属于其他人民检察院管辖的，要移送有管辖权的人民检察院；对属于本院管辖的，要提交举报线索审查协调小组研究，审查协调小组根据举报线索的性质决定移送不同的侦查部门进行立案前的审查，并报检察长或检察委员会作出是否立案的决定。侦查部门应当在1个月内将是否立案的情况回复举报中心，逾期未回复的，举报中心要进行催办。

（二）侦查监督部门对立案环节的制约

人民检察院直接受理案件的立案监督，是指人民检察院审查逮捕部门、审查起诉部门对本院侦查部门的立案活动是否合法进行的监督。根据《人民检察院刑事诉讼规则》第379条的规定，人民检察院审查逮捕部门或者审查起诉部门发现本院侦查部门对应当立案侦查的案件不报请立案侦查的，应当建议侦查部门报请立案侦查，建议不被采纳的，应当报请检察长决定。“应当立案侦查的案件不报请立案侦查”，是指案件符合刑事诉讼法规定的立案条件而侦查部门不报请检察长决定立案侦查。这里应当说明两点：（1）人民检察院内部的立案监督是针对侦查部门不报请决定立案的行为进行的。人民检察院内部各部门都是在检察长统一领导下开展工作的，人民检察院对案件是否立案，也都由侦查部门报请检察长决定；然而，对于本应报请检察长决定立案的线索，如果侦查部门初查后不予报请立案，检察长一般便无从决定。所以，一般而言，侦查部门是否报请立案，对人民检察院是否决定立案侦查往往起着非常重要的作用。立案监督正是针对这种情况进行的。（2）人民检察院内部的立案监督措施有二：一是建议侦查部门报请立案侦查；二是报请检察长决定。

三、对侦查强制措施的制约

对直接受理立案侦查案件侦查活动的监督，是内部监督的重要组成方面。2004年以来，最高人民检察院按照中央的改革部署，推出了职务犯罪案件审查逮捕权“上提一级”、抗诉权与职务犯罪侦查权分别由不同部门行使等改革措施。具体说来，包括以下几个方面：

（一）提请决定强制措施与审查决定强制措施的执行与变更分属不同部门执行

《人民检察院刑事诉讼规则》和《关于人民检察院办理直接受理立案侦查案件实行内部制约的若干规定》明确规定，在直接受理侦查职务犯罪案件时，提请决定逮捕与审查决定逮捕、强制措施的执行或变更与对执行或变更强制措施的监督、提请延长羁押期限与审查批准延长羁押期限等职能，分属侦查部门、侦查监督部门。具体体现在：侦查监督部门对侦查部门认为需要逮捕犯罪嫌疑人或需要延长侦查羁押期限、重新计算侦查羁押期限的意见，应及时审查并提出意见，报请分管检察长或检察长、检察委员会决定；认为不需要逮捕、延长侦查羁押期限或重新计算侦查羁押期限的，应及时与侦查部门交换意见，分歧较大的应报经检察长或检察委员会决定；认为应当逮捕而没有提请逮捕的，应报经分管检察长同意后建议侦查部门报捕；侦查部门应提出采纳或不予采纳的意见，报经分管检察长同意后向侦查监督部门反馈；侦查监督部门坚持己见的，应报经检察长或检察委员会决定；侦查部门收到逮捕决定书后应及时通知公安部门执行。侦查部门对已逮捕的犯罪嫌疑人认为需要变更或者撤销强制措施的，应报请检察长批准并及时向侦查监督部门通报。

（二）全面推行职务犯罪审查逮捕程序改革

改革和完善职务犯罪案件审查逮捕程序，是中央确定的一项重大司法改革，是优化检察职权配置、强化自身监督制约的重要举措。针对职务犯罪案件的侦查、逮捕在同一检察院内操作，制约效果不明显的问题，高检院报经中央批准，于2009年9月下发了《关于省级以下人民检察院立案侦查的案件由上一级人民检察院审查决定逮捕的规定（试行）》（高检发〔2009〕17号）及《〈关于省级以下人民检察院立案侦查的案件由上一级人民检察院审查决定逮捕的规定（试行）〉的补充规定》（高检发办字〔2011〕24号），规定省级以下（不含省级）人民检察院立案侦查的案件，需要逮捕犯罪嫌疑人的，报请上一级人民检察院侦查监督部门办理，由侦查部门制作报请批捕书，连同案卷材料、讯问录音录像资料及本院侦查监督审查意见一并报上一级人民检察院侦查监督部门审查。犯罪嫌疑人已被拘留的，侦查部门应当在拘留后3日以内上报。特殊情况下，上报审查时间可延长1日至4日。对侦查部门上报审查决定逮捕的案件，犯罪嫌疑人已被拘留的，上一级人民检察院应当在收到报请逮捕书后7日以内作出是否逮捕的决定；犯罪嫌疑人未被拘留的，应在收到报请逮捕书后15日以内作出是否逮捕的决定；重大、复杂的案件不得超过20日。

该项改革自2009年9月起在全国绝大多数省份开始实施，实践证明，该项改革强化了对职务犯罪侦查活动的监督制约，促进了执法规范化和侦查模式的转变，使职务犯罪案件逮捕质量明显提高，在切实保障犯罪嫌疑人合法权利的同时也优化了基层检察院的执法环境。

根据修改后的刑事诉讼法，在检察机关办理的直接立案侦查的案件中，对侦查强制措施的监督，需要注意以下几个方面的要求：一是进一步落实好批捕权上提一级的制度改革，健全“上提一级”改革相关工作机制，完善配套制度，充分发挥该项制度改革的优势。二是着重审查逮捕以外的其他强制措施的决定、执行、变更、撤销情况，从中发现和纠正违法行为。重点应为捕后变更强制措施如取保候审、监视居住等措施的适用是否适当，是否依法通知了侦查监督部门，以及逮捕执行是否及时和撤案是否得当等。三是审查侦查羁押期限是否合法，着重把关自侦案件的侦查羁押期限问题。从保护犯罪嫌疑人合法权益的角度出发，防止以延代侦等违反程序的侦查行为的发生，在审查批准延押时要重点审查捕后侦查部门是否及时进行了有效的侦查活动和提请延期是否符合法律规定，对不符合延押条件的坚决不批，并对出现的违法行为及时提出纠正意见。四是加强对指定居所监视居住决定和执行的监督。修改后的刑事诉讼法为了增强监视居住的可操作性，同时满足检察机关侦办职务犯罪案件的需要，增加规定了特别重大贿赂犯罪案件的犯罪嫌疑人，监视居住在住处执行可能有碍侦查的，经上一级人民检察院批准可以在指定的居所执行。对于特别重大贿赂犯罪案件指定居所监视居住的，必须严格依法执行，并且加强相应的监督，否则有可能导致对犯罪嫌疑人的变相羁押，违背了本次修改刑事诉讼法的初衷。我们认为，对于自侦案件指定居所监视居住的监督必须注重把握如下几点：一要严格指定居所监视居住的适用范围，仅适用于特别重大贿赂案件。“特别重大贿赂案件”的具体标准，有待于刑事诉讼法相关配套司法解释加以明确；二是要加强审批手续的监督，只有经过上一级人民检察院批准，才能加以实施；三是加强对执行过程的监督，比如参考修改后的《刑事诉讼法》第93条的立法精神，建立对指定居所的监视居住必要性定期审查制度，以防止办案机关对犯罪嫌疑人的变相羁押。至于对自侦案件指定居所监视居住监督的机构，我们认为，根据分权制约的原则，应当由检察机关的侦查监督部门进行审查，同时应当发挥好上级院对下级院的指导监督作用，确立内部报批和备案审查机制。

四、审查起诉制约

（一）在直接受理立案案件的侦查活动中，提出起诉或不起诉意见的职能与审查决定起诉的职能分属侦查部门和公诉部门

根据《关于人民检察院办理直接受理立案侦查案件实行内部制约的若干规定》的规定，公诉部门受理并审查侦查部门依法移送起诉或不起诉的案件时，认为不符合起诉或不起诉条件的，应及时与侦查部门交换意见，分歧较大的应报经检察长或检察委员会决定；认为应当起诉而没有移送的，应报经分管检察长同意后建议侦查部门移送起诉；侦查部门应提出采纳或不予采纳的意见，报经分管检察长同意后书面通知公诉部门。公诉部门认为需要补充侦查的，报经分管检察长同意后退回侦查部门补充侦查。侦查部门应在法定期限内及时补充侦查；对确实难以补充侦查的，应书面说明并经分管检察长同意后移送公诉部门。

（二）上级检察机关对下级检察机关不起诉决定的审批制度

根据最高人民检察院《关于强化上级人民检察院对下级人民检察院执法办案活动监督的若干意见》（高检发〔2011〕10号）的规定，对检察机关直接立案侦查的案件，拟作出不起诉处理的，公诉部门应当报上一级人民检察院审批；上级人民检察院通过审查发现下级人民检察院不起诉意见有错误时，依法不予批准，下级人民检察院应当执行。

五、情况通报制度和建立分歧协调机制

根据《关于人民检察院办理直接受理立案侦查案件实行内部制约的若干规定》第9条、第11条的规定，公诉部门在审查起诉中，发现犯罪嫌疑人翻供、证人翻证，或者其他证据发生重大变化而足以影响对案件主要事实的认定及定罪量刑的，应当及时报告分管检察长，并同时书面通知职务犯罪侦查部门。侦查监督部门认为职务犯罪侦查部门移送的案件不符合逮捕条件的、公诉部门认为侦查部门移送的案件不符合起诉或者不起诉条件的，或者这些部门与职务犯罪侦查部门在认定事实、适用法律等方面存在重大分歧的，应当及时与职务犯罪侦查部门交换意见，如在交换后仍然存在重大分歧的，应当报请检察长或者检察委员会决定。

六、介入职务犯罪侦查制度

根据《关于人民检察院办理直接受理立案侦查案件实行内部制约的若干规定》第9条、第12条的规定，实行介入职务犯罪侦查制度。侦查监督部门、公诉部门适时介入职务犯罪侦查活动，有利于在相互制约的基础上加强协调，提高办案质量和效率，增强打击合力。因此，明确规定了职务犯罪侦查部门对重大、复杂案件移送审查逮捕或侦查终结前，可以报经检察长批准后通知侦查监督、公诉部门派员介入侦查。侦查监督、公诉部门介入侦查后，应当对案件证据进行审查，并就证据收集、固定以及法律适用等问题向职务犯罪侦查部门提出意见，引导侦查部门依法侦查取证。对侦查监督、公诉部门派员介入侦查，检察长也有权直接作出决定。

七、规范自侦案件办案程序

（一）推行讯问职务犯罪嫌疑人全程同步录音录像制度

为规范检察执法行为，防止刑讯逼供等侦查违法情形，促进严格执法和文明办案，最高人民检察院于2005年12月颁布了《人民检察院讯问职务犯罪嫌疑人实行全程同步录音录像的规定（试行）》（高检发反贪字〔2005〕43号，以下简称《同步录音录像的规定》），规定人民检察院办理直接受理侦查的职务犯罪案件，每次讯问犯罪嫌疑人时，应当对讯问全过程实施不间断的录音录像，且侦查部门在移送审查逮捕案件时，应当随案移送讯问全程同步录音录像资料复印件，即赋予侦查监督部门对同步录音录像的审查权。同时，为保证这项制度真正发挥作用，最高人民检察院制定了《人民检察院讯问职务犯罪嫌疑人试行全程同步录音录像技术规范》（高检办发〔2006〕30号，以下简称《同步录音录像技术规范》），规定录音录像时必须对讯问起止时间和现场的环境、设备等情况进行记录，讯问活动与录音录像工作必须由侦查部门和检察技术部门分别承担，以相互制约，全面、真实地录制讯问活动的全过程。截至2007年8月，全国已有2829个检察院对34973件职务犯罪案件在讯问犯罪嫌疑人时实行了全程同步录音录像。这一制度的实行，有利于遏制刑讯逼供，也有利于防止被告人在法庭上翻供，使检察人员增强了依法文明办案意识和人权保护观念，进一步规范了执法行为，涉及检察人员办案不文明、不规范的投诉明显减少。

本次修改刑事诉讼法，增加了关于讯问过程录音录像的规定。修改后的《刑事诉讼法》第121条规定：“侦查人员在讯问犯罪嫌疑人的时候，可以对讯问过程进行录音或者录像；对于可能判处无期徒刑、死刑的案件或者其他重大犯罪案件，应当对讯问过程进行录音或者录像。录音或者录像应当全程进行，保持完整性。”至此，从法律上肯定了对讯问犯罪嫌疑人实行同步录音录像制度。针对修改后的刑事诉讼法增加规定了录音录像的要求以及关于非法证据排除的相关规定，规范检察机关自侦案件的办案过程，应当注重做好以下几个方面的工作：一是认真总结推行这一制度的经验，及时发现存在的问题；二是提高对讯问全程同步录音录像工作重要性的认识，把录音录像工作作为保障人权、规范执法行为、提高质量的有效手段，真正把讯问同步录音录像工作作为讯问活动的有机组成部分，放到同等重要的位置，切实抓好制度的落实执行；三是严格按照同步录音录像的相关规定全程录音录像，保证讯问录音录像的完整性，并对讯问录音录像妥善保管；四是坚持讯问职务犯罪嫌疑人“审录分立制度”。根据同步录音录像的相关规定，讯问犯罪嫌疑人应当进行“审录分离”，由技术部门负责同步录音录像工作，各级院技术部门和技术人员要严格执行规定的要求，与侦查部门搞好协调配合，认真负责地做好同步录音录像工作，为侦查办案工作提供有力的技术服务和支持。

（二）合理使用技术侦查手段

技术侦查又称技术侦查措施，简称“技侦”，是指侦查机关运用现代科技设备秘密地收集犯罪证据、查明犯罪嫌疑人的强制性侦查措施的总称。① 1996年刑事诉讼法对技术侦查没有规定，尽管检察机关与公安、国家安全机关等同为侦查机关，但《国家安全法》和《人民警察法》只赋予国家安全机关和公安机关可以行使技术侦察权，而对于检察机关技术侦查措施的运用却没有作出明确规定。虽然最高人民检察院和公安部在1989年《关于公安机关协助人民检察院对重大经济案件使用技侦手段有关问题的通知》中明确了对极少数重大经济犯罪案件主要是贪污贿赂案件和重大经济犯罪嫌疑分子必须使用技术侦查手段的，要十分慎重地经过严格审批手续后，由公安机关协助使用。但上述内容作为内部工作协调的“答复”，在合法性问题上是很难立足的。从检察职权的优化配置和适应新形势下同犯罪作斗争的需要等方面考虑，有必要赋予检察机关技术侦查措施的使用权：

1. 从职权配置来看，检察机关的侦查工作与公安机关、安全机关一样，都是为了收集犯罪证据，追诉犯罪人。因此，应当赋予其同等的侦查权能与手段。在刑事诉讼法修改之前，没有任何法律赋予检察机关职务犯罪技术侦查权。在司法实践中，部分检察机关经公安机关批准实施技术侦查措施，导致了

① 参见朱孝清：《检察机关侦查业务教程》，中国检察出版社2003年版，第497页。

多方面的负效果：一是有损法律的尊严；二是由于没有法律的授权，检察机关进行技术侦查名不正、言不顺，心存顾忌，影响了侦查工作的开展；三是容易侵犯公民的隐私权。

2. 赋予检察机关技术侦查权是为了适应新形势下同犯罪作斗争的迫切需要。贪污贿赂等腐败犯罪的犯罪主体是国家工作人员，这类主体具有丰富的生活阅历和社会经验，有一定的职务、地位、权力和错综复杂的社会关系网络，具有很强的反侦查能力。随着科学技术的日新月异，并广泛应用于人们的日常生活，现代通信技术手段的及时、便捷为犯罪分子逃避惩处提供了手段，而被赋予职务犯罪侦查权的检察机关却因缺乏有效手段而影响了其同犯罪分子作斗争的效果。

3. 贪污贿赂、渎职等职务犯罪的本质特性决定了适用技术侦查措施的迫切性。贪污贿赂、渎职等职务犯罪具有高智能性、高隐秘性的特点。犯罪主体特殊，犯罪分子的社会地位比较高，办案阻力干扰往往比较大。犯罪行为有其职务作掩护，通常痕迹、物证少，又没有直接的被害人，侦查中发现难、取证难、固定证据难的问题十分突出。

4. 检察机关在侦查职务犯罪中适用技术侦查措施，既符合多数国家的通例，也与《联合国反腐败公约》规定的精神相吻合。美国、德国、意大利等国家均在刑事诉讼法中规定了侦查机关可以采用技术侦查手段打击包括职务犯罪在内的各种刑事犯罪。[①] 2003 年我国加入的《联合国反腐败公约》明确规定了侦查贪污贿赂等腐败罪行时可以使用技术侦查手段。该公约第 50 条第 1 款规定："为有效地打击腐败，各缔约国均应当在其本国法律制度基本原则许可的范围内并根据本国法律规定的条件在其力所能及的情况下采取必要措施，允许其主管机关在其领域内酌情使用控制下交付和其他认为适当时适用诸如电子或者其他监视形式和特工行动等其他特殊侦查手段，并允许由法庭采信由这些手段产生的证据。"遵循条约必守原则，有必要通过立法程序将公约的内容转化为我国刑事诉讼法的内容，使检察机关在行使职务犯罪侦查权时更具有权威性和规范性。

---

① 如美国 1968 年《综合犯罪控制与街道安全法》明确规定，贿赂政府官员罪可以使用秘密监听手段。德国 1994 年修改颁布的《刑事诉讼法典》第 8 章，用了 40 多个条款，对各种侦查技术手段适用的对象、范围和程序等作了具体规定，其中包括适用于贪污贿赂犯罪的侦查。意大利 1988 年《刑事诉讼法典》第 266 条至第 271 条，用了 6 个条款专门规定了技术侦查手段。新加坡有关法律规定，调查法官按命令规定的方式调查案件，可以依法对国家任何工作人员跟踪、监视。转引自朱孝清：《试论技术侦查在职务犯罪侦查中的适用》，载《国家检察官学院学报》2004 年第 1 期。

本次修改刑事诉讼法考虑到上述情形，在修改后的刑事诉讼法第148条第2款赋予了检察机关技术侦查手段的使用权："人民检察院在立案后，对于重大的贪污、贿赂犯罪案件以及利用职权实施的严重侵犯公民人身权利的重大犯罪案件，根据侦查犯罪的需要，经过严格的批准手续，可以采取技术侦查措施，按照规定交有关机关执行。"根据本条规定，在职务犯罪侦查中适用技术侦查措施需要注意以下几个问题：

第一，关于适用的范围。对技术侦查的范围进行限制，其目的在于防止技术侦查给公民的隐私权等造成过度损害。综合各国对技术侦查的模式限制，主要有两种：一种是将技术侦查仅仅限于重罪与处罚较重的犯罪；另一种是将技术侦查权限于有组织性、隐秘性等特定犯罪。《刑事诉讼法》第148条第2款的规定采取了重罪原则，仅限于重大的贪污、贿赂犯罪案件和利用职权实施的严重侵犯公民人身权利的重大犯罪案件。

第二，适用必须根据侦查犯罪的需要，即根据案件的案情判断是否有必要采取技术侦查措施，并非所有的重大职务犯罪案件都必须使用技术侦查手段，只有在案件采取一般侦查措施难以达到侦查目的时，根据"两害相权取其轻"的原则，采取技术侦查措施。因此，修改后的《刑事诉讼法》第149条第1款规定，"批准决定应当根据侦查犯罪的需要，确定采取技术侦查措施的种类和适用对象。"

第三，技术侦查的对象只能针对犯罪嫌疑人及其相关人员，技术侦查的范围只限于与侦查目的有关的内容。修改后的《刑事诉讼法》第150条第1款规定："采取技术侦查措施，必须严格按照批准的措施种类、适用对象和期限执行。"之所以要遵循上述原则，主要是考虑到技术侦查有可能会侵犯公民的隐私权，因此必须把它严格限定在侦查犯罪所必需的范围内。

第四，适用技术侦查措施必须经过严格的审批程序。修改后的刑事诉讼法中并未对检察机关适用技术侦查措施的审批程序予以细化。关于审查的部门，我们认为，根据刑事诉讼法的规定，侦查活动的内容包括专门调查工作和有关强制措施，技术侦查作为刑事诉讼中的一种强制性侦查措施，其批准在本质上属于侦查监督的内容，因此，由检察机关审批技术侦查，是与我国现行的司法体制相适应的。至于检察机关自行侦查的职务犯罪案件适用技术侦查措施，根据分权制约的原则，应当由检察机关的侦查监督部门进行审查；① 关于审批的层级，我们建议，为严格技术侦查措施的适用，保证技术侦查手段在使用中的

① 参见朱孝清：《试论技术侦查在职务犯罪侦查中的适用》，载《国家检察官学院学报》2004年第1期。

合法、确有必要、统一、秘密和安全，防止被滥用，应当经省级以上人民检察院检察长批准。

第五，技术侦查措施的适用应当具有一定期限，即每次批准都只能在限定的时间段内予以适用，技术侦查不得作为具有永久效力的侦查手段，否则将有可能被滥用，进而侵害公民的隐私权。因此，修改后的《刑事诉讼法》第149条规定，“批准决定自签发之日起三个月以内有效。对于不需要继续采取技术侦查措施的，应当及时解除；对于复杂、疑难案件，期限届满仍有必要继续采取技术侦查措施的，经过批准，有效期可以延长，每次不得超过三个月”。

第六，关于技术侦查的执行机关。修改后的《刑事诉讼法》第148条第2款规定“交有关机关执行”，即不需要检察机关自行执行。这主要是考虑到，当今通信技术高度发达，犯罪嫌疑人经常用其串供、毁灭证据、实施反侦查手段，目前检察机关急需的技术侦查措施都可以继续依托公安、安全等机关。因此，检察机关也不需要另起炉灶，建立一支庞大的技术侦查队伍。

（三）强化对人身和财产的强制性侦查措施的监督

查封、扣押、冻结涉案款物，是检察机关在查办职务犯罪案件中收集、保全证据的重要侦查措施，同时又与当事人的合法权益密切相关。最高人民检察院对此项工作一直予以高度重视，1996年发布了《人民检察院立案侦查案件扣押物品管理规定（试行）》，2001年又结合检察工作实际，制发了《人民检察院扣押、冻结款物管理规定》。2004年，高检院在全国开展了“清理扣押、冻结款物专项活动”，同时启动了上述管理规定的修改工作。2006年3月27日，修改后的《人民检察院查封、扣押、冻结款物工作规定》（以下简称《工作规定》）印发实施，对规范人民检察院扣押、冻结款物工作发挥了积极作用。但从实践看，检察机关查封、扣押、冻结涉案款物工作仍存在一些问题，如可以查封、扣押、冻结的涉案款物的界限和范围不很明确；查封、扣押、冻结、处理涉案款物的有关程序不健全、不完善；一些新情况如“小金库”、证券期货如何处理不好把握；等等。

为解决实践中的突出问题，规范检察机关执法办案，全国检察机关在2009年开展了直接立案侦查案件扣押、冻结款物专项检查工作，集中检查和纠正扣押冻结款物工作中的不规范问题。针对上述问题，最高人民检察院于2010年5月再次修订了《工作规定》（高检发〔2010〕9号），进一步明确了检察机关扣押、冻结的涉案款物的界限和范围，健全和完善了扣押、冻结、保管和处理涉案款物的有关程序，加强了监督制约，突出了对当事人合法权益的保护。修改后的《工作规定》切实加强了对扣押、冻结工作的监督制约，具体体现在：

一是在总则中明确规定，人民检察院扣押、冻结、保管、处理涉案款物，实行扣押、冻结款物与保管款物相分离的原则，账实必须相符。办案部门和保管部门实行分工负责、相互制约的原则，并接受侦查监督、公诉、控告申诉、纪检监察等部门的监督。

二是明确要求人民检察院扣押、冻结、保管、处理涉案款物，应当按照有关规定接受人民监督员的监督。

三是规定人民检察院侦查部门必须接受侦查监督和公诉部门的监督制约。侦查监督部门、公诉部门发现侦查部门有违法扣押、冻结、处理涉案款物情形的，可以依法提出纠正意见。

四是强化了纪检监察部门对扣押、冻结涉案款物工作的监督。在“监督检查和责任追究”一章中明确规定，人民检察院纪检监察部门应当会同本院其他有关部门对本院的扣押、冻结、保管、处理涉案款物工作进行定期检查，每年至少检查一次。扣押、冻结、保管、处理涉案款物的相关法律文书送达或者制作完成后，办案部门应当在5日内将法律文书复印件送本院纪检监察部门。纪检监察部门应当及时进行审查，认为违法的，及时提出纠正意见；必要时报请检察长处理或者向上一级人民检察院纪检监察部门报告。

五是强调了上级检察院对下级检察院的监督，明确规定上级人民检察院纪检监察部门应当对下级人民检察院的扣押、冻结、保管、处理涉案款物工作进行监督，并适时会同有关部门进行检查。

六是从各个环节保障当事人的监督权利。明确规定人民检察院扣押、冻结、保管、处理涉案款物，都应当书面告知当事人或者其近亲属有权按照有关规定进行投诉。同时要求起诉书、不起诉决定书、撤销案件决定书都要写明扣押、冻结款物的处理情况，切实保障当事人的监督权利。

本次修改刑事诉讼法，进一步强化了对人身和财产的强制性侦查措施的监督，具体说来，包括：

一是建立完善对违法侦查行为的救济程序，当事人不服检察机关采取的搜查、查封、扣押、冻结等强制性侦查措施的，可以向上一级人民检察院提出申诉，经调查认为侦查行为违法的，上级人民检察院应当予以纠正。修改后的《刑事诉讼法》第115条规定：“当事人和辩护人、诉讼代理人、利害关系人对于司法机关及其工作人员有下列行为之一的，有权向该机关申诉或者控告：（一）采取强制措施法定期限届满，不予以释放、解除或者变更的；（二）应当退还取保候审保证金不退还的；（三）对与案件无关的财物采取查封、扣押、冻结措施的；（四）应当解除查封、扣押、冻结不解除的；（五）贪污、挪用、私分、调换、违反规定使用查封、扣押、冻结的财物的。受理申诉或者控告的机关应当及时处理。对处理不服的，可以向同级人民检察院申诉；人民检察院直接受理的案件，可以向上一级人民检察院申诉。人民检察院对申诉应当及时进行审查，情况属实的，通知有关机关予以纠正。”

二是明确要求涉案款物的随案移送，并规定法院应在判决中对查封、扣押、冻结的财物及其孳息的处理作出决定。修改后的《刑事诉讼法》第 234 条第 1 款规定：“公安机关、人民检察院和人民法院对查封、扣押、冻结的犯罪嫌疑人、被告人的财物及其孳息，应当妥善保管，以供核查，并制作清单，随案移送。……”第 3 款规定：“人民法院作出的判决，应当对查封、扣押、冻结的财物及其孳息作出处理。”第 4 款规定：“人民法院作出的判决生效以后，有关机关应当根据判决对查封、扣押、冻结的财物及其孳息进行处理。对查封、扣押、冻结的赃款赃物及其孳息，除依法返还被害人的以外，一律上缴国库。”根据上述规定，人民检察院应当将查封、扣押、冻结的涉案款物制作清单、随案移送；人民法院在作出判决时应当一并对随案移送的涉案款物作出处理，人民检察院应当根据人民法院的判决对涉案款物进行处理。

八、上级院对下级院执法办案活动监督制度

按照宪法和人民检察院组织法的规定，我国检察机关上下级之间是领导关系，检察一体化原则也是世界各国检察机关的通行做法。上级检察机关对下级检察机关的业务活动进行统一指挥和监督，是这种领导关系本身所包含的一项重要内容，也是检察一体化原则的体现。现行法律没有规定上级人民检察院领导下级人民检察院的程序和方式，2011 年高检院发布了最高人民检察院《关于强化上级人民检察院对下级人民检察院执法办案活动监督的若干意见》（高检发〔2011〕10 号）。目前，已经建立起的上级人民检察院对下级人民检察院执法办案活动的监督活动主要内容包括：

1. 上级人民检察院关于执法办案工作的各项决定和部署的执行。一是对于上级人民检察院关于检察机关执法办案工作的各项决定和部署，下级人民检察院要认真执行，不得擅自改变、故意拖延或者拒不执行。二是上级人民检察院可以撤销、变更下级人民检察院在侦查工作中作出的决定。上级人民检察院可以将下级人民检察院办理的职务犯罪案件移送其他人民检察院办理，上级人民检察院的决定下级人民检察院应当执行。

2. 内部报批制度。一是对直接受理侦查案件作撤销案件、不起诉决定应报上一级人民检察院批准。二是省级以下人民检察院立案侦查的职务犯罪案件，逮捕应当报上一级人民检察院审查决定。

3. 内部备案审查。一是实行要案线索备案初查制度，严格按照最高人民

检察院《关于要案线索备案、初查的规定》，县处级干部的要案线索一律层报省级人民检察院备案，其中涉嫌犯罪金额特别巨大或者犯罪后果特别严重的，层报最高人民检察院备案；厅局级以上干部的要案线索一律层报最高人民检察院备案。二是严格执行现行法律法规和规范性文件对立案、侦查、批捕、起诉、抗诉、刑罚执行监督等环节和重点案件备案的规定和要求。上级人民检察院经审查认为下级人民检察院的有关决定错误的，应当书面通知下级人民检察院纠正，或者直接作出相关决定，通知下级人民检察院执行。

4. 请示报告制度。主要是指各级人民检察院在执法办案的重大事项、重大疑难复杂事项或者对案件处理存在重大分歧时，需要向上级人民检察院请示的，应当及时请示，上级人民检察院应及时办理并提出书面答复意见。

九、检察院内部执法办案活动监督制度

执法办案是检察机关的主要业务，是检察权行使的集中体现。加强对检察机关执法办案活动的监督，是减少和防止检察人员违纪违法行为发生、确保公正廉洁执法、提高执法公信力的重要保证。现行执法办案活动监督制度的主要内容包括：

1. 检务督察制度。检务督察是指检务督察部门及其工作人员依照法律和规定对督察对象履行职责、行使职权、遵章守纪、检风检容等方面进行的监督检查和督促落实。高检院 2007 年颁布的《最高人民检察院检务督察工作暂行规定》（高检发〔2007〕10 号），对检务督察应当遵循的原则、组织机构、督察职责、工作要求等进行了初步明确。为进一步规范和推动检务督察工作，高检院 2011 年颁布实施了《〈最高人民检察院检务督察工作暂行规定〉实施办法》（高检发纪字〔2011〕2 号），进一步细化了《工作暂行规定》中的相关内容，完善了领导干部失职渎职责任和检察人员违纪违法责任追究制度、执法过错责任追究制度。

2. 进一步充实和完善“一案三卡”的监督形式，实行案前、案中和案后的监督。在检察机关重要业务部门设立专职廉政监督员制度，加强对重点部门和关键岗位的日常监督；深入开展案件复查和重点案件回访，进一步规范检察人员的执法办案行为。

3. 建立和推行检察人员执法档案制度。把执法办案人员的办案数量、质量、效果以及执法办案活动中的奖惩等情况记录归档，并作为检察人员年度绩效考评的重要依据，纳入年度考核内容。

4. 推行述职述廉制度。各级检察院结合年度工作情况，明确述职述廉的时间、内容、方式和要求；各级检察院领导班子成员、内设机构主要负责人每

年要向本院党组述职述廉；下级检察院党组书记、检察长每年要向上级检察院党组述职述廉。

第三节　职务犯罪侦查工作的外部监督机制

随着我国社会主义民主法制建设的进一步发展，检察机关职务犯罪侦查工作面临的执法形势和条件已经发生深刻变化，实践要求检察机关必须从根本上加强对自身执法活动的监督制约，特别是要建立起刚性的外部监督机制。目前，执法办案的外部监督机制主要包括：

一、人民监督员制度

人民监督员制度是通过从人大代表、政协委员以及其他社会各界人士中选聘人民监督员，对检察机关行使职务犯罪侦查权的活动进行监督的制度。[①] 人民监督员制度自2003年9月经中央批准，开展试点工作，在监督检察机关规范执法，促进检察机关提高执法水平方面取得了良好效果，获得了社会各界的广泛认同。截止到2010年10月，全国已有3137个检察院进行了试点，占各级检察院总数的86.5%，先后选任人民监督员3万多人次。人民监督员共监督“三类案件”32304件，其中不同意检察机关拟处理意见的1635件，检察机关采纳899件；对“五种情形”提出监督意见1000余件，绝大部分已经办结并向人民监督员反馈。2010年10月，最高人民检察院制定下发了《关于实行人民监督员制度的规定》（高检发〔2010〕21号）（以下简称《规定》），决定全面推行这一制度。

（一）人民监督员的监督范围

根据《规定》第17条，人民监督员的监督范围调整为七种情形，即对人民检察院办理直接受理立案侦查案件的下列情形实施监督：（1）应当立案而不立案或者不应当立案而立案的；（2）超期羁押或者检察机关延长羁押期限决定不正确的；（3）违法搜查、扣押、冻结或者违法处理扣押、冻结款物的；（4）拟撤销案件的；（5）拟不起诉的；（6）应当给予刑事赔偿而不依法予以赔偿的；（7）检察人员在办案中有徇私舞弊、贪赃枉法、刑讯逼供、暴力取

① 参见童建明、万春主编：《中国检察体制改革论纲》，中国检察出版社2008年版，第137页。

证等违法违纪情况的。

（二）人民监督员的选任方式

根据《规定》第7条，人民监督员的选任应以上级检察机关选任、管理为主，即由省、市两级人民检察院综合考虑辖区内检察机关办案数量、人口、民族等因素，确定本辖区人民监督员的名额，统一进行选任，汇总后建立人民监督员库，根据监督案件的实际，采取随机抽选的办法，确认并组织人民监督员对辖区检察院需要监督的案件和事项进行监督。对基层检察院已经选任的人民监督员，任期未届满的，由上级检察院按照新的要求予以确认，以保证工作的连续性和严肃性。

（三）人民监督员的监督程序

《规定》结合试点工作中出现的问题，对于人民监督员的监督程序进行了以下方面的改进：一是改进案件监督的组织方式。与上级检察院统一选任人民监督员相适应，省级以下人民检察院提交人民监督员监督的案件，由上级人民检察院统一组织人民监督员监督。上级人民检察院可以根据本辖区内的交通条件、区域设置等情况，确定基层检察院承办案件的监督地点。二是统一监督程序。纳入监督范围的七类案件或事项，均适用统一的监督程序。对应当接受监督而未履行监督程序直接作出处理决定的，上级人民检察院应当予以通报，必要时可以责令下级人民检察院依照规定启动人民监督员监督程序。三是完善人民监督员评议表决程序。为使人民监督员充分了解案件情况，案件承办人介绍案情时应当全面客观，条理清晰，逻辑严谨，语言通俗易懂。有条件的地方，可以充分利用多媒体技术进行介绍。在评议和表决阶段，案件承办人和相关工作人员应当回避，确保人民监督员独立、客观地发表意见。四是做好监督程序与诉讼程序、办案程序的衔接。要把人民监督员监督程序与诉讼程序有机结合起来，不能因为人民监督员的监督而延长法定办案期限，特别是要坚决防止超期羁押。要把监督程序与职务犯罪案件立案报上一级检察院备案和撤案、不起诉报上一级检察院批准等办案程序衔接起来，避免发生冲突。

（四）完善人民监督员的配套制度

一是要健全人民监督员的意见、建议办理机制。人民监督员来自社会各界，与人民群众有着广泛、直接的联系，他们的意见能够反映社情民意和公众感受，对于检察机关正确处理案件、增强办案效果具有十分重要的促进作用。对于人民监督员发表的监督意见，要认真研究、充分考虑，合理的意见要予以采纳；经研究不予采纳的，要通过适当方式向人民监督员作出说明，取得人民监督员的理解。对于人民监督员提出的有关检察工作和检察队伍建设等方面的意见和建议，要及时办理并反馈。二是要积极拓展接受人民监督员监督的渠道。人民监督员通过直接参与监督工作，对检察工作中存在的问题有着更深入的了解，对人民群众反映的涉检问题也更为关切。要采取定期召开座谈会、走访、函询、邀请参加执法检查、专项活动等多种形式，认真听取人民监督员的意见、建议，充分发挥人民监督员制度在促进检察工作和检察队伍建设方面的重要作用。三是要完善人民监督员联络服务机制。各级检察院要继续采取有效措施，主动做好人民监督员的联络服务工作，为他们充分履职提供便利条件。要为人民监督员订阅、寄送《检察日报》、《人民监督》杂志等检察业务资料，增进人民监督员对检察工作的了解。要加强与人民监督员所在单位、社区的联系和沟通，争取理解和支持，共同为人民监督员履行监督职责提供保障。

二、深化检务公开

检务公开是检察改革的一项重要内容，是构建具有中国特色检察制度的一项重大创新。1998 年，高检院在全国检察机关推行检务公开制度，适应党的十六大提出的“推进司法体制改革”的总体要求，符合“社会主义司法制度必须保障在全社会实现公平和正义”的司法改革目标。2006 年，高检院又下发了《关于进一步深化人民检察院“检务公开”的意见》（高检发〔2006〕8 号），进一步阐明了“检务公开”工作是确保司法公正的一项重要举措，是检察工作接受人民监督的有效延伸。当下深化对检察机关直接立案侦查案件的检务公开机制的主要方面包括完善接受权力机关监督、社会监督、舆论监督的机制和举措，同时结合修改后的刑事诉讼法接受诉讼程序上的监督制约。

（一）权力机关的监督

我国《宪法》规定：“中华人民共和国的一切权力属于人民。”“人民行使国家权力的机关是全国人民代表大会和地方各级人民代表大会。”“国家行政机关、审判机关、检察机关都由人民代表大会产生，对它负责，受它监督。”侦查职务犯罪是检察机关的主要职能之一，无疑要接受权力机关——人民代表大会及其常务委员会的监督。例如，各级检察机关每年向本级人民代表大会报告工作时，都要具体报告查办职务犯罪工作的情况，请人大代表审议和权力机关监督。此外，还经常向本级人大常委会及其有关专门委员会书面报告或当面汇报查办职务犯罪工作和阶段性工作进展情况；接受人大常委会的执法检查；请人大代表视察查办职务犯罪工作，等等。通过这些方式自觉、主动地接受监督。在侦查职务犯罪案件的具体实践中，根据宪法和法律的有关规定，需要依法对涉嫌犯罪的人大代表采取逮捕等限制人身自由的强制措施时，均事先向相应的人代会主席团或常务会报告或报请许可。对权力机关交办或人大代表转交的涉嫌职务犯罪的案件线索，各级检察机关均及时认真查办，及时反馈查办结果。对有关职务犯罪工作的议案、批评和建议，检察机关更是作为接受监督的具体方式严肃认真对待、限期办理，及时反馈落实情况。

（二）社会的监督

社会的监督制约主要表现为：（1）社团性监督，如工会、妇联、共青团、学生会、学术团体等各种群众性组织的监督。（2）社群性的监督，如农民工群体、贫困人口群体、弱势群体等各种社会群体形成的监督。（3）行业性的社会监督，如以职业、行业为特征而形成的各种行业协会等组织的监督。这些由群聚性、群落性、群体性等因素形成的社会群团，根据刑事诉讼法所规定的“必须依靠群众”的原则，如果发现职务犯罪侦查中侵犯人民群众利益的行为，可以通过批评、建议、举报等各种方式进行监督。

（三）舆论的监督

我国宪法规定，公民不仅有监督的权利，而且有言论、出版的自由。因此，公民对职务犯罪侦查工作有“品头论足”的舆论监督权。特别是现代传媒的发展使社会舆论形成空前强势的力量，成为国际公认的“第四种权力”。检察机关通过接待群众来信来访制度、检察长接待日制度、舆情反馈制度、新闻发言人制度等，有效增加了群众知情权的实现途径，在“阳光司法”中，接受社会舆论的广泛监督。尤其是社会各界广大群众通过新闻媒体的迅速反应和高效透明，有效地实现对职务犯罪侦查工作的知情权和批评建议权，在对具体案例的有关情况进行报道时，对检察官在侦查中的违法失职行为进行披露和评论，形成强大的制约力量，监督职务犯罪侦查工作依法高效、公正地进行。

（四）刑事申诉案件公开审查

为增强办理刑事申诉案件的透明度，接受社会监督，保证办案质量，高检院于2011年12月下发了《人民检察院刑事申诉案件公开审查程序规定》（高检发刑申字〔2012〕1号，以下简称《刑事申诉规定》），规定案件事实、适用法律存在较大争议或者有较大社会影响的检察机关刑事处理决定的申诉案件，除涉及国家秘密、商业秘密或者个人隐私，申诉人不愿进行公开审查的，未成年人犯罪或者具有其他不适合进行公开审查情形的外，可以适用公开审查程序。同时，《刑事申诉规定》对于公开审查的程序、参加人员进行了详细规定。通过对刑事申诉案件的公开审查，可以加强对检察机关办理的直接立案侦查案件的相关决定的监督，尤其是对侦查工作中的违法失职行为的申诉进一步加强了监督，有效规范了检察机关的自身执法办案行为。

（五）诉讼程序上的监督制约

修改后的《刑事诉讼法》第 7 条规定：“人民法院、人民检察院和公安机关进行刑事诉讼，应当分工负责，互相配合，互相制约，以保证准确有效地执行法律。”第 14 条第 2 款规定：“诉讼参与人对于审判人员、检察人员和侦查人员侵犯公民诉讼权利和人身侮辱的行为，有权提出控告。”这种诉讼程序上的监督制约主要体现在以下几个方面：一是人民法院的审判制约。人民法院在审理裁判提起公诉的职务犯罪案件过程中，要通过一系列的示证、质证活动甚至进行勘验、检查、扣押、鉴定、查询、冻结等活动，对侦查所查明的犯罪事实进行调查，对侦查所获取的证据进行核实，这是在诉讼的法定程序上对侦查工作最强有力的一种事后监督制约。二是公安机关的执行制约。如人民检察院在侦查职务犯罪过程中决定逮捕、拘留犯罪嫌疑人的，法律明确规定由公安机关执行。根据现行体制规定，对职务犯罪嫌疑人的逮捕、拘留不仅要由公安机关执行拘捕，而且要由公安机关的看守部门执行羁押，侦查人员需要进行侦查讯问和预审的，需要履行具体的法律手续。此外，检察机关对职务犯罪嫌疑人决定取保候审和监视居住强制措施的，同样要由公安机关执行。这些规定对职务犯罪的侦查工作从诉讼的法定程序上形成了一种同步监督制约。三是诉讼参与人主张权利所形成的监督制约。根据刑事诉讼法的规定，职务犯罪案件的当事人、法定代理人、诉讼代理人、证人、鉴定人和翻译人员依法主张自身的诉讼权利而对职务犯罪案件的侦查形成了一种诉讼程序上的监督制约。四是受职务犯罪嫌疑人委托的律师在法律帮助中形成的制约。根据修改后的《刑事诉讼法》第 33 条、第 34 条、第 36 条、第 37 条的规定，在职务犯罪侦查期间，在侦查机关第一次讯问犯罪嫌疑人或者对犯罪嫌疑人采取强制措施之日起，犯罪嫌疑人即有权委托律师作为辩护人，辩护律师可以为犯罪嫌疑人提供法律帮助；代理申诉、控告；申请变更强制措施；向侦查机关了解犯罪嫌疑人涉嫌的罪名和案件有关情况，提出意见。除特别重大贿赂犯罪案件外，律师持律师执业证书、律师事务所证明和委托书或者法律援助公函要求会见在押的犯罪嫌疑人、被告人的，看守所应当及时安排会见，至迟不得超过 48 小时。这在诉讼程序上也对侦查工作的某些重要环节形成了一种有力的事前、事中和事后的监督制约。

第七章　非法取证的监督

第一节　概　述

诉讼活动是查明事实真相、解决纠纷冲突的活动。为了解决纠纷冲突，必须首先确定事实真相。由于事实已经成为过去而不可能再次重现，因此对纠纷事实的确定实质上就是一个认识的过程，而且是一个间接认识的过程。一般而言，这一间接认识是借助证据而实现的。证据是查明案情的唯一手段，是正确处理案件的基础，是进行诉讼活动的依据，也是迫使犯罪分子认罪服法的重要武器，使无罪的人不受刑事追究的重要保障。所以，证据问题包括证据制度、证据规则等在诉讼活动中具有至关重要的地位和意义。各级检察机关和全体检察人员应当深刻认识证据制度在诉讼活动中的重要性，严格遵守法律、司法解释和规范性文件关于证据问题的规定，坚持讲事实、讲证据、讲法律、讲责任，牢固树立打击犯罪与保障人权并重、实体公正与程序公正并重的观念，规范执法办案行为，提高执法办案水平，切实依法保障人权，推进社会主义法治建设。

一、我国的非法证据排除制度概述

（一）我国非法证据排除制度的基本内涵

对证据的合法性要求，是许多国家和地区刑事诉讼法律的主要内容之一。在历史上，证据规则主要是为了保障证据的真实性而产生的。随着人权观念的兴起并日渐受到重视，法官开始排除那些尽管真实却不符合法治规则的证据，非法证据排除规则逐渐在各国的刑事诉讼制度中确立起来。① 关于非法证据排

① 非法证据排除规则于20世纪初产生于美国，后来逐渐为其他国家和联合国公约所采纳。由于不同的国家和国际机构规定的非法证据排除规则的范围和条件不一致，各国对这个规则的表述也可能不一致。详情杨宇冠：《非法证据排除规则及其在中国确立问题研究》，载《比较法研究》2010 年第 3 期。

除规则的概念和内涵，目前我国学界尚存有争议。有的将其限定为“执法、司法官员经由非法程序或使用非法方法取得的证据，包括言词证据与实物证据，不得在刑事诉讼中用做不利于犯罪嫌疑人、被告人的证据”，① 有的将其界定为“违反法定程序，以非法手段获取的证据”，② 有的将其界定为“执法机关及其工作人员使用非法方式取得的证据不得在刑事司法中用于对非法取证行为遭到侵害的人的不利证据”。③ 近年来，通过司法改革出台的规范性文件和本次修改刑事诉讼法，我国在非法证据的排除方面取得了重大进展。

目前，我国的诉讼法及相关司法解释已经有了相当数量的关于证据问题的规定，涉及证据能力、证据的收集、审查判断等方面的内容，尤为重要的是，2010年6月，最高人民法院、最高人民检察院、公安部、国家安全部、司法部联合出台了《关于办理死刑案件审查判断证据若干问题的规定》和《关于办理刑事案件排除非法证据若干问题的规定》，对证据裁判原则、合法性原则、关联性原则以及如何质证、审查判断证据和排除非法证据等作了更为详细的规定。其中《非法证据排除规定》第1条规定：“采用刑讯逼供等非法手段取得的犯罪嫌疑人、被告人供述和采用暴力、威胁等非法手段取得的证人证言、被害人陈述，属于非法言词证据。”第2条规定：“经依法确认的非法言词证据，应当予以排除，不能作为定案的根据。”同时发布的《办理死刑案件证据规定》对在死刑案件中如何排除非法言词证据和非法取得的物证、书证，作了更为详细的规定。2010年12月，高检院结合《办理死刑案件证据规定》和《非法证据排除规定》出台了最高人民检察院《关于适用〈关于办理死刑案件审查判断证据若干问题的规定〉和〈关于办理刑事案件排除非法证据若干问题的规定〉的指导意见》（高检发研字〔2010〕3号，以下简称《指导意见》），针对检察机关如何适用《办理死刑案件证据规定》和《非法证据排除规定》审查办理案件进行了详细的规范。

2012年修改后的《刑事诉讼法》第50条规定，严禁刑讯逼供和以威胁、引诱、欺骗以及其他非法方法收集证据，不得强迫任何人证实自己有罪。第54条第1款明确规定，采用刑讯逼供等非法方法收集的犯罪嫌疑人、被告人

---

① 陈光中、张小玲：《论非法证据排除规则在我国的适用》，载《政治与法律》2005年第1期。

② 谢佑平、万毅：《多元与普适：刑事司法国际准则视野内的非法证据排除规则》，载《证据学论坛》（第三卷），中国检察出版社2001年版。

③ 杨宇冠、宋蕊：《联合国反腐公约与非法证据排除规则》，载《中国法学》2005年第1期。

供述和采用暴力、威胁等非法方法收集的证人证言、被害人陈述，应当予以排除。收集物证、书证不符合法定程序，可能严重影响司法公正的，应当予以补正或者作出合理解释；不能补正或者作出合理解释的，对该证据应当予以排除。”该条第2款规定人民法院、人民检察院和公安机关都有排除非法证据的义务。同时，修改后的《刑事诉讼法》第56条、第57条还对法庭审理过程中对非法证据排除的调查程序进行了规定。

根据上述法律法规的规定，我们认为，我国非法证据排除规则的基本内涵包含以下两个方面的内容：

1. 关于非法证据的范围。一是对于采用刑讯逼供等非法手段取得的犯罪嫌疑人、被告人供述和采用暴力、威胁等非法手段取得的证人证言、被害人陈述，属于非法证据。经依法确认的非法言词证据，应当予以排除，不能作为认定案件事实的根据。二是对于刑事案件中的物证、书证的取得，不符合法定程序，可能严重影响案件公正处理的，人民检察院应当依法予以补正，或者要求侦查机关补正或者作出合理解释。无法补正或者无法作出合理说明或者解释的，该物证、书证不能作为认定案件事实的根据。

2. 关于非法手段的界定。证据本无合法与非法之分，“非法”一词主要是针对取证手段而言的，关于如何界定“非法”，在2010年制定《非法证据排除规定》的过程中存在不同观点，形成了四种意见：第一种意见认为，违反法律规定，采用刑讯、服用药物、催眠以及其他使人肉体上产生剧烈疼痛、精神上产生高度痛苦或者丧失意识、意志的方法取得的犯罪嫌疑人、被告人供述，证人证言，被害人陈述，属于非法证据。这种意见参照了《禁止酷刑和其他残忍、不人道或有辱人格的待遇或处罚公约》的表述，符合现代刑事诉讼理念，但“剧烈疼痛”、“高度痛苦”较为抽象，在实践中容易产生歧义。第二种意见认为，违反法律规定，采用暴力或者使人肉体上、精神上产生高度痛苦或者模糊意识的方法取得的犯罪嫌疑人、被告人供述，证人证言，被害人陈述，属于非法言词证据。这种意见不能全面涵盖非法取证的手段和方法，实际上缩小了法律对非法言词证据的界定范围，是对刑事诉讼法的限制解释，并且“高度痛苦”同样很难界定。第三种意见认为，违反法律规定，采取刑讯逼供、暴力取证、体罚虐待等方法取得的犯罪嫌疑人、被告人供述，证人证言，被害人陈述，属于非法言词证据。这种意见列举的“刑讯逼供、暴力取证、体罚虐待”等三种方式存在交叉关系，适用时容易导致分歧。第四种意见认为，采用刑讯逼供等非法手段取得的犯罪嫌疑人、被告人供述和采用暴力、威胁等非法手段取得的证人证言、被害人陈述，属于非法言词证据。这种意见参照了2007年制定的最高人民法院、最高人民检察院、公安部、司法部

《关于进一步严格依法办案确保办理死刑案件质量的意见》（法发〔2007〕11号）第11条的规定，[①] 因此《非法证据排除规定》将非法的内涵表述为“刑讯逼供等非法手段”。[②] 修改后的《刑事诉讼法》第54条第1款采用了相同的表述。

那么如何正确理解与把握“刑讯逼供等非法手段”？我们认为，此处包含了两层含义：

一是关于“刑讯逼供”的理解。“刑讯逼供”指司法工作人员使用肉刑或者变形肉刑逼迫犯罪嫌疑人、被告人供述犯罪的行为，其目的是使犯罪嫌疑人、被告人在肉体上痛苦难忍，从而逼迫其作出有罪供述。刑讯逼供的具体表现形式多样，审查认定是否构成刑讯逼供，应当结合案件的具体情况，对办案人员采取的手段、目的及其使犯罪嫌疑人、被告人肉体痛苦的程度等进行综合判断，既不能把采用暴力手段作为认定刑讯逼供的唯一标准，也不能只要在办案中存在不当执法行为，不论其目的和严重程度，一概认定为刑讯逼供。

二是关于“等”字的理解。对于以其他非法方法强迫犯罪嫌疑人作出有罪供述，应当从是否严重损害程序公正、损害证据的客观真实性两个方面综合审查判断，对于存在轻微程序违法、经其他证据印证、犯罪嫌疑人的供述具有客观真实性的，不应作为非法言词证据予以排除。

对于“采用暴力、威胁等非法手段取得的证人证言”，也应当参照上述原则和方法予以审查确认。

（二）我国非法证据排除制度的基本程序设计

1. 关于非法证据排除的阶段。根据《非法证据排除规定》和修改后的刑事诉讼法的相关规定，在侦查、审查逮捕、审查起诉、审判各个阶段都有义务排除非法证据。在侦查环节，侦查机关不仅要收集、固定证明犯罪事实和情节的证据，而且要收集、固定证明言词证据特别是犯罪嫌疑人口供取得合法性的证据；检察机关在审查批捕、审查起诉时，也不仅要查明证明犯罪事实的证据，而且要查明犯罪嫌疑人口供取得的合法性的证据；在审判环节，人民法院要对证据是否构成非法证据进行判断，对于构成非法证据的，不能作为定案的

---

① 最高人民法院、最高人民检察院、公安部、司法部《关于进一步严格依法办案确保办理死刑案件质量的意见》第11条规定：“提讯在押的犯罪嫌疑人，应当在羁押犯罪嫌疑人的看守所内进行。严禁刑讯逼供或者以其他非法方法获取供述。讯问犯罪嫌疑人，在文字记录的同时，可以根据需要录音录像。”

② 参见吕广伦等：《〈关于办理刑事案件排除非法证据若干问题的规定〉理解与适用》，载《人民检察》2010年第16期。

根据。

2. 非法证据排除的操作程序。根据《非法证据排除规定》和修改后的刑事诉讼法，我国非法证据排除制度的操作程序大体上分为以下五个步骤：

（1）程序的启动。根据《非法证据排除规定》第 3 条、第 7 条和修改后的《刑事诉讼法》第 55 条、第 56 条，目前非法证据排除程序的启动有以下方式：①在审查逮捕和审查起诉阶段，由检察人员经过主动审查或者经犯罪嫌疑人申请，对提请批准逮捕的证据、移送起诉的证据是否合法取得有疑问的，进而启动对证据取得的合法性的调查。②在人民法院受理案件后，被告人可以或者其辩护人可以向法庭提出审判前供述是非法取得的，并提供相关线索或者证据，由人民法院决定是否展开法庭调查。③人民法院在对案件的审理过程中，对被告人审判前供述的合法性有疑问的，也可以依职权展开法庭调查。

（2）初步审查。根据《非法证据排除规定》和修改后的刑事诉讼法的相关规定，在检察环节，由人民检察院对当事人及其辩护人提供的案件线索或者证据进行审查。在庭审阶段，法庭应当对被告人审判前供述取得的合法性没有疑问的，可以直接对起诉指控的犯罪事实进行调查；对供述取得的合法性有疑问的，则由公诉人对取证的合法性举证。

（3）控方证明。根据《非法证据排除规定》第 7 条和修改后的《刑事诉讼法》第 57 条第 1 款的规定，对于被告人审前供述的合法性应由检察机关承担证明责任。即在法庭审理阶段，公诉人应当向法庭提供讯问笔录、原始的讯问过程录音录像或者其他证据，提请法庭通知讯问时其他在场人员或者其他证人出庭作证，仍不能排除刑讯逼供嫌疑的，提请法庭通知讯问人员出庭作证。对该供述的合法性予以证明。当然，这并不意味着检察机关在每个案件中都需要主动证明被告人的供述具有合法性，原则上，检察机关承担被告人审前供述合法性的证明责任的前提是被告人及其辩护人提出了异议，并且，被告人及其辩护人提出异议的证据恰恰是检察机关作为定案根据的证据，否则，就不存在法庭质证和排除的问题，可以不举证。

（4）双方质证。根据《非法证据排除规定》第 7 条第 4 款，公诉人举证后，控辩双方可以就被告人审判前供述的取得是否合法的问题进行质证、辩论。

（5）法庭处理。根据《非法证据排除规定》第 11 条，修改后的《刑事诉讼法》第 58 条的规定，法庭需要对被告人审判前供述的合法性问题作出裁定：如公诉人的证明达到确实、充分的程度，能够排除被告人审判前供述属非法取得的，法庭确认该供述的合法性，准许当庭宣读、质证；否则，法庭对该供述予以排除，不作为定案的根据。

二、检察机关在非法证据排除中的法律监督定位

根据《宪法》和刑事诉讼法的规定，人民检察院对整个刑事诉讼活动享有监督权，所以通过侦查监督、审查起诉来排除非法证据在犯罪证明中的适用是其应有之职能。只有全面理解检察监督权，才能深刻认识人民检察院在非法证据排除中的主体定位。根据修改后的刑事诉讼法、《非法证据排除规定》和《办理死刑案件证据规定》的相关规定，有权对非法证据进行排除的主体不仅有审判机关，还包括检察机关。相对于审判阶段对非法证据的法庭调查，检察机关对非法证据的排除是一种体现其监督职能的“前置排除”，即在审查批准逮捕和审查起诉环节，阻挡非法证据进入审判程序。具体说来，检察机关在非法证据排除中法律监督作用的发挥体现在以下三个方面：

第一，人民检察院在审查逮捕和审查起诉中对证据合法性进行审查判断并依法排除通过刑讯逼供等非法取证行为所取得的证据。修改后的《刑事诉讼法》第54条第2款规定：“在侦查、审查起诉、审判时发现有应当排除的证据的，应当依法予以排除，不得作为起诉意见、起诉决定和判决的依据。”《非法证据排除规定》第3条规定：“人民检察院在审查批准逮捕、审查起诉中，对于非法言词证据应当依法予以排除，不能作为批准逮捕、提起公诉的根据。”在我国，检察机关既是司法机关，也是国家的法律监督机关，这一独特的法律定位决定其行使诉讼监督职能和控诉职能时必须承担客观公正的义务，体现在诉讼活动尤其是侦查活动的法律监督时，就应当及时发现并依法纠正诉讼过程中的违法行为，体现在证据要求上就需要检察机关在审查判断证据时既要重视能够证明被追诉人有罪或者罪重的证据，也要重视证明被追诉人无罪或者罪轻的证据，依法审查证据并及时排除非法证据。

第二，对侦查人员以非法方法收集的证据予以调查核实，对确有以非法方法收集证据情形的，采取相应措施。修改后的《刑事诉讼法》第55条规定：“人民检察院接到报案、控告、举报或者发现侦查人员以非法方法收集证据的，应当进行调查核实。对于确有以非法方法收集证据情形的，应当提出纠正意见；构成犯罪的，依法追究刑事责任。”就其属性而言，非法证据排除是对刑讯逼供的程序制裁与控制，① 本条规定构成了检察机关对侦查机关（部门）的直接监督，对于非法搜集证据的行为，还赋予了检察机关调查核实和追究刑

① 对刑讯逼供行为的实体控制体现在《刑法》第247条所规定的刑讯逼供罪、暴力取证罪。

事责任的权力，以此作为后盾，无疑增强了检察机关法律监督的刚性。①

第三，检察机关应当依法、全面、客观地收集证据。检察机关作为法律监督机关，负有客观公正义务，必须保证公正客观地对待犯罪嫌疑人、被告人，不能只重视有罪、罪重证据，忽视无罪、罪轻证据。检察人员必须依照法定程序，全面、客观地收集能够证实犯罪嫌疑人、被告人有罪或者无罪、犯罪情节轻重的各种证据，尤其是要重视口供之外其他证据的收集和固定，切实改变重口供的获取，轻其他证据全面收集的偏向，更加重视对证据特别是物证的全面收集，同时要在对口供获取的合法性进行审查的同时，重视对其他证据的全面审查。

三、非法证据排除规则对检察机关依法履行法律监督职能提出的总体要求

第一，强化证据意识，严格审查标准。各级检察机关要严格依照修改后的刑事诉讼法、《非法证据排除规定》和《办理死刑案件证据规定》的要求，收集、固定、审查、判断和运用证据。“凡是事实不清的不能定案，凡是证据不足的不能起诉，凡是非法言词证据要坚决排除。”② 检察机关在诉讼活动中，要注重证据的综合审查和运用，既要认真审查证据的客观性、关联性，也要认真审查证据的合法性。要严把事实关、证据关、程序关和法律关，确保证据与证据之间、证据与案件事实之间不存在矛盾或者矛盾得以合理排除，做到事实不清的不定案，证据不足的不起诉，切实防止冤假错案。

第二，提高自侦案件的侦办水平，规范侦查行为。各级检察机关要严格依照修改后的刑事诉讼法、《非法证据排除规定》和《办理死刑案件证据规定》的要求，依法收集和固定证据，既要全面收集证明案件事实的各种证据，又要及时固定证明取证行为合法性的证据，确保案件事实清楚，证据确实、充分，取证程序合法，尤其是做好同步录音录像工作，按照《人民检察院讯问职务犯罪嫌疑人实行全程同步录音录像的规定（试行）》全程录音录像，并对讯问录音录像妥善保管。

第三，认真履行监督职能，强化监督。各级检察机关要认真履行监督职能，加强对证据收集与固定的监督，加强对证据审查、判断、运用过程与结果的监督。要坚持把监督纠正个案与纠正普遍性问题、经常性监督与专项监督、

---

① 参见张书铭：《法律监督的理念与科学实施——〈刑事诉讼法修正案（草案）〉中法律监督内容述评》，载《人民检察》2011 年第23 期。

② 曹建明：《全国检察机关第四次公诉工作会议上的讲话》。

强化监督与协调配合有机结合起来，加强法律监督与加强自我监督并重，做到敢于监督，善于监督，依法监督，规范监督，保障刑事诉讼活动严格依法进行。

第四，进一步健全工作机制，形成监督合力。一是检察机关各职能部门应当通力合作，完善情况通报、案件线索发现、证据移送等各环节的相互协调。二是建立犯罪嫌疑人入看守所时的健康检查制度，以便犯罪嫌疑人自称遭到刑讯逼供并以伤情自证时，有关机关可以对此查验。三是加强与侦查机关、审判机关的沟通协调，通过联席会议等形式，研究证据收集、审查、判断、运用等环节中发现的问题。四是强化上级人民检察院对下级人民检察院的管理和检察监督，及时发现问题。

第二节　检察环节的非法证据排除

探讨检察环节的非法证据排除，必须立足于检察机关诉讼角色的双重性。一方面，检察机关作为法律监督机关，必须兼顾打击犯罪与保障人权的双重价值理念，必须中立、客观地作出事实评价和诉讼决定。另一方面，检察机关要代表国家履行控诉职能，必须促进国家刑罚权的实现。本节将立足于检察机关的双重角色定位，结合2012年修改刑事诉讼法的内容和《指导意见》提出的具体要求，根据检察权的职权配置，分别从职务犯罪侦查、审查逮捕与审查起诉、法庭审判三个环节探讨检察机关如何执行非法证据排除。

一、职务犯罪侦查环节的非法证据排除

（一）职务犯罪侦查环节非法证据排除的现状

在司法实践中，由于传统观念的影响和制度保障缺失，职务犯罪侦查环节的非法证据排除还存在着以下薄弱环节：

第一，侦查模式和办案思路亟待进一步转变。目前，职务犯罪侦查工作仍然难以摆脱“由供到证”的传统模式，特别是查办贿赂案件，往往过分依赖犯罪嫌疑人供述、证人（行贿人）证言定案，整个侦查活动基本围绕口供展开。尽管犯罪嫌疑人供述、证人证言等言词证据大多属于直接证据，证明力相对较强，但其稳定性较差，容易出现难以事先预料的变化和反复，一旦犯罪嫌疑人翻供或者证人变证，由于缺乏有力的间接证据予以佐证，加上获取再生证据的手段匮乏、难度较大，所以往往会使侦查工作陷入被动。修改后的刑事诉讼法、《非法证据排除规定》和《办理死刑案件证据规定》进一步加大了对犯

罪嫌疑人诉讼权利的保护力度，明确了非法证据排除的范围和方式，可能导致出现翻供、串供、变证等现象更为频繁，使得检察机关传统的“口供中心主义”的取证模式更加举步维艰。

第二，取证方式亟须规范。近年来，引起媒体较大关注的绝大部分冤假错案均存在着不同程度的刑讯逼供、暴力取证等违法办案行为，不仅影响到案件的承办质量，而且导致对检察机关的执法公信力产生了一定负面影响，增加了不必要的司法成本。修改后的刑事诉讼法、《非法证据排除规定》和《办理死刑案件证据规定》设置了较为详细的非法证据排除程序，如果在司法实践中依然沿袭以往不规范的取证方式，可能导致所获取的案件重要证据不具备证据能力，进而影响案件的查办。

第三，侦查人员的证据意识有待进一步增强。部分侦查人员多年来的职业习惯形成了“有罪推定”的思维定式，或多或少存在重打击、轻保护的倾向，造成执法办案中往往侧重于对犯罪嫌疑人有罪或者罪重证据的收集，相对忽视无罪或者罪轻证据的认定，甚至将犯罪嫌疑人的合理辩解作为其无端抵赖、拒不认罪的表现，不当排除了犯罪嫌疑人的合法诉讼权利，同时影响了自首等法定量刑情节的正确认定。修改后的刑事诉讼法、《非法证据排除规定》和《办理死刑案件证据规定》明确了特定场合下证人甚至讯问人员应当履行出庭作证的义务，一方面，势必导致部分证人由于心存芥蒂而不敢作证、不愿作证，使得询问证人、获取证言的难度随之增加，对侦查人员执法水平和取证能力提出了新的更高要求；另一方面，侦查取证思路的转变、方法的开拓，其结局往往是成效与风险并存，如果费尽心力获取口供，却最终不得不就取证是否合法出庭作证，则对于一直以来处于优势地位的侦查人员来说，无疑会在心理上造成一定的挫折感，甚至产生“多一事不如少一事”的消极思想，影响其工作的积极性和进取心。

（二）职务犯罪侦查环节对非法证据排除的应对措施

1996年刑事诉讼法并没有明文规定非法证据排除规则，仅在最高人民法院《关于执行〈中华人民共和国刑事诉讼法〉若干问题的解释》第61条和《人民检察院刑事诉讼规则》第265条规定以非法方法获得的言词证据不能作为指控犯罪的根据。《非法证据排除规定》和《办理死刑案件证据规定》以及修改的刑事诉讼法扩充了非法证据排除的内容，初步建立了我国完善的非法证据排除制度，对检察机关查办职务犯罪案件提出了更高的标准和更严的要求。针对修改后的刑事诉讼法、《非法证据排除规定》和《办理死刑案件证据规定》提出的相应变化，检察机关应采取积极有效的应对措施，进一步规范侦查取证行为，提高执法办案水平。具体说来，包含以下四个方面：

1. 人民检察院办理职务犯罪案件，应当严格依法收集和固定证据，既要收集证明案件事实的各种证据，又要及时固定证明取证行为合法性的证据，确保案件事实清楚，证据确实、充分，取证程序合法。

2. 人民检察院办理职务犯罪案件，应当全面、客观地收集和固定证据。既要收集证明犯罪嫌疑人有罪、罪重的各种证据，又要收集证明犯罪嫌疑人无罪、罪轻的各种证据。

3. 严格执行讯问职务犯罪嫌疑人全程同步录音录像制度。因未严格执行相关规定，或者在执行中弄虚作假造成不良后果的，依照有关规定追究主要责任人员的责任。

4. 侦查监督、公诉、控告申诉等部门应当依照《非法证据排除规定》和《办理死刑案件证据规定》的要求，加强对检察机关侦查部门收集、固定证据活动的审查与监督，发现违反有关规定的，及时提出纠正意见。

（三）职务犯罪案件运用讯问录音录像应对非法证据排除应当注意的问题

1. 关于讯问录音录像资料法律性质问题。本次修改刑事诉讼法和《同步录音录像的规定》都没有明确讯问录音录像资料的法律性质，这也是理论界和司法实践中争论颇多的问题之一。第一种意见认为，同步录音录像形成的视听资料是一种新的特殊的证据，兼有言词证据和物证的特征，是根据具体案情和取证目的需要来确定，属刑事诉讼法规定的视听资料证据。第二种意见认为，视听资料证据作为一种独立的证据种类，应当与某些以录音录像为载体的其他证据有所区别。在讯问犯罪嫌疑人时制作的同步录音录像资料，属于固定证据的方式，不能等同于视听资料证据。第三种意见认为，该类录音录像的取得容易造成视听资料形式与其他证据形式在归属中形成交叉关系，进而提出将刑事诉讼法规定的"视听资料"改为"其他用视听资料的方式取得"。[①] 我们认为，从一般意义上来说，同步录音录像不是视听资料。视听资料是指通过录音录像、电子计算机及其他电磁方式记录储存的信息来证明有关事实的资料。作为法定证据之一，视听资料记录的是待证事实。作为案件发生过程中形成的视听资料，可以准确地再现案件发生时的情景，如录音可以逼真地反映案件发生时的声音，能准确无误地反复重述原来的声音，录像能反复再现案件发生时当事人的形象和活动情况等。同步录音录像证据与视听资料证据所记载的内容

① 郭立新主编：《检察机关侦查实务》（第三卷），中国检察出版社 2005 年版，第 187 页。

与待证事实的关系是不同的：一是记录的时间不同。视听资料证据记载的是待证事实发生时的情况，人们可以通过音像证据直接了解有关情况，如根据实施犯罪当时在现场进行的录音录像，人们可以直接了解犯罪的过程、与犯罪有关的人和物的情况。同步录音录像资料记载的是待证事实发生后有关物品、场所的状况及言词情况，人们只能根据这些状况表述推断或间接地了解事件发生时的情况。二是手段不同。视听资料可以是为证明某一事实的目的而有意识记录的，也可能是在记录其他内容时无意地录下有证明意义的内容。而同步录音录像资料是在侦查过程中，侦查人员完全有意识地采用技术手段制作的音像资料。三是作用不同。视听资料记载的是案件发生时的真实情况，一般不具有可变性。同步录音录像是对侦查办案过程的一种记载手段，其本质是追求侦查程序的合法性，其记载和反映的实体内容具有可变性。但在特殊情况下，同步录音录像是一种视听资料，即当全程同步录音录像用于证明侦查程序的合法性时，其证据形式应为视听资料。讯问全程同步录音录像具有证明侦查讯问程序正当的作用，能够证明侦查人员的讯问手段是否规范合法。由于讯问全程同步录音录像再现了全程讯问过程，不仅记录下了犯罪嫌疑人供述的内容，而且还记录下了讯问人与被讯问人的语言语调或神态等供述时的客观情况，为法庭提供了侦查讯问时的完整全貌，如口供是否真实，是否是在自愿的情况下供述，是否存在刑讯逼供、指供、诱供等。

2. 确认取证合法性和供述真实性应当把握的要点。讯问录音录像对于证明取证的合法性和犯罪嫌疑人供述的真实性具有重要作用，检察机关在运用讯问录音录像审查确认取证的合法性和犯罪嫌疑人供述的真实性时，应当注意把握以下几点：

第一，被告人及其辩护人根据修改后的《刑事诉讼法》第 56 条第 2 款和《非法证据排除规定》第 7 条提出审判前供述是非法取得的，法庭应当要求其提供涉嫌非法取证的人员、时间、地点、方式、内容等相关线索或者证据，法庭据此要求公诉人提供讯问笔录、原始的讯问录音录像时，公诉人也可以主动向法庭提供或者提请法庭调取相关时段的讯问录音录像。

第二，在法庭审理过程中，为审查确认取证的合法性而需要播放讯问录音录像的，应当注意按照《刑事诉讼法》第 183 条的规定，注意对国家秘密或者个人隐私的保护。

第三，讯问笔录应当尽可能与讯问录音录像的内容相一致。从司法实践看，由于口语与笔录书面语言存在着差异，讯问笔录难以做到与同步录音录像完全相符。我们认为，如果讯问笔录与讯问录音录像在语言表述上虽不完全一致，但所反映的意思表示一致，并经犯罪嫌疑人签字、按捺指纹确认的，讯问笔录可以作为定案的依据。如果两者表述的意思不一致，犯罪嫌疑人、被告人认为讯问录音录像是其真实意思表示，我们认为讯问录音录像具有比讯问笔录更高的证明力。这主要是考虑到对讯问的过程实施同步录音录像后，客观记录和再现了讯问的全部过程，真实地反映了讯问中双方活动的完整过程，不仅能够重现犯罪嫌疑人在讯问当时的精神状态和身体状况，而且还能对侦查人员的讯问语言、方式进行固定并能在事后的诉讼中重现，无论是讯问气氛、双方神态、言语声调等细节，都可以综合判断讯问过程中每一时刻的特定情景。

二、审查批准逮捕与审查起诉环节的非法证据排除

（一）审查批准逮捕与审查起诉环节非法证据排除的现状

当前，检察机关审查批准逮捕与审查起诉中适用非法证据排除主要存在以下两方面的问题：

第一，执法观念影响统一实施。长期以来，公检两家在办案过程中不同程度地存在重配合轻制约现象，如果在办案过程中检察机关以非法证据排除为由不（予）批准逮捕或者决定不起诉，难免会挫伤侦查人员的积极性，也会令社会大众尤其是被害人心理上难以接受。

第二，程序上有待细化。目前，对于审查批准逮捕和审查起诉环节非法证据排除的操作步骤、排除后救济、证据排除与批准逮捕决定和起诉决定之间的关系等方面，尚无具体明确的统一规定，给检察人员具体适用非法证据排除带来困难，也影响了检察职能的统一发挥。

（二）审查批准逮捕与审查起诉环节对非法证据排除的应对措施

修改后的《刑事诉讼法》第 54 条第 2 款规定："在侦查、审查起诉、审判时发现有应当排除的证据的，应当依法予以排除，不得作为起诉意见、起诉决定和判决的依据。"同时本次修改还明确了证明标准。1996 年刑事诉讼法对侦查终结、提起公诉和作出有罪判决均规定了"案件事实清楚，证据确实、充分"的证明标准。为准确适用这一标准，修改后的《刑事诉讼法》第 53 条第 2 款明确规定了"证据确实、充分"的条件，即：（1）定罪量刑的事实都有证据证明；（2）据以定案的证据均经法定程序查证属实；（3）综合全案证据，对所认定事实已排除合理怀疑。这种证明标准的充实、完善，也对检察机关审查批准逮捕和审查起诉环节的证据质量提出了新的要求。《非法证据排除规定》和《办理死刑案件证据规定》也作了相似的规定。

针对上述法律法规对检察机关审查批准逮捕和审查起诉环节审查证据提出的新要求，各级检察机关要严格审查、判断证据，确保办案质量，要严格按照

刑事诉讼法、《非法证据排除规定》和《办理死刑案件证据规定》确立的规则，认真审查、鉴别、分析证据，正确认定案件事实。既要审查证据的内容是否真实客观、形式是否合法完备，也要审查证据收集过程是否合法；既要依法排除非法证据，也要做好对瑕疵证据的审查补正和完善工作。对犯罪嫌疑人供述和证人证言、被害人陈述，要结合全案的其他证据，综合审查其内容的客观真实性，同时审查侦查机关（部门）是否将每一次讯问、询问笔录全部移送。对以刑讯逼供等非法手段取得的犯罪嫌疑人供述和采用暴力、威胁等非法手段取得的证人证言、被害人陈述，应当依法排除；对于使用其他非法手段获取的犯罪嫌疑人供述、证人证言、被害人陈述，根据其违法危害程度与刑讯逼供和暴力、威胁手段是否相当，决定是否依法排除。具体说来，包括以下几个方面的内容：

1. 做好对犯罪嫌疑人供述的形式审查。审查逮捕、审查起诉过程中第一次讯问犯罪嫌疑人，应当讯问其供述是否真实，并记入笔录。对被羁押的犯罪嫌疑人要结合提讯凭证的记载，核查提讯时间、讯问人与讯问笔录的对应关系：对提押至看守所以外的场所讯问的，应当要求侦查机关（部门）提供必要性的说明，审查其理由是否成立。要审查犯罪嫌疑人是否通晓当地通用语言。

2. 对犯罪嫌疑人的供述和辩解的审查。对犯罪嫌疑人的供述和辩解的审查，应当结合其全部供述和辩解及其他证据进行审查；犯罪嫌疑人的有罪供述，无其他证据相互印证，不能作为批准或者决定逮捕、提起公诉的根据；有其他证据相互印证，无罪辩解理由不能成立的，该供述可以作为批准或者决定逮捕、提起公诉的根据。

3. 做好对犯罪嫌疑人提出存在以非法方法收集证据情形的处理。犯罪嫌疑人或者其聘请的律师提出受到刑讯逼供的，应当告知其如实提供相关的证据或者线索，并认真予以核查。认为有刑讯逼供嫌疑的，应当要求侦查机关（部门）提供全部讯问笔录、原始的讯问过程录音录像、出入看守所的健康检查情况、看守所管教人员的谈话记录以及讯问过程合法性的说明；必要时，可以询问讯问人员、其他在场人员、看守管教人员或者证人，调取驻所检察室的相关材料。发现犯罪嫌疑人有伤情的，应当及时对伤势的成因和程度进行必要的调查和鉴定。对同步录音录像有疑问的，可以要求侦查机关（部门）对不连贯部分的原因予以说明，必要时可以协同检察技术部门进行审查。

4. 加强对侦查活动中讯问犯罪嫌疑人的监督。犯罪嫌疑人没有在决定羁押的当日被送入看守所的，应当查明所外看押地点及提讯情况；要监督看守所如实、详细、准确地填写犯罪嫌疑人入所体检记录，必要时建议采用录像或者拍照的方式记录犯罪嫌疑人身体状况；发现侦查机关（部门）所外提讯的，应当及时了解所外提讯的时间、地点、理由、审批手续和犯罪嫌疑人所外接受讯问的情况，做好提押、还押时的体检情况记录的检察监督。发现违反有关监管规定的，及时依照有关法律、规定提出纠正意见或者检察建议，并记录在案。

5. 做好对证人证言、被害人陈述的审查。审查证人证言、被害人陈述，应当注意对询问程序、方式、内容以及询问笔录形式的审查，发现不符合规定的，应当要求侦查机关（部门）补正或者说明。注意审查证人、被害人能否辨别是非、正确表达，必要时进行询问、了解，同时审查证人、被害人作证是否个别进行；对证人、被害人在法律规定以外的地点接受询问的，应当审查其原因，必要时对该证言或者陈述进行复核。对证人证言、被害人陈述的内容是否真实，应当结合其他证据综合判断。对于犯罪嫌疑人及其辩护人或者证人、被害人提出侦查机关（部门）采用暴力、威胁等非法手段取证的，应当告知其要如实提供相关证据或者线索，并认真核查。

6. 做好对物证、书证等证据的审查。对物证、书证以及勘验、检查笔录、搜查笔录、视听资料、电子证据等，既要审查其是否客观、真实反映案件事实，也要加强对证据的收集、制作程序和证据形式的审查。发现物证、书证和视听资料、电子证据等来源及收集、制作过程不明，或者勘验、检查笔录、搜查笔录的形式不符合规定或者记载内容有矛盾的，应当要求侦查机关（部门）补正，无法补正的应当作出说明或者合理解释，无法作出合理说明或者解释的，不能作为证据使用；发现侦查机关（部门）在勘验、检查、搜查过程中对与案件事实可能有关联的相关痕迹、物品应当提取而没有提取，应当要求侦查机关（部门）补充收集、调取；对物证的照片、录像或者复制品不能反映原物的外形和特征，或者书证的副本、复制件不能反映原件特征及其内容的，应当要求侦查机关（部门）重新制作；发现在案的物证、书证以及视听资料、电子证据等应当鉴定而没有鉴定的，应当要求侦查机关（部门）鉴定，必要时自行委托鉴定。

7. 做好审查补正证据的工作。对侦查机关（部门）的补正、说明，以及重新收集、制作的情况，应当认真审查，必要时可以进行复核。对于经侦查机关（部门）依法重新收集、及时补正或者能够作出合理解释，不影响物证、书证真实性的，可以作为批准或者决定逮捕、提起公诉的根据。侦查机关（部门）没有依法重新收集、补正，或者无法补正、重新制作且没有作出合理的解释或者说明，无法认定证据真实性的，该证据不能作为批准或者决定逮捕、提起公诉的根据。

8. 做好隐蔽性证据的审查。对于根据犯罪嫌疑人的供述、指认，提取到隐蔽性很强的物证、书证的，既要审查与其他证明犯罪事实发生的证据是否相互印证，也要审查侦查机关（部门）在犯罪嫌疑人供述、指认之前是否掌握该证据的情况，综合全案证据，判断是否作为批准或者决定逮捕、提起公诉的根据。

9. 做好鉴定意见的审查及补充鉴定。审查鉴定意见，要着重审查检材的来源、提取、保管、送检是否符合法律及有关规定，鉴定机构或者鉴定人员是否具备法定资格和鉴定条件，鉴定意见的形式要件是否完备，鉴定程序是否合法，鉴定结论是否科学合理。检材来源不明或者可能被污染导致鉴定意见存疑的，应当要求侦查机关（部门）进行重新鉴定或者补充鉴定，必要时检察机关可以另行委托进行重新鉴定或者补充鉴定；鉴定机构或者鉴定人员不具备法定资格和鉴定条件，或者鉴定事项超出其鉴定范围以及违反回避规定的，应当要求侦查机关（部门）另行委托重新鉴定，必要时检察机关可以另行委托进行重新鉴定；鉴定意见形式要件不完备的，应当通过侦查机关（部门）要求鉴定机构补正；对鉴定程序、方法、结论等涉及专门技术问题的，必要时听取检察技术部门或者其他具有专门知识的人员的意见。

10. 立足监督职能，纠正和排除非法证据。发现侦查人员以刑讯逼供或者暴力、威胁等非法手段收集犯罪嫌疑人供述、被害人陈述、证人证言的，应当提出纠正意见，同时应当要求侦查机关（部门）另行指派侦查人员重新调查取证，必要时也可以自行调查取证。侦查机关（部门）未另行指派侦查人员重新调查取证的，可以依法退回补充侦查。经审查发现存在刑讯逼供、暴力取证等非法取证行为，该非法言词证据被排除后，其他证据不能证明犯罪嫌疑人实施犯罪行为的，应当不批准或者决定逮捕，已经移送审查起诉的，可以将案件退回侦查机关（部门）或者不起诉。办案人员排除非法证据的，应当在审查报告中说明。

三、审判环节的非法证据排除

修改后的刑事诉讼法、《非法证据排除规定》和《办理死刑案件证据规定》对审判环节的非法证据排除进行了详细的规定，其中，涉及检察机关职能履行的集中体现在修改后的《刑事诉讼法》第 57 条。该条规定："在对证据收集的合法性进行法庭调查的过程中，人民检察院应当对证据收集的合法性加以证明。现有证据材料不能证明证据收集的合法性的，人民检察院可以提请人民法院通知有关侦查人员或者其他人员出庭说明情况；人民法院可以通知有关侦查人员或者其他人员出庭说明情况。有关侦查人员或者其他人员也可以要求出庭说明情况。经人民法院通知，有关人员应当出庭。”对证据的合法性进行证明，是检察机关依法指控犯罪、强化诉讼监督、保证办案质量的一项重要工作。针对修改后的刑事诉讼法和《非法证据排除规定》和《办理死刑案件证据规定》在庭审环节对检察机关履行诉讼监督职能的新要求，各级检察机关应当坚持对证据的合法性进行严格审查，依法排除非法证据，侧重提高庭审应对能力，进一步提高出庭公诉水平，做好证据合法性证明工作。具体说来，包括以下几个方面：

1. 做好庭前的准备工作。《非法证据排除规定》第 4 条规定，开庭审判前被告人提出其庭前供述是非法取得的，应向法院提交书面意见或者口头告诉。法院应当将被告人的书面意见或者告诉笔录复印件在开庭前交人民检察院。根据上述规定，人民检察院在收到人民法院送交的反映被告人庭前供述是非法取得的书面意见或者告诉笔录复印件等有关材料后，应当及时根据提供的相关证据或者线索进行审查。审查逮捕、审查起诉期间已经提出并经查证不存在非法取证行为的，按照查证的情况做好庭审应对准备。提起公诉后提出新的证据或者线索的，应当要求侦查机关（部门）提供相关证明，必要时可以自行调查核实。

2. 做好庭审中对被告人庭前供述合法性的证明。《非法证据排除规定》第 7 条规定，“法庭对被告人审判前供述取得的合法性有疑问的，公诉人应当向法庭提供讯问笔录、原始的讯问过程录音录像或者其他证据，提请法庭通知讯问时其他在场人员或者其他证人出庭作证，仍不能排除刑讯逼供嫌疑的，提请法庭通知讯问人员出庭作证。公诉人当庭不能举证的，可以依法建议法庭延期审理。”此外，根据修改后的《刑事诉讼法》第 57 条第 2 款的规定，庭审中，被告人及其辩护人提出被告人庭前供述是非法取得，没有提供相关证据或者线索的，公诉人应当根据全案证据情况综合说明该证据的合法性。被告人及其辩护人提供了相关证据或者线索，法庭经审查对被告人审判前供述取得的合法性有疑问的，公诉人应当向法庭提供讯问笔录、出入看守所的健康检查记录、看守管教人员的谈话记录以及侦查机关（部门）对讯问过程合法性的说明，讯问过程有录音录像的，应当提供。必要时提请法庭通知讯问时其他在场人员或者其他证人出庭作证，仍不能证明的，提请法庭通知讯问人员出庭作证。对被告人及其辩护人庭审中提出的新证据或者线索，当庭不能举证证明的，应当依法建议法庭延期审理，要求侦查机关（部门）提供相关证明，必要时可以自行调查核实。

3. 积极建议法院行使刑事诉讼法赋予的调查核实证据权，并加强对法院庭外调查核实活动的监督。《办理死刑案件证据规定》第 38 条和《非法证据排除规定》第8条规定，法庭对证据有疑问的，可以宣布休庭对证据进行调查核实。对庭外调查取得的证据，人民检察院和辩护人可以要求法院开庭进行调查。修改后的《刑事诉讼法》第56条第1款规定："法庭审理过程中，审判人员认为可能存在本法第五十四条规定的以非法方法收集证据情形的，应当对证据收集的合法性进行法庭调查。"根据上述规定，公诉人对于庭审中经综合举证、质证后认为被告人庭前供述取得的合法性已经能够证实，但法庭仍有疑问的，可以建议法庭休庭对相关证据进行调查核实。法庭进行庭外调查通知检察人员到场的，必要时检察人员应当到场。对法庭调查核实后的证据持有异议的，应当建议法庭重新开庭进行调查。

4. 做好证人证言、被害人陈述合法性的证明。《非法证据排除规定》第13条规定，被告人及其辩护人提出未到庭证人的书面证言、未到庭被害人的书面陈述是非法取得的，举证方应当对其取证的合法性予以证明。修改后的《刑事诉讼法》第57条第1款规定："在对证据收集的合法性进行法庭调查的过程中，人民检察院应当对证据收集的合法性加以证明。"根据上述规定，公诉人对于庭审中被告人及其辩护人提出未到庭证人的书面证言、未到庭被害人的书面陈述是非法取得的，可以从证人或者被害人的作证资格、询问人员、询问程序和方式以及询问笔录的法定形式等方面对合法性作出说明；有原始询问过程录音录像或者其他证据能证明合法性的，可以在法庭上宣读或者出示。被告人及其辩护人提出明确的新证据或者线索，需要进一步调查核实的，应当依法建议法庭延期审理，要求侦查机关（部门）提供相关证明，必要时可以自行调查核实，对被告人及其辩护人所提供的证人证言、被害人陈述等证据取得的合法性有疑问的，应当建议法庭要求其提供证明。

5. 依法做好对有关证据或者线索不能举证的处理。《非法证据排除规定》第11条至第13条规定，对被告人供述、证人证言、被害人陈述等，公诉人需要在法庭上提供证据证明其合法性。公诉人不提供证据加以证明，或者已提供的证据不够确实、充分的，该证据不能作为定案的根据。修改后的《刑事诉讼法》第58条规定："对于经过法庭审理，确认或者不能排除存在本法第五十四条规定的以非法方法收集证据情形的，对有关证据应当予以排除。"根据上述规定，对于被告人及其辩护人在提起公诉后提出证据不合法的新证据或者线索，侦查机关（部门）对证据的合法性不能提供证据予以证明，或者提供的证据不够确实、充分，且其他证据不能充分证明被告人有罪的，人民检察院可以撤回起诉，将案件退回侦查机关（部门）或者不起诉。

四、健全工作机制，形成监督合力

非法证据排除制度作为刚刚出台的新制度，在司法实践中仍处于探索阶段，检察机关在适用非法证据排除制度的过程中难免会出现各种薄弱环节。各级检察机关要在部门职能分工的基础上，尊重诉讼规律，积极探索健全工作机制，形成对非法证据排除制度适用的监督合力，做好检察环节的非法证据排除工作，实现打击犯罪与人权保障的双重价值目标。

1. 要加大对刑讯逼供、暴力取证等违法犯罪行为的查办力度。侦查监督、公诉、反渎职侵权、监所检察等各职能部门应当通力合作，完善情况通报、案件线索发现、证据移送、案件查办等各环节相互协调的工作机制。进一步提高对刑讯逼供、暴力取证等违法犯罪的发现能力和查办水平，通过对违法犯罪的及时有效追究，切实遏制非法取证等违法行为。

2. 完善审查逮捕、审查起诉对侦查活动监督的衔接机制和信息资源共享机制。对于批准或者决定逮捕但需要继续收集、补充、完善、固定证据的案件，以及不批准逮捕需要补充侦查的案件，侦查监督部门应当提出补充证据材料的意见，在送交侦查机关（部门）的同时，将副本送交公诉部门。侦查监督和公诉部门应当密切配合，跟踪监督，督促侦查机关（部门）补充完善证据。受理审查起诉的案件，应当审查侦查机关（部门）是否按照补充侦查意见补充相关证据材料。

3. 进一步健全和完善介入侦查引导取证工作机制。侦查监督、公诉部门要加强与侦查机关（部门）的配合与制约。对于需要介入侦查以及侦查机关（部门）要求介入侦查的案件，应当及时介入，参与勘验、检查、复验、复查，参与对重大案件的讨论，对证据的收集、固定和补充、完善提出建议。发现侦查活动有违法情形的，应当及时依法提出纠正意见。

4. 充分发挥刑事科学技术在办案中的重要作用。职务犯罪侦查、侦查监督、公诉、监所检察、检察技术部门要密切合作，运用技术手段提高发现、收集、固定证据的能力，提高涉及专门技术问题证据材料的审查、判断、运用的能力和水平。

5. 加强与侦查机关、审判机关的沟通与协调。通过联席会议、案件质量评析通报等形式，研究分析证据的收集、审查、判断、运用中发现的问题，与侦查机关、审判机关共同研究解决办法，并且结合当地实际健全完善贯彻落实非法证据排除制度的相关机制和措施。

6. 上级人民检察院应当不断总结实践中的经验和问题，强化管理、检查和监督，加强对下级人民检察院的业务指导。对于重大犯罪案件、在全国或者当地有重大影响的案件、上级人民检察院督办的案件以及经有关部门协调、协调意见与检察机关不一致的案件，下级人民检察院应当及时向上级人民检察院报告。

犯罪嫌疑人被逮捕的，聘请的律师可以为其申请取保候审。检察人员从第一次拘传犯罪嫌疑人或者对其采取强制措施之日起，应当告知犯罪嫌疑人可以聘请律师为其提供法律咨询、代理申诉、控告或者为其申请取保候审，并将告知情况记明笔录。

（五）拘传期限内强制措施的变更

需要对被拘传的犯罪嫌疑人变更强制措施的，应当经检察长或者检察委员会决定，在拘传期限内办理变更手续。在拘传期间内决定不采取其他强制措施的，拘传期限届满，应当结束拘传。这里的“变更强制措施”，是指将拘传措施改变为取保候审、监视居住、拘留或逮捕措施。“在拘传期限内”，是指在犯罪嫌疑人、被告人到达指定地点后的12小时以内，特别重大、复杂的案件在24小时以内。“办理变更手续”，是指要制作采取取保候审等其他强制措施的正式法律文书。这里的“不采取其他强制措施”，既包括人民检察院已经决定不采取取保候审、监视居住、拘留、逮捕等措施，也包括在拘传期限内没有作出是否采取其他强制措施、采取何种强制措施的决定。无论属于哪种情形，拘传期限届满，都应当结束拘传，以维护犯罪嫌疑人的合法权益。

五、对依法适用拘传的监督

对拘传的监督是指对案件办理机关采取拘传措施是否合法进行的监督。

（一）对拘传程序的监督

适用拘传应当根据案件性质、犯罪嫌疑人的人身危害大小等因素来确定。如果犯罪嫌疑人所犯的罪行不严重，犯罪后有悔改表现的，就应当传唤；反之则应当拘传。

1. 拘传必须经案件办理机关的负责人批准。公安机关在侦查过程中必须经公安机关的负责人批准；人民检察院在侦查过程中采用拘传措施必须经检察长批准。

2. 拘传必须使用拘传证。拘传证是侦查机关在侦查过程中对犯罪嫌疑人采用拘传措施必须具备的法律文书。拘传证上载明犯罪嫌疑人的姓名、性别、住所、案由、拘传的理由等，并有批准人的签名。

3. 拘传必须由案件办理机关的执法人员执行。执行拘传的时候应当向被拘传人出示拘传证。

4. 拘传是以强制手段将犯罪嫌疑人带到……

第八章　依法适用强制措施的监督

第一节　概　　述

一、强制措施的概念

刑事诉讼中的强制措施，又称为刑事强制措施，是指公安机关、人民检察院和人民法院为了保证诉讼的顺利进行，依法对刑事案件的犯罪嫌疑人、被告人的人身自由进行限制或者剥夺的各种强制性方法。① 修改后的刑事诉讼法在第一编第六章专章规定了强制措施，相关条文共计 35 条，占整部刑事诉讼法 290 个条文的比例超过 12%。其中，修改或新增的条文达 17 条之多，对每一种强制措施都进行了或多或少的补充完善。主要修改变化情况具体体现在以下几个方面：一是进一步细化逮捕条件，完善审查逮捕的程序；二是扩大适用取保候审的对象范围，完善适用的程序；三是完善监视居住措施，更加凸显监视居住作为羁押替代措施的地位和作用；四是适当延长拘传的时间，一般案件的拘传讯问时间仍然是 12 个小时，但是，案情重大、复杂，需要采取拘留、逮捕措施的，拘传时间最长为 24 个小时。

从总体上看，此次修改刑事诉讼法中对强制措施制度的修改完善主要有三个亮点：一是强制措施的适用程序更加明确，可操作性进一步增强。二是强制措施之间的衔接更加紧密，强制措施的体系性、系统性更加完备。如，对于羁押期限届满，案件尚未办结，需要采取取保候审或者监视居住措施的，可以采取取保候审或者监视居住措施。被取保候审、监视居住的犯罪嫌疑人、被告人违反取保候审、监视居住规定，情节严重的，可以予以逮捕。对于违反取保候审或者监视居住规定需要予以逮捕的，可以对犯罪嫌疑人、被告人先行拘留。对于符合取保候审条件，但犯罪嫌疑人、被告人不能提出保证人，也不交纳保证金的，也可以监视居住。三是进一步强化了对权利的保障和对权力的制约监

① 参见陈光中：《刑事诉讼法》，北京大学出版社、高等教育出版社 2005 年版，第 220 页。

督。如，增加规定强制措施变更申请制度，犯罪嫌疑人、被告人及其法定代理人、近亲属、辩护人有权申请变更强制措施，人民法院、人民检察院和公安机关应当在收到申请后的3日以内作出决定，不同意变更的应当告知申请人并说明不同意的理由。增加规定羁押必要性后续审查制度，犯罪嫌疑人、被告人被逮捕后，人民检察院仍应当对羁押的必要性进行审查。对于不需要继续羁押的，应当建议予以释放或者变更强制措施。还规定，传唤、拘传犯罪嫌疑人，应当保证犯罪嫌疑人的饮食和必要的休息时间，等等。

二、强制措施的特征

强制措施具有以下几个主要特征①：

1. 强制性。这是强制措施的首要特征。强制措施的适用是有关国家机关行使国家刑事司法权的表现，是以国家强制力为后盾的，适用强制措施的直接后果是使犯罪嫌疑人或者被告人的人身自由受到不同程度的限制或者剥夺。

2. 法定性。强制措施作为限制或者剥夺人身自由的强制方法，其适用不是随意的，必须依照刑事诉讼法和其他有关法律的规定进行。强制措施的法定性主要表现在四个方面：（1）强制措施种类的法定性，即只有拘传、取保候审、监视居住、拘留、逮捕五种，五种强制措施各有其独特的法律含义。（2）强制措施适用对象的法定性，即只能适用于犯罪嫌疑人或者被告人，对其他诉讼参与人不能适用强制措施。（3）强制措施适用主体的法定性，即只有人民检察院、人民法院、公安机关等法律规定的特定机关才有权决定采取强制措施。(4) 强制措施适用程序的法定性，决定采取强制措施以及执行强制措施都必须严格依照法律规定的程序进行。

3. 保障性。适用强制措施的目的是为了保障刑事诉讼活动的顺利进行，它是一种保障机制，是刑事诉讼活动中的辅助活动，仅具有程序性效力，而不是对案件进行实体处理。因适用强制措施产生的限制或者剥夺犯罪嫌疑人、被告人人身自由的结果不具有刑罚处罚的性质。

4. 暂时性。强制措施是为了保障刑事诉讼的顺利进行而采取的临时性措施，如果发现不应当追究犯罪嫌疑人或者被告人的刑事责任，或者没有必要采取强制措施，或者强制措施的期限届满，或者诉讼终结的，应当撤销、解除或者变更强制措施。

① 参见张穹主编：《人民检察院刑事诉讼理论与实务》，法律出版社1998年版，第86页。

三、强制措施与强制性措施

这里要特别对强制措施和强制性措施的概念进行界定。实践和理论界对此长期存在较大争议，直接影响了理论研究出发点的一致性和执法司法工作中对法律规范理解的准确性。有的学者认为，强制性措施包括强制措施，此即“包容说”的观点。也有的认为，强制措施与强制性措施是两个不同的概念，二者间不存在交叉、重叠关系，此即“并列说”的观点。还有的认为，强制性措施就是强制措施，包括了拘传、取保候审、监视居住、逮捕、拘留，系二词一义，此即“同一说”的观点。[①] 我们认为，强制措施与强制性措施是两个并列的概念。主要有三点理由：第一，二者间不存在交叉、重叠关系。刑事诉讼法第一编第六章专章规定了强制措施，第二编第二章专章规定了侦查。从法律文本上看，似乎不宜认为并列的两章规定的内容间存在交叉关系，存在包含关系、同一关系则更不可能。第二，二者的内涵和外延不同。刑事诉讼法专章规定强制措施，其内涵和外延是十分明确的，就是短期限制或者剥夺人身自由的手段，有关执法司法机关必须严格依照法律规定的事由和条件，针对法定对象，经法定程序、在法律明确规定的五种强制措施范围内依情形对应适用。从第二编第二章关于侦查的专章规定来看，强制性措施至少包括讯问，强制身体检查，搜查，扣押物证、书证等，但不包括拘传、取保候审、监视居住、拘留、逮捕这五种强制措施。因此，认为强制性措施包括强制措施的观点其依据并不充分。第三，强制措施可以在立案、侦查、起诉、审判等各个阶段适用，而强制性措施仅限于侦查阶段适用，是侦查的一部分。强制性措施的字样仅在修改后的《刑事诉讼法》第 106 条第（一）项中出现过，而且是用来解释“侦查”一词的含义的。从本质上讲，强制性措施是一种侦查措施，但强制措施显然不是侦查措施。因此，不能将强制措施等同于或者包含于强制性措施。还有一个与此二者相近的概念，即侦查措施，我们认为，侦查措施不仅包含了强制性的侦查措施，也包含了非强制性的侦查措施。只有强制性侦查措施的表述才是专指侦查机关（部门）在侦查中使用的具有强制性的、限制或者剥夺人身自由的措施。这种提法相比强制性措施更为科学，更为可取，有利于厘清强制措施与强制性措施的界限，终结认识分歧，也符合刑事诉讼法对侦查的定义的本意。

基于上述分析，本书所阐述的强制措施即是指修改后的刑事诉讼法第一编

---

① 参见李忠诚：《刑事强制措施制度研究》，中国人民公安大学出版社 1997 年版，第 8 页。

第六章规定的拘传、取保候审、监视居住、拘留、逮捕这五种限制或剥夺人身自由的强制措施，不包括搜查、扣押等侦查阶段使用的强制性措施，本书所涉及的对依法适用强制措施的监督也仅限于对这五种强制措施的监督。要说明的是，在此作这样的限定并不表明检察机关对强制性侦查措施无权监督。修改后的《刑事诉讼法》第8条明确规定，人民检察院依法对刑事诉讼实行法律监督。第98条进一步明确规定，人民检察院在审查批准逮捕工作中，如果发现公安机关的侦查活动有违法情况，应当通知公安机关予以纠正，公安机关应当将纠正情况通知人民检察院。强制性侦查措施属于侦查活动的范畴，因此，检察机关对公安机关采取强制性侦查措施的情况也应当实施法律监督。但是，本书不将此作为阐述的重点。

总之，对诉讼活动实行法律监督，是宪法和法律赋予人民检察院的重要职责，是我国社会主义司法制度、检察制度的重要特色，是人民检察院法律监督性质和职能的重要体现。全面加强人民检察院对诉讼活动的法律监督，促进司法公正，是党中央的明确要求和人民群众的迫切愿望，对于维护社会主义法制的统一、尊严和权威，维护社会公平正义、促进社会和谐稳定具有重要意义。① 依法适用强制措施，是刑事诉讼活动的重要内容，检察机关对依法适用强制措施进行监督，是法律明确赋予的责任。

第二节　检察机关对依法适用强制措施进行监督

我国刑事诉讼的直接目的是控制犯罪与保障人权，根本目的是维护我国宪法制度及其赖以巩固与发展的秩序。② 控制犯罪与保障人权是刑事诉讼的两个重要目标，是刑事诉讼的两极。要实现刑事诉讼的直接目的和根本目标，必须在立法和司法中均将二者放在同等重要的位置，确立并遵循控制犯罪与保障人

① 参见最高人民检察院《关于进一步加强对诉讼活动法律监督的意见》（高检发〔2009〕30号）。

② 参见宋英辉：《刑事诉讼原理导读》，中国检察出版社2008年版，第31页。

权相平衡的原则，既要提高追究犯罪①的能力，也要提高保障人权的水平；既要严格规制公权力行使，也要赋予专门机关追究犯罪的必要手段，两者是相辅相成、协调并进、辩证统一的关系。② 在刑事诉讼实践中贯彻这一原则，在追究犯罪和保障犯罪嫌疑人、被告人的人权之间保持平衡，就要做到严格依法适用强制措施，不滥用强制措施。检察机关是国家法律监督机关，强化检察机关对强制措施的监督，是依法适用强制措施，促进司法公正的重要保证。

一、监督的依据

（一）检察机关对依法适用强制措施进行监督是权力制约的必然要求

在我国刑事诉讼制度中，对权力的制约主要从四个方面实现。以强制措施的适用为例。一是分工制约。刑事诉讼法将强制措施的决定权和执行权分别交由不同的执法司法主体行使。逮捕是最为典型的例子。人民检察院享有批准或决定逮捕的权力，但执行逮捕的权力由公安机关行使。二是监督制约。这里的监督是指专门的法律监督机关的监督，不包括一般意义上的监督。主要体现在，赋予检察机关对包括强制措施适用在内的刑事诉讼监督权，对公安机关、人民法院及检察机关自身适用强制措施的活动实行法律监督。③ 三是权利制约。刑事诉讼法赋予犯罪嫌疑人、被告人及其法定代理人、近亲属、辩护人等一定的诉讼权利，如，申请变更强制措施的权利、要求解除法定期限届满的强制措施的权利、控告申诉的权利等。权利的行使必然对公权力形成制约。四是程序制约。刑事诉讼法对各种强制措施的适用均规定了严格的程序，执法司法机关适用强制措施必须严格按照规定的程序进行。应当说，在确定的司法体制和职能分工下，程序制约对执法司法机关严格依法适用强制措施具有基础性作用，监督制约则具有最后的保障作用。

（二）检察机关对依法适用强制措施进行监督是法律赋予的职责

检察机关是专门的国家法律监督机关，依法承担着对刑事诉讼进行法律监

---

① 笔者在此未继续使用控制犯罪的表述，并不是改变了对刑事诉讼目的的认识，而是基于语境的变换转而使用追究犯罪的提法。因为，控制犯罪的含义比追究犯罪、惩罚犯罪和打击犯罪更广泛，既能反映刑事诉讼作为一种活动过程的特点，也能体现其作为刑事诉讼目标之一的特点。因此，用于表达刑事诉讼的目的是比较适当的。但是，控制犯罪的目标必须通过追究犯罪等具体的刑事诉讼活动来实现。

② 参见童建明：《遵循追究犯罪与保障人权相平衡原则，推进刑事诉讼制度的改革和完善——以检察机关的法律监督为视角》，载《人民检察》2011 年第 12 期。

③ 参见闫俊瑛：《论强制措施诉讼监督制度及其完善》，载《法学杂志》2008 年第 5 期。

督的职责。由检察机关承担对依法适用强制措施进行监督的职责，不仅符合我国宪法对于检察机关的职能定位，也符合刑事诉讼法的明确规定。修改后的《刑事诉讼法》第98条明确规定，人民检察院在审查批准逮捕工作中，如果发现公安机关的侦查活动有违法情况，应当通知公安机关予以纠正，公安机关应当将纠正情况通知人民检察院。第167条规定，凡需要提起公诉的案件，一律由人民检察院审查决定。第168条规定，人民检察院审查案件的时候，必须查明：侦查活动是否合法。事实上，自1979年我国颁行第一部刑事诉讼法以来，检察机关对刑事诉讼的法律监督不断加强，监督职权配置日益优化，监督机制不断健全，监督方式更加丰富，已经形成了一套有效运转的法律监督系统，对依法适用强制措施进行了有效监督。

（三）检察机关对依法适用强制措施进行监督具有无可替代的优势

检察机关既承担着公诉职能，又承担着其他法律监督职能，① 二者相辅相成。侦查活动的特点决定了强制措施的迅速性、灵活性，要真正保证犯罪嫌疑人、被告人的合法权益，监督必须及时。立案之后，检察机关最早接触到侦查结果，并要进行一系列的证据收集活动；在审查起诉阶段，检察机关要进行讯问、审查案卷等工作，较早接触到被采取强制措施的犯罪嫌疑人、被告人，有利于检察机关尽早发现侦查机关的违法行为，及时进行纠正，有效维护当事人的合法权益。②

二、监督的主体

根据宪法、刑事诉讼法的规定，对依法适用强制措施进行监督的专门机关是人民检察院，也就是说，检察机关是对强制措施的适用进行监督的主体。

---

① 在此，笔者秉持的观点是，公诉权是法律监督权的一部分。对于公诉职能是否属于法律监督，理论上争议很大。笔者认为，将公诉与侦查分开，并将公诉职能交由检察机关行使，主观上是为了阻断侦查与审判，在二者之间增加一个审查控制程序，防止司法擅断和司法专横，弱化侦查权的攻击性，客观上也确实起到了法律监督的实际效果。因此，认为公诉权是法律监督权的一部分应当是自然而然的结论。特别是在我国检察机关作为国家法律监督机关的司法体制下，此论断更具有充分的依据。否定的观点其要害在于以西方发达国家的政治体制包括司法体制和检察机关的性质、地位作为参照系，认为公诉权是各国检察机关的共同职能，别的国家的公诉职能不属于法律监督职能，我国的公诉职能当然也不能算。这种观点不仅不符合各国司法体制演进的历史事实，未能准确把握公诉的性质和作用，在研究方法上也存在简单类比的问题。

② 参见田圣斌、沈杰：《强化检察机关对强制措施监督权限的思考》，载《中国检察官》2010年第5期。

理解强制措施监督的主体需要准确把握三个方面。其一，对强制措施适用的监督权统一由检察机关行使。尽管检察机关内部设置了不同的机构分别具体承担各项检察职能，但不能因此认为某个部门是行使某项检察权的主体。对此，理论界和实践中存在一定程度的认识混乱。其二，检察机关对适用强制措施的监督对象包括侦查机关和审判机关。强制措施的适用不限于侦查阶段，适用强制措施的主体也不限于公安机关和人民检察院。虽然检察机关对于强制措施的监督较多地表现为对侦查环节的监督，但我们不能由此得出检察机关对法院适用强制措施无权监督的结论。其三，侦查监督部门和公诉部门均承担对侦查活动是否合法进行监督的职责。因此，对强制措施的适用进行监督不完全属于侦查监督的范畴，其监督职能也不仅仅由侦查监督部门承担。

具体说来，检察机关内部承担强制措施监督职责的职能部门主要有：侦查监督部门、公诉部门、监所检察部门、控告申诉检察部门。其中，侦查监督部门负责监督侦查机关以及检察机关侦查部门在犯罪嫌疑人被逮捕前适用强制措施的活动。公诉部门负责监督侦查机关及检察机关侦查部门在犯罪嫌疑人捕前、捕后适用强制措施的活动，以及检察机关侦查监督部门审查批准逮捕、审查决定逮捕、批准、延长侦查羁押期限等的活动。监所检察部门负责监督侦查机关及检察院侦查部门、检察机关侦查监督部门、公诉部门、人民法院执行强制措施如羁押期限等的情况。控告申诉检察部门则主要负责监督检察机关侦查监督部门不批准逮捕的决定。①

三、监督的对象和内容

根据上述分析，检察机关对依法适用强制措施的监督不限于侦查阶段，而是贯穿了整个刑事诉讼的全过程；不限于对侦查机关，还包括审判机关以及检察机关自身。

刑事诉讼法对依法适用拘传、取保候审、监视居住、拘留、逮捕五种强制措施的主要方面包括决定、执行、变更、撤销，从主体、条件、程序等方面作了具体规定。这些规定既是公安机关、人民检察院、人民法院依法适用强制措施必须遵循的法律依据，同时也是检察机关对依法适用强制措施进行监督必须遵循的法律依据。

---

① 参见闫俊瑛：《论强制措施诉讼监督制度及其完善》，载《法学杂志》2008 年第 5 期。

四、监督的主要途径和方式

检察机关对依法适用强制措施进行监督的途径主要有：一是依托审查逮捕、审查起诉职能进行监督。随着刑事诉讼程序的推进，侦查机关（部门）及检察机关自侦部门适用强制措施的活动会自动进入检察机关的视野，为其开展监督提供路径，审查逮捕、审查起诉因而也成为检察机关行使侦查监督、审判监督的重要途径。二是通过履行侦查监督、审判监督、控告申诉检察职能等进行监督，如通过备案审查、办理控告申诉案件等，对公安机关重新计算侦查羁押期限等适用强制措施的活动进行监督。

检察机关发现有关机关（部门）适用强制措施违反法律规定的，主要采取以下方式进行监督纠正：一是通过行使批准权、决定权予以纠正。如检察机关对侦查机关（部门）提请逮捕的案件，经审查认为符合逮捕条件的，依法批准或决定逮捕；对不符合逮捕条件的不予批准或不作出决定。二是对不当的强制措施直接予以变更或撤销。如检察机关对于侦查机关（部门）采取取保候审不当的行为，通过追捕的方式将取保候审变更为逮捕。对侦查机关（部门）申请延长羁押期限不予批准，其直接后果就是必须对被羁押的犯罪嫌疑人、被告人予以释放或者变更为取保候审或者监视居住。三是口头或书面纠正违法，主要适用于强制措施适用程序上的一些违法行为。四是对违法适用强制措施构成犯罪的行为立案查处。为了保障检察机关的纠正意见得到接受，人民检察院提出的纠正意见不被接受的，应当向上一级人民检察院报告，并抄送上一级公安机关。上级检察院认为下级检察院的意见正确，应当通知同级公安机关督促下级公安机关纠正；上级检察院认为下级检察院的纠正意见错误的，应当通知下级检察院撤销纠正违法通知书，并通知同级公安机关。

五、监督的基本原则和基本要求

（一）基本原则

检察机关对依法适用强制措施进行监督，应当遵循以下基本原则：[①]

1. 依法监督原则。检察机关对依法适用强制措施进行监督，必须按照法律规定的程序在法律规定的职权范围内进行，不能超越法律的规定。[②] 依法监

① 关于监督的原则，主要参考孙谦、童建明：《论诉讼监督与程序公正》，载《人民检察》2010 年第 22 期。

② 参见孙谦主编：《中国特色社会主义检察制度》，中国检察出版社 2009 年版，第 253、254、234 页。

督原则是检察机关进行诉讼监督的首要原则，也是现代法治原则在检察活动中的具体体现，必须严格遵守。检察机关在依法监督强制措施适用中贯彻依法监督的原则，应当做到三个方面的要求：不越权、不缺位、规范化。具体说就是：首先，检察机关必须在法律规定的职权范围内进行监督。由于监督是检察机关通过行使检察职权来体现的，所以，检察机关的监督必须以自身的职权为依托，不得超越职权范围，否则就是越权；同时，检察机关必须忠实地履行职责，否则便是失职。其次，检察机关必须按照法律规定的方式进行监督。法律规定的监督方式是检察机关正确进行监督的途径，也是检察机关进行监督能够产生法律效力的根据和保证。检察机关进行诉讼监督时，必须按照法律规定的方式进行，否则就是违法的，不能产生法律效力。最后，检察机关必须按照法律规定的程序进行诉讼监督。法律规定的程序既是程序公正的体现，也是对权力进行制约的关键。按照法律规定的程序进行监督，既体现了诉讼监督具有的程序公正的特性，也保证了检察机关的诉讼监督能够对权力进行有效的制约。

2. 适度监督原则。检察机关对依法适用强制措施进行监督，还应当遵循适度监督原则。这既是依法监督原则的必然要求，也是检察机关作为法律监督机关的定位和职能的必然要求。根据适度监督原则，检察机关应当根据违法行为的严重性和程度、掌握证据的情况以及案情的紧急性和必要性，采取适当的监督方式。既要避免过度地进行监督，以监督权代替侦查权、审判权或者刑罚执行权的行使，破坏法定分工，妨碍司法公正，又要避免不适当地进行监督，采取与违法诉讼行为严重程度不相称的诉讼监督方式，浪费司法资源，损害司法权威。适度监督原则对检察机关的诉讼监督提出了以下三方面的要求：一是检察机关进行监督时应当根据违法行为的性质和程度选择适当的监督方式。我国法律规定了多种监督的方式，每一种监督方式都是根据案件的具体情况或者违法行为的性质和程度而规定的，检察机关进行监督要根据适度监督原则选择适当的方式。二是检察机关进行监督时应当兼顾诉讼效率。检察机关在进行监督时，对于诉讼中严重影响公正的违法行为，要坚决予以监督，但对于那些对公正影响不大的轻微违法行为，为了追求诉讼效率，检察机关可以口头等非正式的方式提出监督，不采用书面的监督方式进行监督，这样既可以避免耗费过多的人力、物力和财力，也可以保证司法活动的效率。三是检察机关进行监督应当追求最佳的监督效果。实现法律效果与政治效果、社会效果的有机统一，既有利于树立和维护法律权威，又有利于巩固党的执政地位，服务党和国家的工作大局，维护广大人民的根本利益，维护社会和谐稳定。

3. 有效监督原则。检察机关在法律规定的范围内有效地发现和纠正违法，做到监督到位、监督有力、切实维护当事人的合法权利，保障司法公正。诉讼监督的有效性主要体现为：监督对象按照法定程序和方式接受监督，并依法定程序改正和消除已经发生的违法行为及其违法后果。为了增强刑事诉讼监督的有效性，使诉讼中的违法情况得到及时纠正，切实维护诉讼当事人的合法权益，既要加强和改进检察机关的诉讼监督工作，也要完善刑事诉讼中的法律监督制度。

（二）基本要求

2009年，最高人民检察院印发了《最高人民检察院关于进一步加强对诉讼活动法律监督的意见》，该意见提出了加强对诉讼活动法律监督工作的五条基本要求。对依法适用强制措施的监督无疑是诉讼活动法律监督的重要组成部分，因此，也应当严格贯彻这些基本要求。

1. 敢于监督，善于监督。检察机关在开展依法适用强制措施的法律监督工作中，要牢牢把握宪法和法律关于人民检察院是国家法律监督机关的职能定位，始终把强化法律监督、维护公平正义作为检察工作的根本任务，不断增强监督意识，做到既敢于监督，刚正不阿，又善于监督，慎重行事，讲究方式方法，不断提高监督水平。

2. 依法监督，规范监督。要严格依据法律赋予的职权，按照法律规定的程序，规范监督的机制和手段，运用查处职务犯罪、抗诉、纠正违法通知、检察建议、建议更换办案人等方式开展监督工作，及时纠正诉讼中的严重违法行为和错误裁判，严肃查处司法不公背后的职务犯罪，全力维护司法公正。

3. 突出重点，注重实效。要紧紧抓住人民群众反映强烈的执法不严、司法不公、司法腐败问题，着力增强监督工作的针对性和时效性，切实提高法律监督水平，把工作着力点放在增强实效上，使诉讼中的违法行为得到纠正。

4. 提高效率，保证质量。要正确处理监督工作中的一系列关系，坚持监督的力度、质量、效率和效果的有机统一，加大监督力度，提高监督效率，保证监督质量，追求最佳的监督效果，使诉讼监督实现打击犯罪与保障人权，实体公正与程序公正，监督制约与协调配合，法律效果与政治效果、社会效果的有机统一。

5. 处理好监督与支持的关系。人民检察院与人民法院、公安机关、刑罚执行机关虽然在诉讼活动中分工不同，但根本目标一致，都在各自职权范围内严格执行法律，为建设中国特色社会主义服务。人民检察院加强诉讼监督，目的是督促和支持有关机关严格依法行使职权，确保法律得到正确实施，维护社会主义法制的统一、尊严和权威。要树立监督就是支持、监督与支持相统一的理念，在监督中支持，在支持中监督，推动社会主义法治建设的顺利进行。

第三节　对依法适用拘传的监督

一、拘传概述

拘传是指人民法院、人民检察院和公安机关对未被拘留、逮捕的犯罪嫌疑人或者被告人，采用强制方式包括使用戒具将其带到指定地点进行讯问。拘传的目的是为了使犯罪嫌疑人、被告人及时到案接受讯问，查清案件事实，进一步收集证据，保障诉讼活动顺利进行。

拘传是强制措施中最轻微的一种。言其轻微，是相对于其他四种强制措施对人身自由限制的程度和时间长度而言的。修改后的《刑事诉讼法》第64条规定："人民法院、人民检察院和公安机关根据案件情况，对犯罪嫌疑人、被告人可以拘传、取保候审或者监视居住。"此规定延续了1996年刑事诉讼法的规定，此次修改未作任何变动，仍然属于授权性的原则规定。修改后的《刑事诉讼法》第117条规定："传唤、拘传持续的时间不得超过十二小时；案情特别重大、复杂，需要采取拘留、逮捕措施的，传唤、拘传持续的时间不得超过二十四小时。不得以连续传唤、拘传的形式变相拘禁犯罪嫌疑人。传唤、拘传犯罪嫌疑人，应当保证犯罪嫌疑人的饮食和必要的休息时间。"上述两条是刑事诉讼法关于拘传的全部规定。

此次修法，对拘传制度的修改主要有两个方面：第一，适当延长了拘传的时间。案情特别重大、复杂，需要采取拘留、逮捕措施的，传唤、拘传持续的时间不得超过24小时。根据1996年刑事诉讼法的规定，拘传最长不得超过12小时。从司法实践看，检察机关适用拘传措施存在以下问题：一是变相延长拘传的时间。如对调查对象既不采取拘传也不办理传唤手续，采取所谓"约谈"的方法，连续讯问的时间超出12小时。还有的利用法律没有严格规定连续拘传间隔时间的漏洞，采用短时间间隔多次拘传的方式变相延长拘传时间。二是借用"两规"、"两指"措施，以规避拘传12小时的法律规定。这些问题客观上反映了拘传不得超过12小时的规定不符合查处职务犯罪案件的实际需要，因此此次修法将拘传的时间修改为两个适用档次，一般案件仍然维持12小时的规定，案情特别重大、复杂的则延长到24小时。第二，明确规定拘传时要保证被拘传人的饮食和必要的休息时间，加大了对公民权利的保障力度。

二、拘传的适用对象和条件

关于拘传的适用对象，公安部、最高人民检察院、最高人民法院分别在相关规定中作了规定。公安部《公安机关办理刑事案件程序规定》第60条规定："公安机关根据案件情况对需要拘传的犯罪嫌疑人，或者经过传唤没有正当理由不到案的犯罪嫌疑人，可以拘传到其所在市、县内的指定地点进行讯问。"最高人民法院《关于执行〈中华人民共和国刑事诉讼法〉若干问题的解释》第64条规定："对经过依法传唤，无正当理由拒不到庭，或者根据案件情况有必要拘传的被告人，可以拘传。"最高人民检察院《人民检察院刑事诉讼规则》第32条也作了原则规定："人民检察院根据案件情况，对犯罪嫌疑人可以拘传。"可见，拘传的对象只限于犯罪嫌疑人、被告人。

根据立法精神，拘传的适用对象应当包括两种情况：一是犯罪嫌疑人未被采取任何强制措施；二是犯罪嫌疑人被采取了除拘留和逮捕以外的强制措施，对被采取取保候审或者监视居住的犯罪嫌疑人和曾被拘传过的犯罪嫌疑人，仍然可以适用拘传。对抗拒拘传的，可以使用戒具，强制到案。对于因采取拘留、逮捕强制措施而被羁押的犯罪嫌疑人，需要讯问的，应当使用提押证。询问证人，不能使用拘传证，而应当使用询问通知书。

由于拘传措施较轻，适用情形较多，因此，刑事诉讼法没有具体规定适用条件，而是规定"根据案件情况"对犯罪嫌疑人、被告人可以拘传。这里的"案件情况"，包括犯罪嫌疑人、被告人的个人情况、涉嫌的罪名和案件事实情况以及办理案件的需要等。这是一个弹性较大的规定，立法上完全交由案件办理机关视情决定。实践中需要注意，拘传不以传唤为前提。根据案件情况，人民法院、人民检察院和公安机关既可以在传唤不到的情况下拘传犯罪嫌疑人、被告人，也可以不经传唤直接拘传。

三、拘传的适用程序

刑事诉讼法并没有明确具体地规定适用拘传的条件和程序等，但是，司法机关适用强制措施仍然要做到严肃、合法。自1979年刑事诉讼法颁行后，司法机关通过制定和不断完善有关工作程序规定，不断建立健全了拘传的适用程序。具体是：

（一）履行内部报批程序，办理拘传证

办理案件的机关适用拘传时，应当履行内部报批程序，由有关负责人签发拘传证。人民检察院根据案件情况，对犯罪嫌疑人、被告人可以拘传。拘传应当经检察长批准，签发拘传证。这里的"检察长"，是指本院的检察长，不包

括主管副检察长；“拘传证”必须加盖检察长和人民检察院的印章才能生效。

拘传证应当以被拘传的人次为单位制作，即对于同一个犯罪嫌疑人、被告人，每一次拘传均应单独制作拘传证；对于一次拘传多名犯罪嫌疑人进行讯问的，应当对每一个被拘传的人均单独制作拘传证。

（二）出示拘传证，强制到案

拘传可以由办案人员或者司法警察进行，但执行人员不得少于2人。拘传时，应当查明犯罪嫌疑人、被告人的姓名、性别、年龄、住址等基本情况，向被拘传人出示拘传证。拘传证是执行拘传的法定有效证件。为了维护犯罪嫌疑人的合法权益，保证法律的正确执行，拘传证必须向犯罪嫌疑人出示，并且必须出示原件正本。对抗拒拘传的，可以使用戒具，强制到案。这里的“抗拒拘传”，是指犯罪嫌疑人以暴力等作为的方式或者其他不作为的方式不按照拘传要求到达指定地点接受讯问；这里的“戒具”包括警棍、警绳、手铐等为强制犯罪嫌疑人到案而使用的工具；使用戒具的目的是“强制到案”，即强制犯罪嫌疑人到达指定地点接受讯问，犯罪嫌疑人到案后，不能再使用戒具。

检察机关执行拘传的人员包括检察人员、书记员和司法警察。“不得少于二人”，是指执行人员要为2人或者2人以上，这样规定是为了保证文明、有效、合法执行拘传，同时防止发生意外。

四、拘传的适用要求

（一）不得拘传到规定以外的地点进行讯问

人民检察院拘传犯罪嫌疑人，应当在犯罪嫌疑人所在市、县内的地点进行。犯罪嫌疑人的工作单位、户籍地与居住地不在同一市、县的，拘传应当在犯罪嫌疑人的工作单位所在的市、县进行；特殊情况下，也可以在犯罪嫌疑人户籍地或者居住地所在的市、县内进行。

由于拘传的特殊性，该地点不能是羁押地点（如看守所等），否则就将拘传变成了羁押。实践中一般都是在人民检察院、犯罪嫌疑人所在单位或其他适当地点进行。犯罪嫌疑人的“工作单位”，是指犯罪嫌疑人工作的地方；“户籍地”，是指犯罪嫌疑人户口关系所在的地方；“居住地”，是指犯罪嫌疑人日常居住的地方。由于我国的人口流动比较频繁，犯罪嫌疑人工作单位、户籍地与居住地不在同一市、县的情况比较多，将哪一个地方确定为犯罪嫌疑人的“所在市、县”，对人民检察院办案工作具有一定的影响。人民检察院直接立案侦查的案件都是职务犯罪案件的特点和人民检察院确定地域管辖的原则，规定当工作单位、户籍地与居住地三者不一致时，拘传应在犯罪嫌疑人工作单位所在的市、县进行，但特殊情况下，也可以在犯罪嫌疑人户籍地、居住地所在的市、县内进行。这里的“特殊情况”，主要是指案件是由犯罪嫌疑人户籍地、居住地的人民检察院办理的；或者人民检察院所办案件的同案犯罪嫌疑人不是国家工作人员，没有工作单位的；或者在犯罪嫌疑人户籍地、居住地所在的市、县拘传更有利于办案或更有利于保护犯罪嫌疑人的合法权益的等。

这里的“市”一般是指县级市，即不设区的市；在设区的市拘传犯罪嫌疑人，一般也应当在区范围内进行，必要时才可以跨区进行，但不能跨县进行。

（二）不得超过法定的拘传期限

修改后的《刑事诉讼法》第117条规定，“传唤、拘传持续的时间不得超过十二小时；案情特别重大、复杂，需要采取拘留、逮捕措施的，传唤、拘传持续的时间不得超过二十四小时”。正确执行该条规定，应当把握以下几点：

1. 拘传的起算时间

如何认识拘传的起算时间，对严格执法很有意义。确定拘传的起算时间，一要正确理解立法精神，二要考虑到司法实践中办案的实际情况。从这两个方面考虑，拘传时间应以被拘传人到案时开始计算为宜。这里的“到案”，是指到达指定的讯问地点。我国广大的农村地区路途遥远、交通不便，城市地区也因交通设施限制等因素往往被拘传人到案有较长的路途时间，如果从向被拘传人宣布时计算拘传时间，会影响拘传讯问的有效时间；如果从讯问被拘传人时计算拘传时间，实践中又可能出现被拘传人到案后不立即讯问，变相延长拘传时间、侵犯被拘传人合法权利的现象。因此，以被拘传人到案的时间作为拘传的起算时间，既不包括路途耽搁的时间，又要求被拘传人到案后立即讯问；既符合立法精神，也符合办案的实际需要。

在司法实践中正确执行刑事诉讼法关于拘传时间的规定要求，应当注意以下几点：第一，确定拘传时间，应当具体精确到分。第二，拘传证中的“到案时间”和“讯问结束时间”应当由被拘传人自己填写，并签名或者盖章；被拘传人拒绝签名或者盖章的，讯问人员应当在文书和讯问笔录中注明。第三，无论是否达到预期的讯问效果，拘传均不得超过12小时，不得以连续传唤、拘传的形式变相拘禁犯罪嫌疑人。

2. 拘传的期限

拘传开始的时间从犯罪嫌疑人到案时计算。犯罪嫌疑人到案后，应当先在拘传证上填写到案时间，并且签名或者盖章。由于犯罪嫌疑人在拘传证上填写到案时间后，拘传时间即开始计算，因此，为了保证拘传期限的有效利用，应当立即讯问。拘传结束的时间是讯问结束的时间，讯问结束后，如果不对犯罪嫌疑人采取其他强制措施，便不能再限制其自由。为了使拘传结束时间能明确地反映在诉讼活动中，讯问结束后应责令犯罪嫌疑人在拘传证上填写讯问结束的时间。犯罪嫌疑人拒绝填写的，检察人员应当在拘传证上注明。“注明”既要注明讯问结束的时间，又要注明犯罪嫌疑人拒绝填写的情形，并要由 2 人或者 2 人以上签名或者盖章，以证明其有效性。

拘传持续的时间最长不得超过 12 小时，案情特别重大、复杂，需要采取拘留、逮捕措施的，拘传持续的时间不得超过 24 小时。这里的持续时间的限制是一次拘传的时间限制，办理案件的机关根据案件情况可以多次拘传犯罪嫌疑人，但每一次拘传持续的时间最长都不能超过 12 小时。这里既不是指人民检察院只能对犯罪嫌疑人拘传一次，也不是指多次拘传累计持续时间不得超过 12 小时。

需要指出的是，刑事诉讼法规定的拘传持续时间界限是最长时间的上限，不得突破，但也不应当非用足不可。根据案件的具体情况，认为不需要采取强制措施的，应当及时予以解除；认为应当变更强制措施的，应当在法定期限内及时予以变更。

（三）不得以连续拘传的方式变相实施拘禁

修改后的《刑事诉讼法》第 117 条第 3 款规定：“不得以连续传唤、拘传的形式变相拘禁犯罪嫌疑人。”“连续拘传”，是指拘传持续时间虽有中断，没有一直持续下来，但两次拘传之间的间隔时间太短，不能给犯罪嫌疑人必要的饮食、睡眠时间，使犯罪嫌疑人难以维持基本生存条件，其实质变成了“变相拘禁”。究竟两次拘传之间间隔多长时间才是没有以连续拘传的方式变相拘禁犯罪嫌疑人，法律或者有关司法解释均没有规定。这是因为实践中办案情况十分复杂，对间隔时间作出具体的“一刀切”的规定，反而不利于人民检察院的办案工作，也不符合办案实际，难以准确体现立法精神。实践中应当根据拘传持续的时间长短合理确定两次拘传的间隔时间，准确理解、执行“不得以连续拘传的方式变相拘禁犯罪嫌疑人”的精神实质。

（四）保障被拘传人的合法权利

1. 保证犯罪嫌疑人的饮食和必要的休息时间。《刑事诉讼法》第 117 条第 3 款规定：“传唤、拘传犯罪嫌疑人，应当保证犯罪嫌疑人的饮食和必要的休息时间。”

2. 保证犯罪嫌疑人行使有关诉讼权利。根据《刑事诉讼法》第 33 条、第

36条、第37条的规定，犯罪嫌疑人在被侦查机关第一次讯问后或者采取强制措施之日起，有权委托辩护人，为其提供法律咨询、代理申诉、控告。犯罪嫌疑人被逮捕的，聘请的律师可以为其申请取保候审。检察人员从第一次拘传犯罪嫌疑人或者对其采取强制措施之日起，应当告知犯罪嫌疑人可以聘请律师为其提供法律咨询、代理申诉、控告或者为其申请取保候审，并将告知情况记明笔录。

（五）拘传期限内强制措施的变更

需要对被拘传的犯罪嫌疑人变更强制措施的，应当经检察长或者检察委员会决定，在拘传期限内办理变更手续。在拘传期间内决定不采取其他强制措施的，拘传期限届满，应当结束拘传。这里的“变更强制措施”，是指将拘传措施改变为取保候审、监视居住、拘留或逮捕措施。“在拘传期限内”，是指在犯罪嫌疑人、被告人到达指定地点后的12小时以内，特别重大、复杂案件在24小时以内。“办理变更手续”是指要制作采取取保候审等其他强制措施的正式法律文书。这里的“不采取其他强制措施”，既包括人民检察院已经决定不采取取保候审、监视居住、拘留、逮捕等措施，也包括在拘传期限内没有作出是否采取其他强制措施、采取何种强制措施的决定。无论属于哪种情形，拘传期限届满，都应当结束拘传，以维护犯罪嫌疑人的合法权益。

五、对依法适用拘传的监督

对拘传的监督是指对案件办理机关采取拘传措施是否合法实行的监督。

（一）对拘传程序的监督

适用拘传应当根据案件性质、犯罪嫌疑人的人身危害大小等因素来确定。如果犯罪嫌疑人所犯的罪行不严重，犯罪后有悔改之意，又无逃跑、串供的可能，就应当传唤，反之则应当拘传。

1. 拘传必须经案件办理机关的负责人批准。公安机关在侦查过程中必须经公安机关的负责人批准。人民检察院在侦查过程中采用拘传措施，需经检察长批准。

2. 拘传必须使用拘传证。拘传证是侦查机关在侦查过程中对犯罪嫌疑人采用拘传措施必须具备的法律文书。拘传证上要记明犯罪嫌疑人的姓名、性别、住所、案由、拘传的理由等，并有批准人的签名盖章。

3. 拘传必须由案件办理机关的法定人员执行，执行人员不得少于2人。执行拘传的时候应当向被拘传人出示拘传证。

4. 拘传是以强制手段传唤犯罪嫌疑人到案，接受讯问的一种措施。对不需要逮捕的犯罪嫌疑人应当在犯罪嫌疑人所在市、县内指定地点或者他的住处进行讯问。

（二）对拘传时间的监督

1. 一次拘传持续的时间最长不得超过 12 小时或者 24 小时。

2. 不得以连续拘传的形式变相拘禁犯罪嫌疑人，两次拘传应有合理的间隔时间。

（三）对依法适用拘传进行监督的重点

检察机关在开展对依法适用拘传强制措施的法律监督工作中，要重点监督纠正三类突出问题：一是对犯罪嫌疑人、被告人以外的人适用拘传强制措施；二是未经法定批准程序、未使用有关法律手续执行拘传；三是采取连续拘传的形式变相实施拘禁。最后一种是实践中最为突出、侵犯公民权利最为严重的问题，应当作为监督的重中之重。

第四节　对依法适用取保候审的监督

一、取保候审概述

取保候审是指人民法院、人民检察院和公安机关依法责令犯罪嫌疑人、被告人提供保证人或者交纳保证金，保证不逃避或者妨碍侦查、起诉、审判，并随传随到的一种强制措施。修改后的《刑事诉讼法》第 64 条至第 71 条规定了取保候审制度，主要内容包括：取保候审的适用范围，保证人的条件、义务和法律责任，被取保候审人的义务及违反义务的法律责任，取保候审的期限，取保候审的解除，取保候审的执行等。

此次修改法律，主要在以下几个方面对取保候审制度进行了完善：第一，将取保候审和监视居住分别作出规定。1996 年刑事诉讼法将取保候审和监视居住规定在同一个条文中，适用同样的条件。应当说，对不同的强制措施规定相同的适用条件，从立法技术上讲是有问题的，也违背了强制措施的适用应与适用对象的人身危险性等相适应的原则。此次修法对这两种强制措施分别加以规定并进一步予以完善，不仅是立法技术的进步，也是立法观念上对强制措施认识的重大转变和进一步成熟。第二，对取保候审的适用范围进行了调整。一是将 1996 年刑事诉讼法中分散规定在第 60 条和第 74 条的适用范围集中规定在第 65 条，包括对“患有严重疾病、生活不能自理，怀孕或者正在哺乳自己婴儿的妇女，采取取保候审不致发生社会危险性的”，以及对“羁押期限届满，案件尚未办结，需要采取取保候审措施的”，可以适用取保候审。要特别指出的是，这种调整绝非简单的位置变动，而是地位的变化。上述这两种情况在变动前是作为应当逮捕的例外情况的，而变动后则是适用取保候审措施的法定的独立的情形，不再附属于逮捕。二是取消了原第133条规定的人民检察院对需要逮捕而证据还不充足的可以取保候审的规定。适用范围的调整，有利于进一步解决实践中存在的司法机关不敢大胆适用取保候审措施的问题，也有利于进一步充分发挥取保候审作为羁押替代措施的作用。第三，增加了被取保候审的犯罪嫌疑人、被告人的义务。被取保候审人义务的细化和完善，有利于增强取保候审的执行效果。该义务大致可以分为法定义务和酌定义务。法定义务中增加了一项，即被取保候审人住址、工作单位和联系方式发生变动的，应当在24小时内向执行机关报告；酌定义务是指人民法院、人民检察院、公安机关可以根据案件情况，责令被取保候审人遵守相关规定。第四，进一步健全了保证金保证方式，明确了确定保证金数额的条件和执行方式。

二、取保候审的适用范围

根据修改后的刑事诉讼法的规定，人民法院、人民检察院和公安机关在下列情况下，可以对犯罪嫌疑人、被告人采取取保候审措施：（1）可能判处管制、拘役或者独立适用附加刑的；（2）可能判处有期徒刑以上刑罚，不予逮捕不致发生社会危险性的；（3）患有严重疾病、生活不能自理的；（4）怀孕或者哺乳自己婴儿的妇女；（5）羁押期限届满，案件尚未办结，需要采取取保候审措施的。《人民检察院刑事诉讼规则》第37条将持有有效护照或者其他有效出境证件，可能出境逃避侦查，但不需要逮捕的情况，也作为可以采取取保候审措施的情形之一。这是为了适应查办职务犯罪案件的需要，针对法律规定不明确的实际作出的规定。根据修改后的刑事诉讼法，检察机关在今后办理案件中，可以责令被取保候审人将护照等出入境证件、驾驶证件交执行机关保存。

正确理解和把握取保候审的条件，要把握两个关键点。第一个关键点是如何理解“可能判处有期徒刑以上刑罚”。对“可能判处有期徒刑以上刑罚，采取取保候审不致发生社会危险性的”的规定，极易产生理解、执行上的偏差和混乱。可能判处有期徒刑以上刑罚的幅度很大，包括了无期徒刑和死刑；不予逮捕是否会发生社会危险性的判断，也存在很大的弹性和主观性。根据修改后的《刑事诉讼法》第79条的规定，对可能判处10年以上有期徒刑刑罚的犯罪嫌疑人、被告人，应当予以逮捕。因此，结合法律对逮捕条件的明确规定，取保候审适用范围中的“可能判处有期徒刑以上刑罚”应当理解为10年以下。

第二个关键点是如何把握不予逮捕会发生社会危险性。对此，《人民检察院刑事诉讼规则》第38条规定："人民检察院对于严重危害社会治安的犯罪嫌疑人，以及其他犯罪性质恶劣、情节严重的犯罪嫌疑人不得取保候审。"这一规定虽然是根据1996年刑事诉讼法作出的，但是，也契合了新法的精神。这里的"严重危害社会治安的犯罪嫌疑人"，是指实施杀人、伤害、抢劫、爆炸、绑架、强奸、贩毒等严重危害社会安全犯罪行为的犯罪嫌疑人；"其他犯罪性质恶劣、情节严重的犯罪嫌疑人"，是指虽然没有实施严重危害社会治安的犯罪行为，但实施的其他犯罪行为对社会的影响十分恶劣，或者犯罪手段残忍、危害后果十分严重、民愤很大的犯罪嫌疑人。

三、取保候审的提起

人民法院、人民检察院和公安机关均有权决定适用取保候审强制措施。在内部报批、决定程序上，三机关基本是一致的。人民检察院根据案件情况作出取保候审的决定，一般都是由承办人员提出意见，部门负责人审核，检察长决定。为了保护犯罪嫌疑人的权益，修改后的《刑事诉讼法》第95条规定："犯罪嫌疑人、被告人及其法定代理人、近亲属或者辩护人有权申请变更强制措施。"因此，有关人员的申请也是提起适用取保候审的方式之一。人民检察院可以根据申请作出是否取保候审的决定。

这里的变更强制措施当然是从羁押状态变更为非羁押状态，即解除羁押。但是，解除羁押既可以是指采取非羁押的强制措施，包括取保候审和监视居住，也可以是不采取任何强制措施。从法律文本的表述上看，应当仅指变更为非羁押的强制措施。

四、被取保候审人的义务及违反义务的法律责任

根据修改后的《刑事诉讼法》第69条的规定，被取保候审人应当遵守以下规定：未经执行机关批准不得离开所居住的市、县；住址、工作单位和联系方式发生变动的，在24小时以内向执行机关报告；在传讯的时候及时到案；不得以任何形式干扰证人作证；不得毁灭、伪造证据或者串供。此次修法还增加了人民法院、人民检察院和公安机关可以根据案件情况，责令被取保候审的犯罪嫌疑人、被告人遵守以下一项或者多项规定：不得进入特定的场所；不得与特定的人员会见或者通信；不得从事特定的活动；将护照等出入境证件、驾驶执照交执行机关保存。

被取保候审的犯罪嫌疑人、被告人违反上述规定，已交纳保证金的，没收

全部或者部分保证金，并且区别情形，责令其具结悔过，重新交纳保证金、提出保证人，或者监视居住、予以逮捕。

五、取保候审的方式

修改后的《刑事诉讼法》第66条规定："人民法院、人民检察院和公安机关决定对犯罪嫌疑人、被告人取保候审，应当责令犯罪嫌疑人、被告人提出保证人或者交纳保证金。"因此，取保候审有保证人保证和保证金保证两种方式。"保证人"，是指以自己的人格和信誉担保犯罪嫌疑人不被羁押不会继续危害社会和妨碍诉讼，保证犯罪嫌疑人随传随到、候审不误的公民。"保证金"，是指犯罪嫌疑人保证自己不会继续危害社会和妨碍诉讼，保证随传随到、候审不误而交纳的具有担保性质的现金。两种担保方式的内容不同，但对被担保人都有一定的约束力，有利于发挥取保候审的作用。因此，人民法院、人民检察院和公安机关决定对犯罪嫌疑人取保候审的，应当责令其提供保证人或交纳保证金，否则不能对其取保候审。本条规定的"或者"为选择关系，或者采取保证人担保的方式，或者采取保证金担保的方式，但二者不能同时适用。实践中存在两种保证方式并用的情况，有的学者也研究认为两种方式可以并用。我们认为，法律明确使用了选择性的表述，不存在解释为并用的余地。此外，两种方式并用，是不适当地加大了被保证人的义务，不利于取保候审功能的发挥。

六、保证人的条件和义务

（一）保证人的条件

采取保证人担保方式的，保证人必须符合修改后的《刑事诉讼法》第67规定的四个条件，并经办理案件的机关审查同意。

1. 与本案无牵连。保证人与犯罪嫌疑人、被告人所涉嫌的案件应当没有任何牵扯，既不是同案犯，也不是证人或被害人。

2. 有能力履行保证义务。保证人不但本人具有民事行为能力、诉讼行为能力，而且还对被保证人具有实际的影响力以及具有履行保证义务的条件等。总之，要具有实际担保能力。实践中，保证人是否有能力履行保证义务，要根据情况综合认定，不能仅凭保证人或被保证人的说明。

3. 享有政治权利，人身自由未受到限制。这里的"享有政治权利"，是指保证人未被剥夺政治权利，享有选举权和被选举权；言论、出版、集会、结社、游行、示威的自由；担任国家机关职务的权利；担任企业、事业单位和人民团体领导职务的权利。"人身自由未受到限制"，是指保证人未受到任何限制或剥夺人身自由的刑罚处罚、刑事强制措施、行政处罚、行政强制措施或民事司法处分。这里的“未受到限制”，是指担任保证人时不是处于被限制的状态，而不是指从未被限制过。

4. 有固定的住处和收入。保证人在被保证人居住地有自己常住的居所和稳定的经济收入。

（二）保证人的义务

根据修改后的《刑事诉讼法》第68条规定，保证人应当履行以下义务：

1. 监督被保证人遵守《刑事诉讼法》第69条的规定；

2. 发现被保证人可能发生或者已经发生违反《刑事诉讼法》第69条规定的行为的，应当及时向执行机关报告。

被保证人有违反《刑事诉讼法》第69条规定的行为，保证人未履行保证义务的，对保证人处以罚款，构成犯罪的，依法追究刑事责任。

七、保证金的数额

修改后的《刑事诉讼法》第70条规定：“取保候审的决定机关应当综合考虑保证诉讼活动正常进行的需要，被取保候审人的社会危险性，案件的性质、情节，可能判处刑罚的轻重，被取保候审人的经济状况等情况，确定保证金的数额。”应当说，此条规定只是对确定保证金的数额应当考虑的因素作了比较原则的表述，具体数额仍然需要由取保候审的决定机关根据案件情况灵活具体地加以把握。由于现实情况比较复杂，我国地区差异和个案差异较大，社会发展变动节奏较快，法律没有也不宜明确规定保证金数额的上限和下限。根据《人民检察院刑事诉讼规则》第44条的规定，采取保证金担保方式的，保证金的数额在1000元以上。该条没有规定保证金数额的上限，也是为了适应实践中不同案件的需要。但不能对犯罪嫌疑人收取过高的保证金，不能以保证金代替逮捕措施。

八、取保候审的期限

人民法院、人民检察院和公安机关对犯罪嫌疑人、被告人取保候审最长不得超过12个月。这里的取保候审期限是指同一个取保候审决定机关对同一犯罪嫌疑人的取保候审期限；既包括只适用一次取保候审的情况，也包括对同一犯罪嫌疑人多次适用取保候审的情况。根据本条规定，同一个取保候审决定机关对同一犯罪嫌疑人、被告人决定取保候审，不论决定适用取保候审的次数多少，取保候审所有期限最长不得超过12个月。多个机关适用取保候审的期限累计可以超出12个月。但是，要特别注意的是，犯罪嫌疑人、被告人违反取保候审规定后又被取保候审的，期限应当累计计算，不能重新计算。在取保候审期间，不得中断对案件的侦查、起诉和审理。

九、取保候审的解除或者撤销

取保候审期限届满或者发现不应当追究犯罪嫌疑人的刑事责任的，应当及时解除或者撤销取保候审。“解除”和“撤销”的区别在于：（1）法律效果不同。“解除”，是指以后不再继续适用取保候审措施，不涉及取保候审决定是否错误、是否有效的问题；“撤销”，则是指采取取保候审措施是错误的，是对原取保候审决定的否定。（2）适用情形不同。“解除”适用于取保候审期限届满或决定不再对犯罪嫌疑人取保候审的情形；“撤销”适用于不应该对犯罪嫌疑人采取取保候审措施或者应当采取强制措施，但采取取保候审措施不足以防止犯罪嫌疑人发生社会危险性和保证刑事诉讼顺利进行的情形。本条规定的“期限届满”，是指人民检察院对同一犯罪嫌疑人的取保候审期限已满12个月；“不应当追究犯罪嫌疑人的刑事责任”，是指犯罪嫌疑人没有任何犯罪行为，或者具有《刑事诉讼法》第15条规定的情形之一的，包括情节显著轻微、危害不大，不认为是犯罪的；犯罪已过追诉时效期限的；经特赦令免除刑罚的；依照《刑法》告诉才处理的犯罪，没有告诉或者撤回告诉的；犯罪嫌疑人死亡的；其他法律规定免予追究刑事责任的。

犯罪嫌疑人、被告人在取保候审期间没有违反《刑事诉讼法》第69条的规定，或者发现不应当追究犯罪嫌疑人、被告人刑事责任的，变更、解除或者撤销取保候审时，被取保候审人凭结束取保候审的通知到银行领取退还的保证金。

十、对适用取保候审的监督

检察机关对适用取保候审的监督主要集中在取保候审的决定及其执行是否符合法律关于取保候审的适用对象、条件、程序等的规定。

第五节　对依法适用监视居住的监督

一、监视居住概述

监视居住，是指限制被监视居住人不得离开住处或者指定的居所、不得随意会见他人，对其行动自由加以限制的一种强制措施。

修改后的刑事诉讼法对监视居住制度作了重大调整。主要体现在以下几个方面：一是对监视居住与取保候审分别进行规定，并设置了不同的适用范围和条件。二是明确将监视居住定位为逮捕的替代措施。犯罪嫌疑人、被告人符合逮捕条件但属于法律规定的特殊情形的，可以适用监视居住。羁押期限届满但案件尚未办结的，也可以采取监视居住。这是最为重大的修改和调整。三是健全了监视居住的适用程序。明确规定监视居住应当在被监视居住人的住处执行，无固定住处的，可以在指定的居所执行；对于涉嫌危害国家安全犯罪、恐怖活动犯罪、特别重大贿赂犯罪，在住处执行可能有碍侦查的，经上一级人民检察院或者公安机关批准，也可以在指定的居所执行。四是明确规定人民检察院对指定居所监视居住的决定和执行是否合法实行监督。五是确立了监视居住折抵刑期制度。指定居所监视居住的期限应当折抵刑期。针对实践中长期存在的监视居住适用较少、形同虚设，以及有的以监视居住之名行羁押之实等突出问题，此次修法对监视居住进行重大修改，旨在充分发挥监视居住强制措施的独特作用，将监视居住这种非羁押的强制措施塑造成为能够灵活适用于各类案件情况、减少羁押、降低司法成本的有效强制措施。六是完善了监视居住的执行方式。被监视居住的犯罪嫌疑人、被告人应当将护照等出入境证件、身份证件、驾驶证件交执行机关保存；执行机关对被监视居住的犯罪嫌疑人、被告人，可以采取电子监控、不定期检查等监视方法对其遵守监视居住规定的情况进行监督；在侦查期间，还可以对被监视居住的犯罪嫌疑人的通信进行监控。

监视居住在侦查活动中具有重要的作用，它既可以保证侦查活动的顺利进行，又有利于保障公民的人身自由，减少羁押人数，对于暂时不具备逮捕、拘留条件，以及可以取保候审而又无人保证，且无力交纳保证金的犯罪嫌疑人，修改后的监视居住与取保候审的条件不同，是比取保候审更为严厉的强制措施。特别是指定居所监视居住的，对人身自由的限制远远大于取保候审，近似但弱于羁押，因此，法律规定指定居所监视居住的，犯罪分子被判处管制的，监视居住 1 日折抵刑期 1 日；被判处拘役、有期徒刑的，监视居住 2 日折抵刑期 1 日。

二、监视居住的适用范围和条件

根据修改后的《刑事诉讼法》第 72 条的规定，人民法院、人民检察院和公安机关对符合逮捕条件，有下列情形之一的犯罪嫌疑人、被告人，可以监视居住：（1）患有严重疾病、生活不能自理的；（2）怀孕或者正在哺乳自己婴儿的妇女；（3）系生活不能自理的人的唯一扶养人；（4）因为案件的特殊情况或者办理案件的需要，采取监视居住措施更为适宜的；（5）羁押期限届满，案件尚未办结，需要采取监视居住措施的；（6）符合取保候审条件，但犯罪嫌疑人、被告人不能提出保证人，也不交纳保证金的。

正确理解和把握监视居住的适用条件，关键的一点是，适用监视居住要以符合逮捕条件为前提。虽然监视居住在严厉程度上强于取保候审弱于逮捕，但是，必须以符合逮捕条件为前提，不能对不符合逮捕条件的犯罪嫌疑人、被告人适用监视居住，该取保候审的应当取保候审。

三、被监视居住人的义务和违反义务的法律责任

根据修改后的《刑事诉讼法》第 75 条的规定，被监视居住的犯罪嫌疑人、被告人应当遵守以下规定：（1）未经执行机关批准不得离开执行监视居住的处所；（2）未经执行机关批准不得会见他人或者通信；（3）在传讯的时候及时到案；（4）不得以任何形式干扰证人作证；（5）不得毁灭、伪造证据或者串供；（6）将护照等出入境证件、身份证件、驾驶证件交执行机关保存。

被监视居住的犯罪嫌疑人、被告人违反上述规定，情节严重的，可以予以逮捕；需要予以逮捕的，可以先行拘留。

四、监视居住的期限

对犯罪嫌疑人监视居住，最长不得超过 6 个月。这里的 6 个月的期限是指人民法院、人民检察院或者公安机关分别对同一犯罪嫌疑人作出监视居住决定的期限。“最长不得超过 6 个月”，是指无论同一个案件办理机关对同一犯罪嫌疑人作出几次监视居住决定，也无论是在侦查阶段作出的决定还是在审查起诉阶段抑或在审判阶段作出的决定，对同一犯罪嫌疑人监视居住的时间最长不得超过 6 个月；多次作出监视居住决定的，累计不得超过 6 个月。但各个案件办理机关采取监视居住的期限单独分别计算，最终多个机关采取监视居住的期限累计可以超过 6 个月。

在监视居住期间，不得中断对案件的侦查、审查起诉。这里的“中断对案件的侦查、审查起诉”，是指不再对案件侦查、审查起诉，或不抓紧时间，拖延侦查、审查起诉。实践中之所以有这种现象，主要是因为办案人员不重视保护犯罪嫌疑人的合法权利，认为犯罪嫌疑人没被羁押，或者认为监视居住的期限较长，暂停侦查、审查起诉工作一般不会违反法律规定的期限，不能贯彻及时办案的原则。本条规定是为了强调办理案件要迅速、及时，以维护犯罪嫌疑人的权利。

五、监视居住的解除或者撤销

监视居住期限届满或者发现不应当追究犯罪嫌疑人刑事责任的，应当解除或者撤销监视居住。

“解除”监视居住，是指因监视居住期限届满或者决定不再对犯罪嫌疑人

监视居住时，而将监视居住措施解除适用。“撤销”监视居住，是指不应当追究犯罪嫌疑人刑事责任，但却采取了监视居住措施，在发现后予以撤销的行为。

六、对适用监视居住的监督

修改后的《刑事诉讼法》第 73 条第 4 款明确规定：“人民检察院对指定居所监视居住的决定和执行是否合法实行监督。”刑事诉讼法将指定居所监视居住作为检察机关进行法律监督的重点，是因为指定居所监视居住对人身自由的限制远大于在其住处监视居住，为了防止滥用指定居所监视居住，法律对其适用条件作了严格限制，并明确赋予检察机关进行监督的职权。

检察机关对适用监视居住进行监督，应当重点把握以下几个方面：第一，居所的指定。根据刑事诉讼法的规定，监视居住应当在犯罪嫌疑人、被告人的住处执行。只有在两种情况下可以在指定的居所执行。一是犯罪嫌疑人、被告人无固定住处的，可以在指定的居所执行；二是对于特殊类型的案件，包括涉嫌危害国家安全犯罪、恐怖活动犯罪、特别重大贿赂犯罪，在住处执行可能有碍侦查的。要特别指出的是，根据法律的明确规定，指定居所监视居住的“居所”不包括羁押场所和专门的办案场所。因为，在羁押场所和专门的办案场所监视居住事实上属于羁押，是对强制措施的错误使用甚至有意为之。对此，应当重点进行监督。第二，指定居所监视居住的程序。如前所述，指定居所监视居住有两种情况，对第一种情况，法律并未规定审批程序；对第二种情况，即“三类案件”，则应当经上一级人民检察院或者公安机关批准。第三，通知被监视居住人的家属。根据法律规定，指定居所监视居住的，除无法通知的情形以外，应当把监视居住的原因和执行的处所，在执行监视居住后的 24 小时以内，通知被监视居住人的家属。

第六节　对依法适用拘留的监督

一、拘留概述

拘留是指公安机关、人民检察院在案件的侦查过程中，遇有紧急情况，依法临时剥夺某些现行犯或重大犯罪嫌疑人的人身自由的一种强制措施。

此次修改刑事诉讼法，对拘留的修改变动主要集中在三个方面。第一，要求拘留后，应当立即将被拘留的人送看守所羁押，至迟不得超过 24 小时。除无法通知或者涉嫌危害国家安全犯罪、恐怖活动犯罪通知可能有碍侦查的情形外，应当在拘留后的24小时以内，通知被拘留人的家属。有碍侦查的情形消失后，应当立即通知被拘留人的家属。该修改加大了对被拘留人的权利保障，将有碍侦查的情形由过去侦查机关可以自行斟酌判断和决定，改为限制在涉嫌危害国家安全犯罪和恐怖活动犯罪这两种案件中，限缩了侦查机关的自由裁量空间。第二，删去了1996年刑事诉讼关于“对需要逮捕而证据还不充足的，可以取保候审或者监视居住”的规定。第三，不再把通知的内容限于拘留的原因和羁押的处所。

二、刑事拘留的特点

刑事诉讼中的拘留又称做刑事拘留，与行政拘留相比有其鲜明的特点：

1. 从法律性质上看，刑事拘留是侦查机关在侦查过程中，对现行犯罪或重大嫌疑分子，为了防止其逃避侦查和审判，在紧急情况下采取的一种临时性限制其人身自由的强制措施，它是一种处置方法，不是处罚手段。行政拘留是公安机关对违反治安管理法规的人，采取的行政处罚方法。

2. 从适用的对象上看，刑事拘留适用于触犯刑法，涉嫌构成犯罪，且应当追究刑事责任的现行犯或重大嫌疑分子，行政拘留适用于违反治安管理法规但不够刑事处罚的人。

3. 拘留是一种临时性措施，因此拘留的期限较短，随着诉讼的进行，拘留一定要发生变更，或者转为逮捕，或者采取取保候审或监视居住，或者释放被拘留的人。

三、对拘留条件的监督

刑事拘留必须同时具备两个条件：一是拘留的对象是现行犯或者是重大嫌疑分子。所谓现行犯，是指正预备犯罪、实行犯罪或者犯罪后即时被人发现；所谓重大嫌疑分子，指有一定的证据证明是实施犯罪行为的人。二是情况紧急。即具有《刑事诉讼法》第80条规定的七种情形之一，如不先行拘留，将会给今后的侦查带来很多困难。如果不具有紧急情况，就应当直接提请批准逮捕，或者在查清犯罪事实后再采取其他强制措施。这两个条件必须同时具备、缺一不可，不能任意扩大拘留的范围。

根据修改后的《刑事诉讼法》第80条的规定：公安机关对于现行犯或者重大嫌疑分子，如果有下列情形之一的，可以先行拘留：（1）正在预备犯罪、实行犯罪或者在犯罪后即时被发觉的；（2）被害人或者在场亲眼看见的人指认他犯罪的；（3）在身边或者住处发现有犯罪证据的；（4）犯罪后企图自杀、逃跑或者在逃的；（5）有毁灭、伪造证据或者串供可能的；（6）不讲真实姓名、住址，身份不明的；（7）有流窜作案、多次作案、结伙作案重大嫌疑的。

根据《刑事诉讼法》第163条的规定，人民检察院在办理直接受理的案件中，有权在符合本法第79条、第80条第（四）项、第（五）项规定的情形下，决定拘留犯罪嫌疑人，并交由公安机关执行。

四、对拘留程序的监督

根据刑事诉讼法的规定和司法实践经验，公安机关依法拘留现行犯或重大嫌疑分子，由承办单位填写《呈请拘留报告书》，经县级以上公安机关负责人批准签发拘留证。人民检察院决定拘留的案件，应当由办案人员提出意见，经办案部门负责人审核后，由检察长决定；决定拘留的案件，人民检察院应当将拘留决定书送交公安机关，由公安机关执行。

公安机关、人民检察院在决定拘留下列有特殊身份的人员时，根据《中华人民共和国全国人民代表大会组织法》第44条和《中华人民共和国地方各级人民代表大会和地方各级人民政府组织法》第19条以及有关的司法解释，需要报请有关部门许可或备案：（1）被拘留的人如果是县级以上各级人民代表大会的代表，决定拘留的机关应当立即向所在的人民代表大会的主席团或其常务委员会报告，获得批准后，方能执行拘留；（2）决定对不享有外交特权和豁免权的外国人、无国籍人采取刑事拘留时，要报有关部门审批，同时应当征求有关省、自治区、直辖市外事部门的意见；（3）对外国留学生采取刑事拘留时，要征求地方外事部门和高教厅、局的意见后报公安部或国家安全部审批。

五、对拘留执行的监督

拘留由公安机关执行。执行拘留时，应当注意以下几个问题：

1. 在执行拘留时必须向被拘留人出示拘留证，宣布拘留，并责令被拘留人在拘留证上签名或盖章，拒绝签名或盖章的，应当加以注明。如果被拘留人拒绝拘留的，执行人员可以采取适当的强制方法，必要时可以使用武器和警械。

2. 侦查机关对被拘留的犯罪嫌疑人，应当在24小时之内进行讯问，在讯问中发现不应当拘留的，应当立即释放，发给释放证明。对需要逮捕而证据还不充足的，可以变更为取保候审或监视居住。对于由人民检察院决定拘留的犯罪嫌疑人，由人民检察院负责讯问。

3. 对犯罪嫌疑人拘留后，除涉嫌危害国家安全犯罪、恐怖活动犯罪通知可能有碍侦查或无法通知的情形以外，应当在24小时以内通知被拘留人的家属。没有通知的，应当将没有通知的原因记录在案。

在司法实践中，“有碍侦查和无法通知”一般是指：（1）被拘留的人属于团伙作案，其同案人尚未抓获，他们闻讯后可能逃跑、隐匿、毁弃或者伪造证据的；（2）被拘留人的家属或单位的人与本案有牵连，通知后可能引起转移、隐匿、销毁证据的；（3）结伙作案的其他同伙有待查证或尚未采取相应的措施的；（4）被拘留人不讲真实姓名、住址，身份不明的；（5）被拘留人的家属或所在单位在边远地区，交通不便，难以在24小时以内通知到的。

六、对拘留期限的监督

公安机关决定拘留的案件，在执行拘留后，认为需要逮捕的，应当在3日内提请人民检察院批准。在特殊情况下提请批准的时间可以延长1日至4日。对流窜作案、多次作案、结伙作案的重大嫌疑分子提请审查批准的时间可延长到30日。人民检察院对直接受理侦查的案件中，认为被拘留的人需要逮捕的，应当在14日以内作出决定，特殊情况可延长1日至3日。《刑事诉讼法》第97条规定，被拘留的犯罪嫌疑人、被告人及其法定代理人、近亲属或辩护人对于人民法院、人民检察院或者公安机关采取的拘留法定期限届满的，有权要求解除拘留。

第七节　对依法适用逮捕的监督

一、逮捕概述

逮捕是指公安机关、人民检察院和人民法院为防止犯罪嫌疑人或被告人逃避侦查、起诉、审判进行妨碍刑事诉讼的行为或者发生社会危险性，而在一定时间内依法剥夺犯罪嫌疑人、被告人人身自由，并羁押于一定场所的一种强制措施。逮捕是各种强制措施中最严厉的一种，也是防止犯罪嫌疑人串供、毁灭证据、自杀、逃跑或继续犯罪的一种最有效的措施，有助于查明案情，收集证据，证实犯罪，保证侦查、起诉和审判的顺利进行。因此，对那些依法必须逮捕的犯罪嫌疑人、被告人应当坚决予以逮捕。但是如果对逮捕措施使用不当，错捕、滥捕就会侵犯公民的人身权利和民主权利，损害司法机关的权威。要切实做到不枉不纵，既不能该捕的不捕，也不能以捕代侦、任意逮捕。

修改后的刑事诉讼法从以下几个方面完善了逮捕制度：一是细化逮捕条

件，将逮捕的必要性条件具体化为六种应当逮捕的情形和一种可以逮捕的情形。这就从立法上消除了长期以来理论和实践上对逮捕条件理解、把握的分歧和困难。逮捕必要性一直是理论研究中争议较大的核心问题，也是逮捕工作中最难准确把握和较好贯彻落实的要求。由于1996年刑事诉讼法未规定具体的逮捕条件，逮捕必要性的审查判断往往因人而异，无法统一和规范。此次修法后，由于取消了必要性的表述，代之以明确、具体的应当逮捕的情形规定，清楚明了，不易产生认识分歧，实践中更容易正确理解和贯彻执行。二是规定人民检察院审查批准逮捕，可以讯问犯罪嫌疑人，在若干特殊情形下应当讯问。三是确立了人民检察院对逮捕后羁押必要性进行审查的制度。规定犯罪嫌疑人、被告人被逮捕后，人民检察院仍应当对羁押的必要性进行审查。对于不需要继续羁押的，应当建议予以释放或者变更强制措施。有关机关应当在10日以内将处理情况通知人民检察院。

二、对逮捕条件的监督

概言之，逮捕必须具备一定的形式要件和实质要件。

（一）形式要件

形式要件是指在进行逮捕时，必须由有权机关签发逮捕证。我国《宪法》第37条和《刑事诉讼法》第78条规定，逮捕犯罪嫌疑人、被告人必须经人民检察院批准或者人民法院决定，由公安机关执行。由此可见：第一，有权批准或决定逮捕的机关是人民检察院和人民法院，公安机关没有这种权力。第二，有权执行逮捕的机关，只有公安机关，无论是公安机关提请人民检察院批准逮捕的犯罪嫌疑人，还是人民检察院、人民法院自己决定逮捕的犯罪嫌疑人、被告人，都必须由公安机关执行逮捕。第三，除上述机关以外，其他任何机关、团体、公民都无权批准、决定、执行逮捕。由此可见，在我国的刑事诉讼中，逮捕的批准权或者决定权与逮捕的执行权是分离的，这主要是为了发挥公安机关和检察机关的相互制约和监督，保证逮捕的质量，防止出现错捕等侵犯公民人身权利的现象。

1. 对担任人大代表、政协委员的犯罪嫌疑人的审查逮捕

根据《宪法》和《全国人民代表大会组织法》及《地方各级人民代表大会和地方各级人民政府组织法》以及有关的司法解释，人大代表的人身自由受到特别的保护，需要逮捕的，必须履行特别手续。具体要求是：对担任县级以上各级人大代表的犯罪嫌疑人批准或者决定逮捕，应当报请本级人大主席团或者常委会许可。对担任上级人大代表的，应当层报该代表所属人大同级的人民检察院报请许可。对担任下级人大代表的，可以直接报请该代表所属的人大

主席团或者常委会许可，也可以委托该代表所属人大同级的人民检察院报请许可；对担任乡、民族乡、镇的人大代表的，由县级人民检察院报告乡、民族乡、镇的人大。对担任两级以上人大代表的，分别按照上述规定报请许可。对担任办案单位所在省、市、县（区）以外的其他地区人大代表的，应当委托该代表所属人大同级的人民检察院报请许可；担任两级以上人大代表，应当分别委托该代表所属人大同级的人民检察院报请许可。

对于“上提一级案件”，即省级以下（不含省级）人民检察立案侦查的案件，需要逮捕犯罪嫌疑人的，应当报请上一级人民检察院审查决定。下级人民检察院应当向该代表所属的人大主席团或者常委会报请许可，获得许可后，向上一级人民检察院报请逮捕。需要逮捕担任两级以上人大代表的犯罪嫌疑人的，按照上述规定分别向该代表所属的人大主席团或者常委会报请许可。

需要逮捕担任政协委员的犯罪嫌疑人的，人民检察院应当按照规定向该委员所属的政协组织通报情况。情况紧急的，可以在批准逮捕的同时或者事后及时通报。

对人大代表采取限制人身自由的强制措施需经过人大主席团或者常委会许可的规定，目的是保证代表在人民代表大会各种会议上的发言和表决，不受法律追究，是对人大代表履行职责的有力保障。根据2010年10月修订的《全国人民代表大会和地方各级人民代表大会代表法》第32条第3款的规定：“人民代表大会主席团或者常务委员会受理有关机关依照本条规定提请许可的申请，应当审查是否存在对代表在人民代表大会各种会议上的发言和表决进行法律追究，或者对代表提出建议、批评和意见等其他执行职务行为打击报复的情形，并据此作出决定。”人大主席团或者常委会对许可申请的审查应当围绕逮捕措施是否损害代表依法履行职务的权利展开，不就是否符合逮捕条件进行审查。对逮捕条件的审查是人民检察院的法定职权，也是一种专门的司法行为，人大主席团或者常委会如果对是否符合逮捕条件进行审查，则相当于行使了司法权，是不妥的。

2. 对外国籍犯罪嫌疑人的审查逮捕

根据最高人民检察院《关于审查批准逮捕外国犯罪嫌疑人的规定》，外国人（包括无国籍人，但不包括享有外交特权和豁免权的人）涉嫌危害国家安全犯罪或者涉及国与国之间政治、外交关系的案件以及在适用法律上确有疑难的案件，地市级或者省级侦查机关提请批准逮捕外国犯罪嫌疑人的，分别由地市级人民检察院或者省级人民检察院审查，认为需要逮捕的，层报最高人民检察院审查。最高人民检察院经审查认为需要逮捕的，经征求外交部的意见后，作出批准逮捕的批复，同时抄送最高人民法院、外交部、公安部、国家安全部、司法部。必要时，报请中央批准。经审查认为不需要逮捕的，作出不批准逮捕的批复。地市级人民检察院或者省级人民检察院根据最高人民检察院的批复，作出批准或者不批准逮捕的决定。地市级人民检察院或者省级人民检察院经审查认为不需要逮捕的，可以直接依法作出不批准逮捕的决定，送侦查机关执行。地市级人民检察院认为需要逮捕而省级人民检察院经审查认为不需要逮捕的，由省级人民检察院作出不批准逮捕的批复，地市级人民检察院根据批复依法作出不批准逮捕的决定。

外国籍、无国籍人涉嫌其他犯罪的案件，经分、州、市人民检察院审查，认为有逮捕犯罪嫌疑人必要的，应提出书面请示，连同案卷材料，上报省、自治区、直辖市人民检察院审查决定。省、自治区、直辖市人民检察院在审查中应主动征求省、自治区、直辖市人民政府外事部门的意见。经审查决定批准逮捕或者不批准逮捕的，应批复分、州、市人民检察院，由分、州、市人民检察院制作《批准逮捕决定书》或者《不批准逮捕决定书》，送侦查机关执行。

（二）实质要件

由于修改后的刑事诉讼法对逮捕制度作了重大修改，引起了逮捕条件的重大变化。《刑事诉讼法》第 79 条共分 3 款，规定了三种情况下的逮捕。这三种不同的逮捕有相同的实质条件，也有各自的实质条件。

1. 裁量的逮捕

第 1 款规定的逮捕可称为裁量的逮捕，即对有证据证明有犯罪事实，可能判处有期徒刑以上刑罚的犯罪嫌疑人、被告人，采取取保候审、监视居住等方法，尚不足以防止发生下列社会危险性的，应当予以逮捕：一是可能实施新的犯罪的；二是有危害国家安全、公共安全或者社会秩序的现实危险的；三是可能毁灭、伪造证据，干扰证人作证或者串供的；四是可能对被害人、举报人、控告人实施打击报复的；五是企图自杀或者逃跑的。对裁量的逮捕的实质条件的把握，可以从三个方面来认识：一是有证据证明有犯罪事实；二是可能判处徒刑以上刑罚；三是有逮捕必要。即《刑事诉讼法》第 79 条规定的“采取取保候审、监视居住等方法，尚不足以防止发生社会危险性”。

要特别指出的是，修改后的刑事诉讼法删去了原来的条文中“而有逮捕必要”的字样，但是，我们不能因此得出取消了逮捕必要性条件的结论。主要理由是：第一，必要性是比例原则的重要内涵和必然要求。比例原则包括适当性原则、必要性原则以及相当性原则。比例原则要求采取的限制公民权利的强制措施应当有一个合理的度的界限，同时这些措施在合理的度的范围内是必要的。很显然，根据刑事诉讼法关于强制措施的立法精神，在强制措施的适用上，应当做到能不用强制措施就尽量不用；在强制措施的选择上，尽量做到能适用对犯罪嫌疑人、被告人人身自由限制最小的强制措施就不用更为严厉的强制措施。逮捕作为最为严厉的强制措施，直接剥夺犯罪嫌疑人、被告人人身自由，更应当强调适用的必要性。第二，法律明确指出只有采取取保候审、监视居住等方法，尚不足以防止发生社会危险性的，才考虑适用逮捕。也就是说，即使案件情况符合逮捕的前两个条件，也不一定就应当逮捕。如果采取取保候审、监视居住足以防止发生社会危险性的，应当采取取保候审、监视居住，而不应当升格适用逮捕。从此次修法对取保候审、监视居住制度进行重大调整、完善可见，立法的意图仍然是进一步健全刑事诉讼法强制措施的制度体系，尽量减少审前羁押。因此，必要性的要求贯穿于整个强制措施制度体系的立法中，对此应当有全面正确的认识。第三，此次修法明确细化的社会危险性的五种情形，早已规定在有关司法解释中，成为多年来指导司法实践中准确把握逮捕必要性条件的重要内容。第四，修改后的《刑事诉讼法》第 93 条规定，犯罪嫌疑人、被告人被逮捕后，人民检察院仍应当对羁押的必要性进行审查。对不需要继续羁押的，应当建议予以释放或者变更强制措施。该规定说明，人民检察院在最初批准或者决定逮捕时就应当对羁押的必要性进行审查。羁押是一种剥夺人身自由的状态，是逮捕的直接结果。因此，羁押的必要性与逮捕的必要性是一回事。

2. 法定的逮捕

第 2 款规定的可称为法定的逮捕，即对有证据证明有犯罪事实，可能判处 10 年有期徒刑以上刑罚的，或者可能判处徒刑以上刑罚，曾经故意犯罪或者身份不明的犯罪嫌疑人、被告人，应当予以逮捕。法定逮捕有三种情形：一是可能判处 10 年有期徒刑以上刑罚的；二是可能判处徒刑以上刑罚，并且曾经故意犯罪的；三是可能判处徒刑以上刑罚，犯罪嫌疑人、被告人身份不明的。这三种情况均要求具备有证据证明有犯罪事实，这是逮捕的前提条件。后两种情况的另一个共同条件是可能判处徒刑以上刑罚。对于法定的逮捕，人民检察院应当决定或者批准逮捕，人民法院应当决定逮捕，不存在裁量的余地。

3. 替代的逮捕

第 3 款规定的可称为替代的逮捕，即被取保候审、监视居住的犯罪嫌疑人、被告人违反取保候审、监视居住规定，情节严重的，可以予以逮捕。对于这种情况的逮捕，法律的规定仍然有一定弹性，表现在两个方面：一个是“情节严重”，另一个是“可以逮捕”。由于法律并未明确限定构成“情节严重”的具体条件和内容，需要侦查机关和人民检察院根据案件的具体情况以及犯罪嫌疑人、被告人违反取保候审、监视居住的情况特别是违反原因的分析，综合研究后作出决定。也就是说，并不是只要违反了取保候审、监视居住规定就应逮捕。根据立法精神，即使是违反规定情节严重的，也不一定要逮捕。侦查机关可以根据案件情况斟酌处理，检察机关也有权审查决定。

4. 逮捕的共同实质要件为有证据证明有犯罪事实

这是逮捕的前提条件和事实基础。相关司法解释对“有证据证明有犯罪事实”细化为同时符合以下三种情形：

（1）有证据证明发生了犯罪事实，该犯罪事实可以是单一犯罪行为的事实，也可以是数个犯罪行为中任何一个犯罪行为的事实。由于逮捕涉及对人身自由的剥夺，因此证据所证明的犯罪事实应当具备犯罪构成的四个要件，即必须严格把握罪与非罪的界限。

（2）有证据证明该犯罪事实是犯罪嫌疑人实施的。这一要求，使得客观存在的犯罪事实与可能适用逮捕的犯罪嫌疑人通过证据联系起来，防止张冠李戴，错捕无辜。

（3）证明犯罪嫌疑人实施犯罪行为的证据已有查证属实的。所谓“查证属实”，即侦查人员依照法定程序采集的证明犯罪嫌疑人实施犯罪的证据有其他证据与之相互印证，而不能是孤证。“已有查证属实的”，强调采用的证据中，只要对定罪起关键作用的证据查证属实了即可，无须达到起诉所要求的“证据确实、充分”的程度。

三、对执行逮捕程序的监督

逮捕犯罪嫌疑人，由公安机关执行，公安机关接到人民检察院批准逮捕书后，应当立即填写逮捕证执行逮捕。执行逮捕的时候，要向被逮捕人出示逮捕证，宣布逮捕，并责令被逮捕人在逮捕证上签名或捺手印，写明被捕的具体时间，如果被逮捕人拒绝签名或捺手印，应当在逮捕证上注明。

由于犯罪嫌疑人死亡、逃跑或者有其他原因，不能逮捕的，应当在24小时内书面通知原批准的人民检察院。

对被逮捕的人必须在逮捕后24小时内进行讯问，发现不应当逮捕的，应由县级以上公安机关立即释放，并将释放的理由书面通知原批准逮捕的人民检察院。

对于提请检察机关批准逮捕的犯罪嫌疑人，检察机关在作出批准逮捕或者不批准逮捕的决定以后，公安机关应当立即执行，对批准逮捕的执行逮捕，对不批准逮捕的应当立即释放或者变更为其他强制措施。

公安机关认为人民检察院不批准逮捕的决定有错误的，可以申请复议，但必须将被拘留的人释放。如果意见不被接受，可以向上一级人民检察院提请复核。

逮捕后除有碍侦查和无法通知的情况外，应当把逮捕的原因和羁押的处所，通知犯罪嫌疑人的家属或其所在单位。

四、对继续羁押必要性的审查监督

修改后的《刑事诉讼法》第93条规定："犯罪嫌疑人、被告人被逮捕后，人民检察院仍应当对羁押的必要性进行审查。对不需要继续羁押的，应当建议予以释放或者变更强制措施。有关机关应当在十日以内将处理情况通知人民检察院。"

我国刑事诉讼中审前羁押始终维持很高的比率，"够罪即捕、一押到底"成为司法实践中的突出问题。此次修法，赋予了检察机关对羁押必要性进行后续审查的职权，有利于充分发挥检察机关的监督职责，解决审前高羁押率的突出问题，进一步完善刑事诉讼权利救济机制。因此，如果说检察机关在审查批准逮捕时对逮捕必要性进行审查是第一道防线，则捕后对羁押的必要性进行审查就是第二道补救防线，对已经逮捕的案件以羁押必要性审查作为后续补救措施，有助于克服一捕到底、一押到底的倾向。

要准确把握法律的上述规定，应当从以下几个方面来认识：

1. 对继续羁押的必要性进行审查是检察机关法律监督职能的重要组成部分。根据法律的规定，检察机关不仅对自己决定或者批准逮捕后的羁押必要性进行审查，还有权对人民法院决定逮捕后的羁押必要性进行审查。经审查，认为不具有羁押必要性的，人民检察院应当向公安机关、人民法院提出释放被羁押的犯罪嫌疑人、被告人或者变更强制措施的建议，有关机关收到建议后应当在10日以内将处理情况通知人民检察院。

2. 对继续羁押的必要性进行审查应当是侦查机关、人民检察院和人民法院的共同责任。1996年刑事诉讼法没有明确规定司法机关在逮捕后应当进行羁押必要性审查，修改后的刑事诉讼法也只从检察机关开展法律监督的角度作了规定。但是，我们认为，对羁押必要性的审查应当是司法机关的共同责任，检察机关承担的是监督职责，公安机关和人民法院应当依职权根据案件情况的变化等因素，对有无继续羁押的必要进行审查，认为不需要继续羁押的，应当主动予以释放或者变更强制措施。首先，法律明确规定了侦查羁押期限的上限及其延长条件和相关批准程序，有期限就有限制，期限届满需要延长的应当提出理由。这里的"提出理由"主要就应当说明继续羁押的必要性。其次，正确地适用逮捕强制措施，尽量减少不必要的羁押，是司法机关的责任，而不仅仅是法律监督机关的责任。再次，修改后的《刑事诉讼法》第94条规定："人民法院、人民检察院和公安机关如果发现对犯罪嫌疑人、被告人采取强制措施不当的，应当及时撤销或者变更。”最后，第95条明确规定：“犯罪嫌疑人、被告人及其法定代理人、近亲属或者辩护人有权申请变更强制措施。人民法院、人民检察院和公安机关收到申请后，应当在三日以内作出决定；不同意变更强制措施的，应当告知申请人，并说明不同意的理由。”很显然，这里的“不同意的理由”也应当是羁押的必要性。

3. 检察机关对继续羁押的必要性进行审查，既可以依职权主动进行，也可以依申请进行。依职权主动进行的，又包括两种情况：一是在办理批准延长羁押期限工作中，加强对继续羁押的必要性的审查，切实防止延长羁押的审查批准工作流于形式；二是通过其他工作途径发现。从法律文本的表述上看，检察机关应当对所有逮捕后的羁押进行审查，但在实践中恐怕很难操作。公安机关报请批准逮捕的案件，检察机关对有关案件情况比较熟悉，对继续羁押的必要性进行审查有常态化、稳定的知情和介入渠道，但对人民法院决定逮捕的案件，则要求最高人民法院和最高人民检察院联合制定有关司法解释，建立和畅通检察机关知情渠道，健全人民检察院对人民法院决定逮捕的继续羁押的必要性进行审查的有关工作机制。

4. 检察机关要重视通过受理被羁押的犯罪嫌疑人、被告人及其法定代理人、近亲属或者辩护人提出的申请变更强制措施的申请，收到申请后，经审查，认为申请变更强制措施的理由成立的，应当进一步向有关机关了解情况，听取其意见。

五、审查批准（决定）延长侦查羁押期限[①]

检察机关对侦查机关延长侦查羁押期限的申请进行审查并作出批准或者不批准的决定，是检察机关对强制措施适用进行监督的重要方式。修改后的《刑事诉讼法》第154条至第157条规定了侦查羁押期限及其延长。审查批准延长侦查羁押期限是法律赋予检察机关行使的一项司法权力。检察机关认真办理延长侦查羁押期限案件，有利于维护国家法律的尊严，保障刑事诉讼活动的顺利进行，保护犯罪嫌疑人、被告人的合法权益，确保办案质量。

（一）依法办理提请批准延长侦查羁押期限的案件

根据《刑事诉讼法》第154条的规定，对犯罪嫌疑人逮捕后的侦查羁押期限不得超过2个月。案情复杂、期限届满不能终结的案件，可以经上一级人

---

① 参见最高人民检察院组织编写：《检察机关执法规范培训学程》，中国检察出版社2011年版，第269、270页。

民检察院批准延长1个月。本条规定是首次提请延长侦查羁押期限案件的法律依据。根据刑事诉讼法、《人民检察院刑事诉讼规则》的规定，“案情复杂，期限届满不能终结的案件”主要指下列案件：（1）涉案犯罪嫌疑人在3人以上或者同案犯在逃的共同犯罪案件；（2）一名犯罪嫌疑人涉嫌多起犯罪或者多个罪名的；（3）案件定性争议大，在适用法律上确有疑难的；（4）涉外案件或者需要境外取证的；（5）与大要案有牵连，且影响大要案处理，大要案尚未终结的案件；（6）具有《刑事诉讼法》第156条列举的四类案件情形的。

“期限届满不能侦查终结的案件”，一般应当是客观上具有侦查难度，并经过侦查机关（部门）最大限度努力，在现有侦查期限内仍不能侦查终结的案件。

关于“上一级人民检察院”，应当是指正在进行侦查，期限届满不能侦查终结的侦查机关的上一级人民检察院。

（二）第二次提请延长侦查羁押期限的法定案件

根据《刑事诉讼法》第156条的规定，下列案件在本法第154条规定的期限届满不能侦查终结的，经省、自治区、直辖市人民检察院批准或者决定，可以延长2个月：（1）交通十分不便的边远地区的重大复杂案件；（2）重大的犯罪集团案件；（3）流窜作案的重大复杂案件；（4）犯罪涉及面广，取证困难的重大复杂案件。

《刑事诉讼法》第156条的规定，是对适用第154条延长侦查羁押期限后，仍不能侦查终结的几种特殊情况的明确列举。本条规定中的四类案件，一是与前述列举的五类案件同属于“案情复杂”，二是较前五类情况更加“案情复杂”的情形。只有在适用《刑事诉讼法》第154条已经延长侦查羁押期限的基础上，又具备本条规定的四类情形的，检察机关才能结合其他案情决定是否第二次批准延长侦查羁押期限。

（三）第三次提请延长侦查羁押期限的法定案件

根据《刑事诉讼法》第157条的规定，对犯罪嫌疑人可能判处10年有期徒刑以上刑罚，依照本法第156条的规定延长期限届满，仍不能侦查终结的，经省、自治区、直辖市人民检察院批准或者决定，可以再延长2个月。适用本条的要点是“可能判处十年有期徒刑以上刑罚，依照第一百五十六条规定延长期限届满，仍不能侦查终结的”。因此，不可能判处10年有期徒刑以上刑罚的案件，或者在法定延长期限内，经侦查机关（部门）主客观努力能够侦查终结的，不适用本规定，依法不予批准延长侦查羁押期限。

根据立法精神以及《人民检察院刑事诉讼规则》的规定，省级人民检察院和最高人民检察院直接立案侦查的案件，依照刑事诉讼法的规定需要延长侦查羁押期限的，可以直接决定延长。

（四）特殊案件的延期审理

《刑事诉讼法》第155条规定，因为特殊原因，在较长时间内不宜交付审判的特别重大复杂的案件，由最高人民检察院报请全国人民代表大会常务委员会批准延期审理。本条规定了特殊办案期限。其中，“不宜交付审判”不是指一般的因案情复杂在羁押期限内不能办结，而是由于政治等方面的原因在一定时期内不宜交付审判，或者具有其他特殊的原因，在相当长的时期内不宜交付审判。“特别重大复杂的案件”，是指案件涉及的是全国性的犯罪或者是在全国乃至国外将产生重大影响的案件。“特别重大复杂”是这类案件的必要限定条件，其中“重大”是关键。对于此类案件，需要延期审理的，由最高人民检察院报请全国人大常委会批准。凡不属于此类的案件，即使案情复杂，在侦查羁押期限内不能办结的，也不能按本条处理，而应当变更强制措施等。

六、对特殊情形下侦查羁押期限的监督

（一）重新计算侦查羁押期限

修改后的《刑事诉讼法》第158条第1款规定：“在侦查期间，发现犯罪嫌疑人另有重要罪行的，自发现之日起依照本法第一百五十四条的规定重新计算侦查羁押期限。”关于该条款的适用，就是侦查中断。侦查中断是指在侦查过程中，由于法定事由的出现，而导致以前的侦查期限归于无效。

1. 重新计算侦查羁押期限的法定事由

重新计算侦查羁押期限的法定事由是在侦查期间发现犯罪嫌疑人另有重要罪行。正确理解和适用该规定，应当把握以下几点：

第一，发现重要罪行的时间必须是在侦查期间。如果在立案当时就已经发现的罪行，不应当认为是侦查中发现另有重要罪行，否则会因滥用该规定导致对一人犯数罪时侦查羁押期限多次中断，并导致对犯罪嫌疑人的羁押不合理地延长和刑事诉讼程序不合理地耽搁。如果犯罪嫌疑人涉嫌罪行较多，案情复杂，不能在2个月的侦查羁押期限内侦查终结的，应当申请延长侦查羁押期限。这里的“发现”既包括犯罪嫌疑人主动交代，也包括侦查人员采用侦查手段获知。

第二，发现的应当是重要罪行。所谓“另有重要罪行”，是指与逮捕时的罪行不同种的重大犯罪和同种的将影响罪名认定、量刑档次的重大犯罪。如果发现的是轻微罪行，则不能适用此款规定。同时，新发现的重要罪行必须是受

到侦查的犯罪嫌疑人实施的，否则除共同犯罪的情况外，不能适用本款规定。需要特别指出的是，实践中有人将侦查期限等同于侦查羁押期限。这种认识是错误的。刑事诉讼法并未明确规定侦查期限，只规定了强制措施的期限和对犯罪嫌疑人被逮捕后的侦查羁押期限。同时，还规定在羁押期限届满案件尚未办结的，可以采取取保候审或者监视居住的强制措施。很显然，这里的案件尚未办结应当包括尚未侦查终结。

第三，在侦查羁押期间发现犯罪嫌疑人另有重要罪行的，“可以”重新计算侦查羁押期限，而不是“应当”重新计算。公安机关、人民检察院在侦查案件中遇到发现另有重要罪行的，首先应当抓紧办案，争取在侦查羁押期限内办结。

2. 重新计算侦查羁押期限的法律后果

其法律后果是，以前进行的侦查羁押期限归于无效，应自发现另有重要罪行之日起，重新计算侦查羁押期限。需要进一步说明的是，法律规定的“依照本法第一百五十四条的规定重新计算侦查羁押期限”，应当理解为是按照《刑事诉讼法》第154条的规定为起点计算侦查羁押期限，但不限于仅能适用该条。符合延长条件的，仍可以按照《刑事诉讼法》第156条、第157条的规定报请延长羁押期限。

3. 对重新计算侦查羁押期限的监督

重新计算侦查羁押期限，由公安机关决定，不再经人民检察院批准，但应报人民检察院备案。人民检察院认为公安机关重新计算侦查羁押期限不当的，应当提出纠正意见。

（二）查明身份后起算侦查羁押期限

修改后的《刑事诉讼法》第158条第2款规定：“犯罪嫌疑人不讲真实姓名、住址，身份不明的，应当对其身份进行调查，侦查羁押期限自查清其身份之日起计算，但是不得停止对其犯罪行为的侦查取证。对于犯罪事实清楚，证据确实、充分，确实无法查明其身份的，也可以按其自报的姓名起诉、审判。”

对于“犯罪嫌疑人不讲真实姓名、住址，身份不明的”，侦查羁押期限自查清之日起计算。实践中要特别注意把握以下几点：

（1）侦查羁押期限自查清其身份之日起计算，而不是自“逮捕后”计算。（2）侦查机关不能以犯罪嫌疑人身份不明中断对其犯罪行为的侦查取证。（3）犯罪事实清楚，证据确实、充分的，应当及时移送审查起诉，人民检察院也不得退回补充侦查。（4）人民法院可以按其自报的姓名进行审判。

第九章 特别程序的监督

增设特别程序编是此次修改刑事诉讼法的一个重大成果。从篇幅上看，增设的第五编分四章共计24个条文，全部为新增内容，分别规定了四种特殊案件的特别程序：未成年人刑事案件诉讼程序，当事人和解的公诉案件诉讼程序，犯罪嫌疑人、被告人逃匿、死亡案件违法所得的没收程序，依法不负刑事责任的精神病人的强制医疗程序。这四种特别程序的设置，初步构建了中国特色的刑事特别程序体系，既是填补刑事诉讼立法疏漏、健全我国刑事诉讼制度体系的重要举措，也是回应多年来实践中存在突出问题的积极行动。前者如创设犯罪嫌疑人、被告人逃匿、死亡案件违法所得的没收程序和依法不负刑事责任的精神病人的强制医疗程序；后者如未成年人刑事案件诉讼程序和当事人和解的公诉案件诉讼。

这四种特别程序的增设反映了立法上有宽有严、宽严相济的政策取向。表现“宽”的方面有两项：第一，未成年人刑事案件诉讼程序。设置未成年人刑事案件诉讼程序，就是为了更好地保障未成年人的诉讼权利和其他合法权益，在总结实践经验的基础上，针对未成年人刑事案件的特点，对办案方针、原则、诉讼环节的特别程序作出规定。其中，设置了附条件不起诉制度，规定对于未成年人涉嫌侵犯人身权利民主权利、侵犯财产、妨害社会管理秩序犯罪，可能判处1年有期徒刑以下刑罚，符合起诉条件，但有悔罪表现的，人民检察院可以作出附条件不起诉的决定。同时，为有利于未成年犯更好地回归社会，设置了犯罪记录封存制度。第二，当事人和解的公诉案件诉讼程序。刑事诉讼法对自诉案件的和解作了规定。为有利于化解矛盾纠纷，需要适当扩大和解程序的适用范围，将部分公诉案件纳入和解程序。同时，考虑到公诉案件的国家追诉性质和刑罚的严肃性，防止出现新的不公正，刑事诉讼法对适用和解程序的案件范围作了严格限制，明确规定：公诉案件适用和解程序的范围为因民间纠纷引起，涉嫌侵犯人身权利民主权利、侵犯财产犯罪，可能判处3年有期徒刑以下刑罚的故意犯罪案件，以及除渎职犯罪以外的可能判处7年有期徒刑以下刑罚的过失犯罪案件。但是，犯罪嫌疑人、被告人在5年以内曾经故意犯罪的，不适用这一程序。并规定对于当事人之间达成和解协议的案件，可以依法对被告人从宽处罚。

表现“严”的方面也是两项：第一，犯罪嫌疑人、被告人逃匿、死亡案件违法所得的没收程序。为严厉惩治腐败犯罪、恐怖活动犯罪，并与我国已加入的《联合国反腐败公约》及有关反恐怖问题的决议的要求相衔接，需要对犯罪所得及时采取冻结追缴措施。为此，修改后的刑事诉讼法增加规定：对于贪污贿赂犯罪、恐怖活动犯罪等重大犯罪案件，犯罪嫌疑人、被告人逃匿，在通缉1年后不能到案，或者犯罪嫌疑人、被告人死亡，依照刑法规定应当追缴其违法所得及其他涉案财产的，人民检察院可以向人民法院提出没收违法所得的申请。第二，依法不负刑事责任的精神病人的强制医疗程序。《刑法》第18条规定：精神病人在不能辨认或者不能控制自己行为的时候造成危害结果，经法定程序鉴定确认的，不负刑事责任，但是应当责令他的家属或者监护人严加看管和医疗；在必要的时候，由政府强制医疗。为保障公众安全，维护社会秩序，修改后的刑事诉讼法增加规定：实施暴力行为，危害公共安全或者严重危害公民人身安全，经法定程序鉴定依法不负刑事责任的精神病人，有继续危害社会可能的，由公安机关写出强制医疗意见书，移送人民检察院。人民检察院向人民法院提出强制医疗的申请，由人民法院作出决定。应当说，刑事诉讼法的这一规定，是对《刑法》第18条规定的回应，是对“在必要的时候，由政府强制医疗”的操作程序的具体化。

创制特别程序，是国家回应社会治理突出问题、创新社会管理方法和手段在刑事诉讼立法上的具体体现。随着社会的深刻转型以及社会形势的日趋复杂，国家进行犯罪控制的任务和挑战也更加艰巨，必须在准确把握社会管理形势和社会主要矛盾的前提下，对不适应形势要求的管理手段作出的必要调整。从立法的结果看，经过调整后的刑事诉讼制度使得我国的刑事司法治理更趋专业化、精密化，我国刑事司法系统的功能也更趋完备化、科学化。

第一节 未成年人刑事案件诉讼程序

在此次修改刑事诉讼法前，我国刑法、刑事诉讼法及有关司法解释和规范性文件，对未成年人犯罪案件的办理有不少特别规定，如1996年《刑事诉讼法》第14条关于讯问和审判犯罪的未成年人时通知其法定代理人到场的规定、《中华人民共和国未成年人保护法》对未成年人“司法保护”的规定等。但是这些规定都比较分散，缺乏系统性，而且程序的可操作性也不强。有的问题由于法律未予以明确授权，虽然实践中已经进行了比较深入的探索，也取得了很好的成效，但始终存在法律依据不足难以全面推广的困扰，如不少地方实践的对未成年人犯罪案件的暂缓起诉制度。修改后的刑事诉讼法在吸收过去成功经验和做法的基础上，增设专章对未成年人刑事案件诉讼程序作出了比较系统、全面的规定，彰显了国家对未成年人犯罪问题的重视以及对犯罪的未成年人实行教育、感化、挽救的积极方针。

此次修改刑事诉讼法，未成年人刑事案件诉讼程序无疑是新增内容最多、修改变化最大的部分。除了整合过去已有的规定，并对未成年人犯罪案件诉讼程序的总方针政策及其具体运用作出规定外，刑事诉讼法还在两个方面实现了重大突破：一是设置了附条件不起诉制度。规定对于未成年人涉嫌侵犯人身权利民主权利、侵犯财产、妨害社会管理秩序犯罪，可能判处1年有期徒刑以下刑罚，符合起诉条件，但有悔罪表现的，人民检察院可以作出附条件不起诉的决定。二是确立了未成年人犯罪记录封存制度。规定犯罪的时候不满18周岁，被判处5年有期徒刑以下刑罚的，应当对犯罪记录予以封存，不得向任何单位和个人提供。司法机关为办案需要或者有关单位根据国家规定进行查询的，应当对被封存的犯罪记录的情况予以保密。这两个制度的确立，对于教育、感化、挽救犯罪的未成年人，助其尽快回归社会，具有重大意义。

一、未成年人刑事案件诉讼程序概述

未成年人刑事案件诉讼程序通常称为少年司法程序，是相对于成年人诉讼程序而言的。根据《人民检察院办理未成年人刑事案件的规定》的解释，未成年人刑事案件，是指犯罪嫌疑人、被告人实施涉嫌犯罪行为时已满14周岁、未满18周岁的刑事案件。但在有关未成年人诉讼权利和体现对未成年人程序上特殊保护的条文中所称的未成年人，是指在诉讼过程中已满14周岁、未满18周岁的人。修改后的刑事诉讼法用11个条文的篇幅，系统规定了办理未成年人犯罪案件的方针、原则、主要制度和办案程序，是根据未成年人处于成长阶段，对社会规则、自身社会角色及行为后果认知度较低，自我控制能力弱于成年人，未来教育成长空间和余地较大等特点，以及未成年人犯罪的特性，出于保护未成年人利益的需要作出的特殊安排。遵循特别法优于一般法的原则，根据该特别程序，对实施犯罪时不满18周岁的未成年人进行的刑事诉讼，在适用程序法的问题上，应当适用本章的规定，本章未规定的，则适用本法的其他有关规定。

根据修改后的刑事诉讼法，未成人刑事案件的诉讼程序最主要的特点就是区别对待，针对未成年人刑事案件设置了有别于成年人刑事案件的专门的特别程序。主要体现在几个方面：一是分案处理；二是充分保障未成年人诉讼权利；三是社会调查制度；四是严格限制逮捕措施的适用；五是附条件不起诉；六是不公开审理；七是封存犯罪记录。

二、关于分案处理

（一）分案处理的法理基础

分案处理是办理未成年人刑事案件的一个重要原则。分案处理，是指公安机关、人民检察院和人民法院在办理案件中，对未成年人与成年人实行诉讼程序分离、与成年人分别关押、分别管理、分别教育。我国《未成年人保护法》第55条规定："公安机关、人民检察院、人民法院办理未成年人犯罪案件和涉及未成年人权益保护案件，应当照顾未成年人身心发展特点，尊重他们的人格尊严，保障他们的合法权益，并根据需要设立专门机构或者指定专人办理。"《预防未成年人犯罪法》第46条规定："对被拘留、逮捕和执行刑罚的未成年人与成年人应当分别关押、分别管理、分别教育。"修改后的《刑事诉讼法》第269条第2款也作了同样的规定。

对未成年人刑事案件坚持分案处理的原则和方法，主要是考虑到以下几点：第一，分案处理有利于避免"交叉感染"。[①] 未成年人思想观念、个性尚在形成过程中，判断是非善恶等的分辨能力和自我行为控制能力不强，容易受外界左右，主观恶性不深。而成年犯罪人往往主观恶性大、积习深。二者属于不同的教育改造对象，应当分别采取有针对性的教育方法，设置不同的教育环境和条件。如果将未成年人与成年人关押在一起，会导致未成年人在成年人的不良影响下交叉感染。第二，有利于更好地保护未成年人的合法权益和帮助其回归社会。未成年人缺乏自我保护能力，与成年人一同关押，如果成年人侵犯未成年人的人身权利和财产权利，不仅无力自保，也会进一步加深其对他人、对社会的仇视，加大教育改造的难度，降低教育改造的成功率。正因如此，联合国关于少年刑事司法等文件中都对此作出了明确要求。如《囚犯待遇最低限度标准规则》第8条（d）项规定，青少年囚犯应当同成年囚犯隔离。《公民权利和政治权利国际公约》第10条第2款（乙）项规定，被控告的少年应与成年人分隔开，并应尽快予以判决。《北京规则》第13条规定，审前拘留的少年应当与成年人分开看管。

---

① 宋英辉、甄贞：《未成年人犯罪诉讼程序研究》，北京师范大学出版社2011年版，第50页。

（二）分案处理的具体要求

1. 专门机构或者专门人员办理案件

修改后的《刑事诉讼法》第266条第2款规定，人民法院、人民检察院和公安机关办理未成年人刑事案件，应当由熟悉未成年人身心特点的审判人员、检察人员、侦查人员承办。该规定未提专门机构的问题。对此，我们认为，法律作这样的规定是基于灵活机动的考虑。我国地区间经济社会发展情况差异较大，未成年人刑事发案情况、公安司法机关机构设置及人员配备情况也存在很大差异，法律不宜作硬性要求。但是，对法律的该规定在执行中完全可以更严格、更彻底。经济发展水平高、未成年人刑事案件较多的地方完全可以指定专门人员办理，有条件的地方成立专门机构也是可行的，也应当作为发展的方向。1991年最高人民法院、最高人民检察院、公安部、司法部联合发布《关于办理少年刑事案件建立互相配套工作体系的通知》。该《通知》要求，对少年人犯案件的侦查、预审工作，公安机关应确定专门办案人员或者侧重办理少年人犯刑事案件的人员，有条件的地方，也可设立专门机构；人民检察院应根据办理少年刑事案件的特点和需要，逐步建立专门机构，设立专门机构条件不成熟的，应指定专人负责办理此类案件；人民法院应当设立少年法庭或者指定专人负责办理少年刑事案件。

2010年10月，中央综治委预防青少年违法犯罪工作领导小组、最高人民法院、最高人民检察院、公安部、司法部、共青团中央又联合发布了《关于进一步建立和完善办理未成年人刑事案件配套工作体系的若干意见》（综治委预青领联字〔2010〕1号）明确要求：公安部、省级和地市级公安机关应当指定相应机构负责指导办理未成年人刑事案件；区县级公安机关一般应当在派出所和刑侦部门设立办理未成年人刑事案件的专门小组，未成年人刑事案件数量较少的，可以指定专人办理。最高人民检察院和省级人民检察院应当设立指导办理未成年人刑事案件的专门机构；地市级人民检察院和区县级人民检察院一般应当设立办理未成年人刑事案件的专门机构或专门小组，条件不具备的，应当指定专人办理。最高人民法院和高级人民法院应当设立少年法庭工作办公室；中级人民法院和基层人民法院一般应当建立审理未成年人刑事案件的专门机构，条件不具备的，应当指定专人办理。司法部和省级司法行政机关应当加强对办理未成年人刑事案件配套工作的指导，成立相关工作指导小组；地市级和区县级司法行政机关所属法律援助机构应当成立未成年人法律援助事务部门，负责组织办理未成年人的法律援助事务，条件不具备的，应当指定专人办理。司法行政机关社区矫正工作部门一般应当设立专门小组或指定专人负责未成年人的社区矫正工作。各级公安机关、人民检察院、人民法院、司法行政机关应当选任政治、业务素质好，熟悉未成年人特点，具有犯罪学、社会学、心理学、教育学等方面知识的人员办理未成年人刑事案件，并注意通过加强培训、指导，提高相关人员的专业水平。对办理未成年人刑事案件的专门人员应当根据具体工作内容采用不同于办理成年人刑事案件的工作绩效指标进行考核。目前，不少地方特别是经济发达地区，已经根据具体情况，设立了办理未成人刑事案件的专门机构，明显提高了办理未成人刑事案件的专门化和专业化水平。

2. 分案侦查

分案侦查是指公安机关对未成年人刑事案件应当与成年人刑事案件分别侦查，并设立专门的机构或者人员进行侦查。分案侦查是贯彻分案处理原则的第一个环节，是避免“交叉感染”的第一道防线。《关于办理少年刑事案件建立互相配套工作体系的通知》明确指出，对少年人犯案件的侦查、预审工作，公安机关应确定专门办案人员或者侧重办理少年人犯刑事案件的人员，有条件的地方，也可设立专门机构。对少年人犯的讯问要采取不同于成年人的审讯方式、方法，在讯问中应进行耐心细致的教育、疏导工作；了解少年人犯作案的动机和成因，并记录在卷，以便积累资料，总结经验，改进工作。

3. 分案起诉

分案起诉是指人民检察院审查未成年人与成年人共同犯罪案件，一般应当将未成年人与成年人分别起诉。分案起诉是一个基本原则，但也有一定限制，即不妨碍案件审理。根据《人民检察院办理未成年人刑事案件的规定》，有下列情形之一的，可以不分案起诉：未成年人系犯罪集团的组织者或者其他共同犯罪中的主犯的；案件重大、疑难、复杂，分案起诉可能妨碍案件审理的；涉及刑事附带民事诉讼，分案起诉妨碍附带民事诉讼部分审理的；具有其他不宜分案起诉情形的。人民检察院对未成年人与成年人共同犯罪案件分别提起公诉后，在诉讼过程中出现不宜分案起诉情形的，可以及时建议人民法院并案审理。

对于分案起诉的未成年人与成年人共同犯罪案件，一般应当同时移送人民法院。对于需要补充侦查的，如果补充侦查事项不涉及未成年犯罪嫌疑人所参与的犯罪事实，不影响对未成年犯罪嫌疑人提起公诉的，应当对未成年犯罪嫌疑人先提起公诉。

4. 分案审理

分案审理是指人民法院对未成年人刑事案件单独分别审理。主要有三个方面的含义：一是由专门的审判组织进行审理；二是与同一个案件的成年被告人分别审理；三是采用不同于成年人的审理方式进行审理。《关于办理少年刑事案件建立互相配套工作体系的通知》要求，人民法院应当设立少年法庭或者指定专人负责办理少年刑事案件。在审判过程中，应根据少年被告人的生理和心理特点，采取不同于成年被告人的方式、方法，注重疏导，寓教于审，惩教结合，准确、合法、及时地查明犯罪事实、核实证据，并且帮助少年被告人认识犯罪原因和犯罪行为的社会危害性。少年法庭要注意发挥法定代理人或者其他监护人的作用，争取他们配合做少年被告人的教育、感化工作。对判决后的少年罪犯，少年法庭可以通过各种方式，采取不同形式，做好回访、考察和帮教工作。人民法院审结少年刑事案件后，应认真详细地填写结案登记表，连同生效的判决副本、执行通知书一并送达少年管教所。

当然，在实践中不应将分案审理绝对化。如果分案审理严重影响案件及时、正确、依法审理的，应当并案审理。关键是要在坚持分案处理原则的前提下，具体情况具体分析，准确判断分案利弊、合理进行价值衡量，然后决定是否并案审理。

5. 分押分管

修改后的《刑事诉讼法》第269条第2款规定："对被拘留、逮捕和执行刑罚的未成年人与成年人应当分别关押、分别管理、分别教育。"此外，《监狱法》、《看守所条例》、《未成年犯管教所管理规定》等也作了相同规定。法律对未成年人规定分押分管，包括三个方面的内容：一是对未成年人适用拘留、逮捕等强制措施时，要将未成年人与成年人分别关押看管。二是对未成年人的生效刑事判决、裁定的执行，要同成年人分开，不能在同一场所执行刑罚。《监狱法》第74条明确规定，对未成年犯应当在未成年犯管教所执行刑罚。三是对服刑的未成年人要采取特别的教育改造措施。如，《监狱法》第75条规定，对未成年犯执行刑罚应当以教育改造为主。未成年犯的劳动，应当符合未成年人的特点，以学习文化和生产技能为主。

此外，《社区矫正实施办法》也针对未成年人实施社区矫正的特别程序作了规定，其第33条规定，对未成年人实施社区矫正，应当遵循教育、感化、挽救的方针，与成年人分开进行社区矫正；对未成年社区矫正人员给予身份保护，其矫正宣告不公开进行，其矫正档案应当保密；未成年社区矫正人员的矫正小组应当有熟悉青少年成长特点的人员参加；针对未成年人的年龄、心理特点和身心发育需要等特殊情况，采取有益于其身心健康发展的监督管理措施；采用易为未成年人接受的方式，开展思想、法制、道德教育和心理辅导；协调有关部门为未成年社区矫正人员就学、就业等提供帮助；督促未成年社区矫正人员的监护人履行监护职责，承担抚养、管教等义务；采取其他有利于未成年社区矫正人员改过自新、融入正常社会生活的必要措施。

三、充分保障未成年人诉讼权利

未成年犯罪嫌疑人、被告人除了享有与成年犯罪嫌疑人、被告人相同的诉讼权利外，还享有一些特殊的诉讼权利，办理案件的人民法院、人民检察院和公安机关应当依法保障未成年犯罪嫌疑人、被告人的这些特殊权利。1996 年刑事诉讼法对于未成年犯罪嫌疑人、被告人的特殊诉讼权利是采用分散规定的办法，在有关条文中加以明确。此次修法，由于设置了专章规定未成年人刑事案件诉讼程序，就将有关未成年犯罪嫌疑人、被告人的特殊诉讼权利集中规定在本章中，并明确规定，人民法院、人民检察院和公安机关办理未成年人刑事案件，应当保障未成年人得到法律帮助。除了上述原则性规定外，修改后的刑事诉讼法还从以下几个方面规定了未成年犯罪嫌疑人、被告人的特殊诉讼权利，也为办理案件的机关设定了义务：

（一）必须保证未成年犯罪嫌疑人、被告人获得辩护人辩护

修改后的《刑事诉讼法》第 267 条规定："未成年犯罪嫌疑人、被告人没有委托辩护人的，人民法院、人民检察院、公安机关应当通知法律援助机构指派律师为其提供辩护。"根据该规定，未成年人刑事案件必须有辩护人为其辩护，本人未委托辩护人的，办理案件的机关应当通知法律援助机构为其指派辩护律师，不允许在没有辩护人为其提供辩护的情况下审理案件。根据最高人民法院《关于审理未成年人刑事案件的若干规定》第 26 条的规定，未成年被告人或者其法定代理人当庭拒绝委托的辩护人进行辩护，要求另行委托或者人民法院为其另行指定辩护人、辩护律师的，合议庭应当同意并宣布延期审理。未成年被告人或者其法定代理人当庭拒绝由人民法院指定的辩护律师进行辩护，要求另行委托辩护人的，合议庭应当同意并宣布延期审理。未成年被告人或者其法定代理人当庭拒绝人民法院指定的辩护律师为其辩护，如确有正当理由，合议庭应当同意并宣布延期审理，人民法院应当为未成年被告人另行指定辩护律师。重新开庭后，未成年被告人或者其法定代理人再次当庭拒绝重新委托的辩护人或者由人民法院指定的辩护律师进行辩护的，一般不予准许。如果重新开庭时被告人已满 18 周岁的，应当准许，但不得再行委托或者由人民法院再行指定辩护人、辩护律师。上述情况应当记录在卷。

（二）必须通知法定代理人或其他人到场

修改后的《刑事诉讼法》第 270 条规定：对于未成年人刑事案件，在讯问和审判的时候，应当通知未成年犯罪嫌疑人、被告人的法定代理人等到场。主要包括三个方面的内容：第一，通知到场人员的范围。首先应当通知其法定

代理人到场。无法通知、法定代理人不能到场或者法定代理人是共犯的，可以通知未成年犯罪嫌疑人、被告人的其他成年近亲属，所在学校、单位或者居住地基层组织的代表到场，并将有关情况记录在案。要特别指出的是，这里有“应当通知”和“可以通知”两种情形。对此应当理解为，通知有关人员到场是硬性规定，“应当通知”是指必须通知法定代理人到场，“可以通知”则是提供了在法律规定的范围内选择的余地。法定代理人无法到场的，必须通知除法定代理人之外的法律明确规定的其他人员到场，而不能理解为法定代理人不能到场时，可以通知也可以不通知其他人员到场。第二，到场法定代理人代为行使诉讼权利。法定代理人可以代为行使犯罪嫌疑人、被告人的诉讼权利。在审判未成年人刑事案件中，未成年被告人最后陈述后，法定代理人可以进行补充陈述。前述这两项权利仅限于未成年犯罪嫌疑人、被告人的法定代理人行使。到场人员为其他人员的，不能行使这两项权利。第三，到场人员提出意见的权利。到场的法定代理人或者其他人员认为办案人员在讯问、审判中侵犯未成年人合法权益的，可以提出意见。讯问笔录、法庭笔录应当交给到场的法定代理人或者其他人员阅读或者向他宣读。

（三）对案件实行不公开审理

修改前后的刑事诉讼法均规定，对未成年人刑事案件不公开审理。1996年刑事诉讼法规定，14周岁以上不满16周岁未成年人犯罪的案件，一律不公开审理。16周岁以上不满18周岁未成年人犯罪的案件，一般也不公开审理。修改后的刑事诉讼法则将不公开审理的未成年人刑事案件的年龄起点统一为不满18周岁。同时增加规定，经未成年被告人及其法定代理人同意，未成年被告人所在学校和未成年人保护组织可以派代表到场。

四、社会调查制度

社会调查制度是相对于犯罪调查而言的。修改后的《刑事诉讼法》第268条规定：“公安机关、人民检察院、人民法院办理未成年人刑事案件，根据情况可以对未成年犯罪嫌疑人、被告人的成长经历、犯罪原因、监护教育等情况进行调查。”根据该规定，办理案件的机关在办理未成年人刑事案件过程中，不仅要调查未成年人犯罪的事实即案件事实，还要对未成年犯罪嫌疑人、被告人的成长经历、犯罪原因、监护教育等情况进行调查。很显然，社会调查超出了办理成年人刑事案件时的调查范围。理论上称之为全面调查。进行社会调查的目的在于，正确办理未成年人刑事案件、有针对性地采取办理案件的方法和措施，同时也为教育改造未成年人确定有针对性的改造方案和方法，以取得良好的法律效果和社会效果。

（一）社会调查的主体

根据修改后刑事诉讼法的规定，公安机关、人民检察院和人民法院在各自办理案件的环节均可以进行调查。《进一步建立和完善办理未成年人刑事案件配套工作体系的若干意见》等将社会调查员主体确定为被调查对象户籍所在地或者居住地的“司法行政机关矫正工作部门人员”，规定：社会调查由未成年犯罪嫌疑人、被告人户籍所在地或居住地的司法行政机关社区矫正工作部门负责。司法行政机关社区矫正工作部门可联合相关部门开展社会调查，或委托共青团组织以及其他社会组织协助调查。2010 年最高人民法院、最高人民检察院、公安部、国家安全部、司法部《关于规范量刑程序若干问题的意见（试行）》第 11 条规定：“人民法院、人民检察院、侦查机关或者辩护人委托有关方面制作涉及未成年人的社会调查报告的，调查报告应当在法庭上宣读，并接受质证。”刑事诉讼法的有关规定与上述两个规范性文件之间不存在矛盾。刑事诉讼法的规定是原则性规定，要求办理案件的机关可以进行社会调查。但未具体规定社会调查的具体操作程序等。比如，三机关是否自行调查还是可以委托有关机构或人员进行调查，调查结果如何运用，三机关的调查结果是否应当随案移送，下一个诉讼环节对前一个环节的社会调查应当如何对待，等等。上述两个文件则针对操作问题进行了细化规定。刑事诉讼法的规定并不排斥办理案件的机关根据有关规定委托其他机构或人员进行社会调查。因此，社会调查的主体是公安机关、人民检察院和人民法院。刑事诉讼法的规定是对办理案件的机关设定了义务，不承担案件办理职能的机关不是调查主体。但是具体的社会调查工作，三机关均可以委托“有关方面”包括司法行政机关矫正工作人员进行。

（二）社会调查的内容

刑事诉讼法规定的调查内容是成长经历、犯罪原因、监护教育等情况。我们认为，刑事诉讼法明确列举的三项调查内容是主要内容，但不应限于这三项。《进一步建立和完善办理未成年人刑事案件配套工作体系的若干意见》要求，社会调查机关应当对未成年犯罪嫌疑人的性格特点、家庭情况、社会交往、成长经历、是否具备有效监护条件或者社会帮教措施，以及涉嫌犯罪前后表现等情况进行调查，并作出书面报告。

（三）社会调查结果使用

《关于进一步建立和完善办理未成年人刑事案件配套工作体系的若干意见》规定：公安机关、人民检察院、人民法院、司法行政机关在办理未成年人刑事案件和执行刑罚时，应当综合考虑案件事实和社会调查报告的内容。

《人民检察院办理未成年人刑事案件的规定》第12条规定："人民检察院审查批准逮捕未成年犯罪嫌疑人，应当根据未成年犯罪嫌疑人涉嫌犯罪的事实、主观恶性、有无监护与社会帮教条件等，综合衡量其社会危险性，确定是否有逮捕必要，慎用逮捕措施，可捕可不捕的不捕。"

（四）社会调查衔接

根据《进一步建立和完善办理未成年人刑事案件配套工作体系的若干意见》，公安机关在办理未成年人刑事案件时，应当收集有关犯罪嫌疑人办案期间表现或者具有逮捕必要性的证据，并及时通知司法行政机关社区矫正工作部门开展社会调查；在收到社会调查机关作出的社会调查报告后，应当认真审查，综合案情，作出是否提请批捕、移送起诉的决定。公安机关提请人民检察院审查批捕或移送审查起诉的未成年人刑事案件，应当将犯罪嫌疑人办案期间表现等材料和经公安机关审查的社会调查报告等随案移送人民检察院。社区矫正工作部门无法进行社会调查的或无法在规定期限内提供社会调查报告的书面说明等材料也应当随案移送人民检察院。人民检察院在办理未成年人刑事案件时，应当认真审查公安机关移送的社会调查报告或无法进行社会调查的书面说明、办案期间表现等材料，全面掌握案情和未成年人的身心特点，作为教育和办案的参考。对于公安机关没有随案移送上述材料的，人民检察院可以要求公安机关提供，公安机关应当提供。人民检察院提起公诉的未成年人刑事案件，社会调查报告、办案期间表现等材料应当随案移送人民法院。人民法院在办理未成年人刑事案件时，应当全面审查人民检察院移送的社会调查报告或无法进行社会调查的书面说明、办案期间表现等材料，并将社会调查报告作为教育和量刑的参考。对于人民检察院没有随案移送上述材料的，人民法院可以要求人民检察院提供，人民检察院应当提供。人民法院应当在判决生效后，及时将社会调查报告、办案期间表现等材料连同刑罚执行文书，送达执行机关。执行机关在执行刑罚时应当根据社会调查报告、办案期间表现等材料，对未成年罪犯进行个别化教育矫治。人民法院没有随案移送上述材料的，执行机关可以要求人民法院移送，人民法院应当移送。司法行政机关社区矫正工作部门、共青团组织或其他社会组织应当接受公安机关、人民检察院、人民法院的委托，承担对未成年人的社会调查和社区矫正可行性评估工作，及时完成并反馈调查评估结果。

五、严格限制逮捕措施的适用

修改后的《刑事诉讼法》第269条规定："对未成年犯罪嫌疑人、被告人应当严格限制适用逮捕措施。人民检察院审查批准逮捕和人民法院决定逮捕，应当讯问未成年犯罪嫌疑人、被告人，听取辩护律师的意见。”准确理解和正确适用刑事诉讼法关于严格限制对未成年犯罪嫌疑人、被告人适用逮捕措施的规定，应当把握以下方面：

（一）释放为原则，羁押为例外①

从立法精神上看，刑事诉讼法对逮捕措施的适用本身就是严格限制的，特别是此次修改，进一步完善了取保候审和监视居住制度，进一步健全了逮捕制度，加大了其他强制措施对逮捕措施的替代功能，试图进一步减少逮捕措施的适用，减少审前羁押的比例。对未成年人刑事案件适用逮捕措施，其限制更为严格。具体如何把握“严格限制适用”？我们认为，不仅仅是逮捕条件的掌握上要严于成年的犯罪嫌疑人、被告人，也就是说，在同样或者类似的案件情况下，对成年人可以适用逮捕的，对未成年人则不应当适用逮捕。更为典型的情况是，同案犯罪嫌疑人有成年人，也有未成年人的，对后者就应当根据“教育、感化、挽救”的方针，实现区别对待，在适用逮捕措施上，对未成年人把握更严格。《关于进一步建立和完善办理未成年人刑事案件配套工作体系的若干意见》要求，公安机关办理未成年人刑事案件，对未成年人应优先考虑适用非羁押性强制措施，加强有效监管；羁押性强制措施应依法慎用，比照成年人严格掌握适用条件。办理未成年人刑事案件不以拘留率、逮捕率或起诉率作为工作考核指标。未成年犯罪嫌疑人、被告人入所后服从管理、依法变更强制措施不致发生社会危险性，能够保证诉讼正常进行的，公安机关、人民检察院、人民法院应当及时变更强制措施；看守所应提请有关办案部门办理其他非羁押性强制措施。理论上总结的标准是，释放为原则，羁押为例外。通俗的说法是，能不捕的尽量不捕，能用其他措施的尽量用其他措施。这是符合刑事诉讼法的立法精神的。

（二）讯问在先

根据法律规定，人民检察院审查批准逮捕和人民法院决定逮捕，应当讯问未成年犯罪嫌疑人、被告人，并听取辩护律师的意见。在办理成年人刑事案件中，法律明确规定检察机关可以讯问犯罪嫌疑人，只有在检察机关对是否符合逮捕条件有疑问、犯罪嫌疑人要求向检察人员当面陈述、侦查活动可能有重大违法这三种情形下，检察机关才应当讯问犯罪嫌疑人。但在未成年人刑事案件中，人民检察院和人民法院应当讯问犯罪嫌疑人和被告人。

---

① 参见宋英辉、甄贞：《未成年人犯罪诉讼程序研究》，北京师范大学出版社2011年版，第107页。

（三）多方参与

为了保证逮捕决定正确、适当，法律还要求，人民检察院、人民法院应当听取辩护律师的意见。

（四）分别关押

对被羁押的未成年人应当与成年人分别关押、管理，有条件的看守所可以设立专门的未成年人监区。有条件的看守所可以对被羁押的未成年人区分被指控犯罪的轻重、类型分别关押、管理。

六、附条件不起诉

附条件不起诉与法定不起诉不同。当符合法定情形时，人民检察院无选择余地，必须作出不起诉决定以终止刑事诉讼。附条件不起诉是人民检察院经过权衡后认为不起诉更符合公共利益时作出的不起诉决定。法定不起诉与裁定不起诉的区别在于，前者没有斟酌决定的余地，后者有自由裁量的空间。附条件不起诉也不同于证据不足不起诉，证据不足不起诉针对的是经过补充侦查，证据仍然不足的情形。在审查起诉中，对于证据不足的案件应当先经过补充侦查，补充侦查后仍然证据不足，同样没有自由决定起诉或者不起诉的选择权，而必须作出不起诉决定。两者适用条件存在较大差异，人民检察院遇有证据不足的案件，不得为了“找台阶下”而作出附条件不起诉的决定。附条件不起诉与裁量不起诉适用的案件，都属于人民检察院有起诉权并且在起诉后一般也能够获得胜诉的案件，在决定是否起诉的环节，人民检察院都有自由裁量决定的权力。两者的区别在于：裁量不起诉不附加任何条件，按照现行的法律适用于情节轻微的案件，裁量不起诉作出后，除非发现不符合法定条件，否则一般不能撤销不起诉决定提起公诉。附条件不起诉一般适用于情节较轻的案件，并且在不起诉的同时附加一定条件，当条件得到满足时，诉讼将不再提起；若条件得不到满足，不起诉决定应当被撤销，人民检察院将会提起公诉。①

近年来，部分地方检察机关对酌定不起诉（也有的称之为附条件不起诉）进行了实践探索，理论界也对此进行了热烈争论。赞同的观点认为，现行不起诉制度具有局限性，需要建立附条件不起诉制度加以弥补，同时，也有助于缓

---

① 参见陈光中、张建伟：《附条件不起诉：检察裁量权的新发展》，载《人民检察》2006年第4期（上）。

解及应对刑事案件的高发态势及办案机关不堪重负的现状。[①] 反对的观点主要有四个理由：一是附条件不起诉实际上是有罪不起诉，侵犯了法院的定罪权。二是我国刑事司法制度与西方国家有巨大差别。国外实行犯罪与违法的一元体制，需要运用不起诉制度处理相当于我国治安管理处罚案件；而我国则实行犯罪与违法的二元化体制，轻微的违法行为都已经行政处罚或治安处罚了，而构成犯罪的都是性质严重的，如果犯罪了不予起诉，会带来很多问题。三是西方国家不论案件大小，从立案到拘留、侦查措施、保释等程序都是经过法院批准的，而我国强制性侦查措施都没有受到法院的制约，所以若赋予检察机关不起诉裁量权太大，则很难保证这些权力不被滥用，也无法对其进行有效的监督。四是我国法律制度已经有了管制、缓刑，这与附条件不起诉没有实质性区别。法院多适用些缓刑、管制的话，也完全符合处罚轻微犯罪要求的非监禁化、非刑罚化的国际趋势，能够满足当前处理这类犯罪的需要，没有必要设立新的制度。[②] 我们认为，附条件不起诉与相对不起诉在本质上都是起诉裁量主义的要求和体现，附条件不起诉并不违背控审分离、法院定罪原则，不存在侵犯审判权的问题。

此次修改后的刑事诉讼法确立的附条件不起诉制度，是我国刑事诉讼制度改革的重大成果。立法者在构建该制度的时候，不仅将附条件不起诉的适用限制在未成年人刑事案件，设定了严格范围限制，对检察机关适用附条件不起诉规定了多种监督制约机制，同时还规定了尽可能详备的操作程序规定，对理论中的种种质疑的观点和理由作了充分回应。

（一）适用范围

附条件不起诉只适用于犯罪嫌疑人为未成年人的刑事案件。修改后的刑事诉讼法将附条件不起诉的适用限制在犯罪嫌疑人是未成年人的情形，既适应了对犯罪的未成年人切实贯彻“教育、感化、挽救”的方针，强化教育、矫治效果的特殊需要，又体现了立法审慎的思想。

（二）适用条件

修改后的《刑事诉讼法》第 271 条第 1 款规定：“对于未成年人涉嫌刑法分则第四章、第五章、第六章规定的犯罪，可能判处一年有期徒刑以下刑罚，符合起诉条件，但有悔罪表现的，人民检察院可以作出附条件不起诉的决定。

---

① 参见顾永忠：《附条件不起诉制度的正当性与必要性刍议》，载《人民检察》2008 年第 9 期。

② 参见陈国庆：《不起诉制度的观点争议回应》，载《人民检察》2007 年第 24 期。

人民检察院在作出附条件不起诉的决定以前，应当听取公安机关、被害人的意见。”根据该规定，适用附条件不起诉应当同时满足三个条件：第一，罪名条件。未成年人涉嫌的罪名限于刑法分则第四章、第五章、第六章规定的犯罪，即侵犯公民人身权利、民主权利罪，侵犯财产罪以及妨害社会管理秩序罪。由于实践中未成年人犯罪案件所涉及的罪名主要也是这三种，因此，对其适用附条件不起诉的罪名范围实际上不小。第二，刑罚条件。所涉嫌犯罪可能判处1年有期徒刑以下刑罚。有的学者认为刑法分则第四章、第五章、第六章中可能判处刑罚在1年有期徒刑以下的罪名比较少，而未成年犯罪大都属于暴力重大犯罪，该项制度很可能会流于形式。如有学者指出，刑法分则中法定最高刑为1年以下有期徒刑的只有两条，一条是《刑法》第252条规定的侵犯公民通信自由罪，另一条是《刑法修正案（八）》规定的危险驾驶罪。在实践当中可能判处1年有期徒刑以下刑罚的案件也是比较少的，这样写意义不大。① 我们认为，该观点混淆了法定最高刑与可能判处的刑罚这两个概念。法定最高刑是刑法针对某一犯罪规定的刑罚的上限，触犯该罪名的，不论情节有多严重，对其判处刑罚均不能超过法定最高刑。本条规定的可能判处的刑罚并不是法定最高刑，而是检察机关根据案件情况进行的量刑可能性的推断。否则，刑事诉讼法完全可以用法定最高刑的表述。实践中，不仅公安机关、人民检察院，普通公民也能根据案件的情况对可能判处的刑罚进行预测和推断。人民检察院在审查批准逮捕工作中，也要对可能判处的刑罚进行预测。如果也将此理解为法定最高刑，那么，刑事诉讼法关于逮捕条件中的刑罚条件的规定基本上是多余的。第三，悔罪表现。在涉嫌罪名较轻的前提下，悔罪表现反映了犯罪的未成年人的主观恶性不深，可以从轻处理，给出路、留余地，为进一步实施教育、矫治创造条件。

（三）监督考察

人民检察院对涉嫌犯罪的未成年人作出附条件不起诉决定的，还应当同时决定监督考察的期限。附条件不起诉的考验期为6个月以上1年以下，从人民检察院作出附条件不起诉的决定之日起计算。修改后的《刑事诉讼法》第272条规定，在附条件不起诉的考验期内，由人民检察院对被附条件不起诉的未成年犯罪嫌疑人进行监督考察。未成年犯罪嫌疑人的监护人，应当对未成年犯罪嫌疑人加强管教，配合人民检察院做好监督考察工作。被附条件不起诉的未成年犯罪嫌疑人，应当遵守法律、行政法规，服从监督；按照考察机关的规定报

---

① 参见陈卫东：《构建中国特色刑事特别程序》，载《中国法学》2011年第6期。

告自己的活动情况；离开所居住的市、县或者迁居，应当报经考察机关批准；按照考察机关的要求接受矫治和教育。

（四）不再起诉

附条件不起诉从性质上说，是一种结果待定状态，只有符合所附带的条件，才发生不起诉的效力。因此，有的将附条件不起诉又称为起诉犹豫或者暂缓起诉。根据刑事诉讼法的规定，被附条件不起诉的未成年犯罪嫌疑人，在考验期内没有实施新的犯罪或者没有发现决定附条件不起诉以前还有其他罪需要追诉的；没有违反治安管理规定或者考察机关有关附条件不起诉的监督管理规定的，考验期届满的，人民检察院应当作出不起诉的决定。这个不起诉决定才是案件的最终决定。

（五）提起公诉

根据修改后的《刑事诉讼法》第273条规定，被附条件不起诉的未成年犯罪嫌疑人，在考验期内实施新的犯罪或者发现决定附条件不起诉以前还有其他犯罪需要追诉的；违反治安管理规定或者考察机关有关附条件不起诉的监督管理规定，情节严重的，人民检察院应当撤销附条件不起诉的决定，提起公诉。

（六）监督制约

对任何权力都必须实施有效的监督和制约，才能防止滥用。为了保证检察机关正确、规范行使附条件不起诉裁量权，刑事诉讼法规定了多方面的监督制约措施：一是听取各方意见。人民检察院在作出附条件不起诉决定前，应当听取公安机关、被害人的意见。二是公安机关提请复议复核。对附条件不起诉的决定，公安机关认为不起诉决定有错误的时候，可以要求复议，如果意见不被接受，可以向上一级人民检察院提请复核。三是被害人申诉或者直接起诉。根据《刑事诉讼法》第176条的规定，对于有被害人的案件，决定不起诉的，人民检察院应当将不起诉决定书送达被害人。被害人如果不服，可以自收到决定书后7日以内向上一级人民检察院申诉，请求提起公诉。人民检察院应当将复查决定告知被害人。对人民检察院维持不起诉决定的，被害人可以向人民法院起诉。被害人也可以不经申诉，直接向人民法院起诉。四是犯罪嫌疑人及其法定代理人的异议。未成年犯罪嫌疑人及其法定代理人对人民检察院决定附条件不起诉有异议的，人民检察院应当作出起诉的决定。可以说，有了这四重监督制约机制，就能确保人民检察院规范、公正行使附条件不起诉裁量权。

七、封存犯罪记录

“有条件地建立未成年人轻罪犯罪记录消灭制度”是中央《关于深化司法体制和工作机制改革若干问题的意见》的明确要求。《刑法修正案（八）》第19条对《刑法》第100条“前科报告制度”作了修正和完善，免除了未成年前科报告义务，是对多年来“未成年人轻罪犯罪记录消灭制度改革”试点经验的规范性确认。在刑法设立“未成年人前科报告义务的免除”之后，修改后的刑事诉讼法明确规定了未成年人犯罪记录封存制度，第275条规定：“犯罪的时候不满十八周岁，被判处五年有期徒刑以下刑罚的，应当对相关犯罪记录予以封存。犯罪记录被封存的，不得向任何单位和个人提供，但司法机关为办案需要或者有关单位根据国家规定进行查询的除外。依法进行查询的单位，应当对被封存的犯罪记录的情况予以保密。”该规定确立了未成年人犯罪记录封存制度。刑法和刑事诉讼法的规定，对于严格限制犯罪记录的对外公开，弱化社会公众通过犯罪记录公开而对未成年人进行非规范性消极评价，在消除犯罪标签效应的同时，有利于未成年人的再社会化，对于我国未成年人犯罪的治理具有深远的意义。[①] 具体制度包括以下几个方面：

（一）适用范围与条件

1. 从主体上看，适用于犯罪时未满18周岁的未成年人。当事人的年龄是以犯罪行为发生时为标准，即使审判时或者审判后已经年满18周岁，同样可以适用。

2. 从犯罪类型上看，适用于一切犯罪类型。刑事诉讼法并未对此作轻罪或者重罪的区分。

3. 从既判刑罚看，适用于被判处5年有期徒刑以下刑罚的未成年人。有期徒刑5年以上的刑罚，即属于重刑。适用重刑的未成年人，要么是触犯了重罪，要么是犯罪行为及犯罪后果等特别严重，其犯罪记录不宜封存。

有观点认为，应当将封存犯罪记录限制在初犯，不适用于再犯。受过行政处罚及有其他劣迹的，根据其罪后表现等情况，慎重适用。这里的再犯，是指在有犯罪记录之后再次犯罪。之所以用再犯而不用累犯的概念，因为根据《刑法修正案（八）》的规定，未成年时期的犯罪将不再构成累犯，且再犯的

---

① 参见贾楠：《论〈刑法修正案（八）〉之“未成年人前科报告义务的免除”》，载《青少年犯罪问题》2011年第6期。

概念适用人群要大于累犯。① 我们认为，修改后的刑事诉讼法并未作此限制，而且，法律已经将封存犯罪记录的案件限定在5年有期徒刑以下刑罚，不应当再另加限制。

（二）封存工作机构

刑事诉讼法并未明确规定由哪个机关对犯罪记录进行封存。根据刑事诉讼法的立法精神，只要符合法律规定的封存犯罪记录的条件的，都应当予以封存。由于一个刑事案件要经过人民法院审判，才能最终确定是否被判处5年有期徒刑以下刑罚，但在此前，案件已经公安机关侦查和人民检察院审查起诉，这两个机关也都保留了完整的未成年人的犯罪记录。因此，我们认为，公安机关、人民检察院和人民法院均应当对未成年人的犯罪记录予以封存。

（三）封存程序的启动

如上所述，公安机关、人民检察院和人民法院均应当对自己掌握的未成年人的犯罪记录予以封存。这就涉及一个问题，即封存程序的启动。是在人民法院作出判决后，有关机关依职权主动、自行封存，还是依人民法院专门的封存决定进行封存？我们认为，刑事诉讼法并未规定具体的封存程序的启动问题，对此，只能根据法律的原则规定，结合对立法精神的理解来具体把握。应当说，刑事诉讼法对封存犯罪记录的规定是十分明确的，不存在难以理解和不易执行的问题。只要符合有关条件，有关机关即应封存。要求人民法院作出判决后再另行作出专门的封存决定，既烦琐又无必要。公安机关和人民检察院只要收到人民法院的生效判决后即应立即封存犯罪记录。

需要指出的是，由于封存程序的启动要以人民法院生效判决为前提，这就存在一个封存程序启动前的空白期。根据刑事诉讼法、其他法律关于未成年人的立法精神和具体规定，办理案件的机关有义务控制未成年人刑事案件的案件情况和犯罪嫌疑人、被告人具体情况的知情面，不能加以扩散。如《关于进一步建立和完善办理未成年人刑事案件配套工作体系的若干意见》要求，对未成年犯的档案应严格保密，建立档案的有效管理制度。非法定事由，不得公开未成年人被刑事立案、采取刑事强制措施、不起诉或因轻微犯罪被判处刑罚的记录。《人民检察院办理未成年人刑事案件的规定》第4条规定："人民检察院办理未成年人刑事案件，应当依法保护涉案未成年人的名誉，尊重其人格尊严，不得公开或者传播涉案未成年人的姓名、住所、照片、图像及可能推断

① 参见青岛市中级人民法院课题组：《未成年人轻罪犯罪记录封存程序的构建》，载《山东审判》2011年第2期。

出该未成年人的资料。”这里的涉案未成年人既包括被告人，也包括被害人。

（四）封存程序的效力

未成年人的犯罪记录一旦封存，持有犯罪记录的机关即不得向任何单位和个人提供，除非是司法机关为办案需要或者有关单位根据国家规定进行查询。封存犯罪记录不同于犯罪记录消灭。封存犯罪记录是指对于被宣告有罪或者判处刑罚的犯罪人员，符合一定条件时，关于该人的犯罪记录不再对第三人公开。消灭犯罪记录则是指在刑罚执行完毕后，符合一定条件时，经过一定程序抹去该犯罪记录，行为人自此在法律上被视为没有犯过罪的人。但是，从封存的时间效力上看，应该是终身的，不能理解为成年以后或若干年后可以解除。

（五）封存犯罪记录的查询

根据刑事诉讼法的规定，对封存的未成年人犯罪记录，司法机关为办案需要或者有关单位根据国家规定可以进行查询。依法查询的单位，应当对被封存的犯罪记录的情况予以保密。在司法实践中，有关机关还应当细化具体操作程序，明确规定查询犯罪记录申请的提交、受理、审批和查询办法。我们认为，查询的意思就是当场翻阅查看，不应当包括采取复制等方式获得犯罪记录的有关内容。

八、未成年人刑事案件的法律监督①

（一）对侦查活动的监督

人民检察院审查批准逮捕、审查起诉未成年犯罪嫌疑人，应当同时审查公安机关的侦查活动是否合法，发现有下列违法行为的，应当提出纠正意见；构成犯罪的，依法追究刑事责任：（1）违法对未成年犯罪嫌疑人采取强制措施或者采取强制措施不当的；（2）未依法实行对未成年犯罪嫌疑人与成年犯罪嫌疑人分管、分押的；（3）对未成年犯罪嫌疑人采取刑事拘留、逮捕措施后，在法定时限内未进行讯问，或者未通知其法定代理人或者近亲属的；（4）对未成年犯罪嫌疑人威胁、体罚、侮辱人格、游行示众，或者刑讯逼供、指供、诱供的；（5）利用未成年人认知能力低而故意制造冤、假、错案的；（6）对未成年被害人、证人以诱骗等非法手段收集证据或者侵害未成年被害人、证人的人格尊严及隐私权等合法权益的；（7）违反羁押和办案期限规定的；（8）已作出不批准逮捕、不起诉决定，公安机关不立即释放犯罪嫌疑人的；（9）在侦查中有其他侵害未成年人合法权益行为的。

① 参见《人民检察院办理未成年人刑事案件的规定》。

(二) 对审判活动的监督

对依法不应当公开审理的未成年人刑事案件公开审理的，人民检察院应当在开庭前提出纠正意见。

公诉人出庭支持公诉时，发现法庭审判有下列违反法律规定的诉讼程序的情形之一的，应当在休庭后及时向本院检察长报告，由人民检察院向人民法院提出纠正意见：(1) 开庭或者宣告判决时未通知未成年被告人的法定代理人到庭的；(2) 人民法院没有给聋哑或者不通晓当地通用的语言文字的未成年被告人聘请或者指定翻译人员的；(3) 未成年被告人在审判时没有辩护人的；(4) 对未成年被告人及其法定代理人依照法律规定拒绝辩护人为其辩护，合议庭未另行指定辩护律师的；(5) 法庭未告知未成年被告人及其法定代理人依法享有的申请回避、辩护、提出新的证据、申请重新鉴定或者勘验、最后陈述、提出上诉等诉讼权利的；(6) 其他违反法律规定的诉讼程序的情形。

(三) 对刑罚执行活动的监督

1. 是否在专门的场所执行刑罚

人民检察院依法对未成年犯管教所实行驻所检察。在刑罚执行监督中，发现关押成年罪犯的监狱收押未成年罪犯的，或者对年满 18 周岁后余刑在 2 年以上的罪犯没有转送监狱的，应当依法提出纠正意见。

2. 是否存在混关混押

人民检察院在看守所检察中，发现没有对未成年犯罪嫌疑人、被告人与成年犯罪嫌疑人、被告人分管、分押或者对未成年罪犯留所服刑的，应当依法提出纠正意见。人民检察院应当加强对未成年犯管教所、看守所监管未成年罪犯活动的监督，保障未成年罪犯的合法权益，维护监管改造秩序和教学、劳动、生活秩序。

人民检察院配合未成年犯管教所、看守所，加强对未成年罪犯的政治、法律、文化教育，促进依法、科学、文明监管。

3. 对社区矫正的监督

根据《社区矫正实施办法》，人民检察院对社区矫正各执法环节依法实行法律监督。对未成年人实施社区矫正，应当遵循教育、感化、挽救的方针，按照下列规定执行：(1) 对未成年人的社区矫正应当与成年人分开进行；(2) 对未成年社区矫正人员给予身份保护，其矫正宣告不公开进行，其矫正档案应当保密；(3) 未成年社区矫正人员的矫正小组应当有熟悉青少年成长特点的人员参加；(4) 针对未成年人的年龄、心理特点和身心发育需要等特殊情况，采取有益于其身心健康发展的监督管理措施；(5) 采用易为未成年人接受的方式，开展思想、法制、道德教育和心理辅导；（6）协调有关部门为未成年社区矫正人员就学、就业等提供帮助；（7）督促未成年社区矫正人员的监护人履行监护职责，承担抚养、管教等义务；（8）采取其他有利于未成年社区矫正人员改过自新、融入正常社会生活的必要措施。

人民检察院发现社区矫正执法活动违反法律和本办法规定的，可以区别情况，提出口头纠正意见，制发纠正违法通知书或者检察建议书。交付执行机关和执行机关应当及时纠正、整改，并将有关情况告知人民检察院。

4. 对减刑、假释、暂予监外执行的监督

人民检察院依法对未成年犯的减刑、假释、暂予监外执行等活动实行监督。对符合减刑、假释、暂予监外执行法定条件的，应当建议执行机关向人民法院、监狱管理机关提请；发现提请或者裁定、决定不当的，应当依法提出纠正意见；对徇私舞弊减刑、假释、暂予监外执行等构成犯罪的，依法追究刑事责任。

人民检察院发现有关机关对判处管制、缓刑或者裁定、决定假释、暂予监外执行等在社会上执行的未成年罪犯脱管、漏管或者没有落实帮教措施的，应当依法提出纠正意见。

第二节　当事人和解的公诉案件诉讼程序[①]

修改后的刑事诉讼法在吸收学术研究成果、总结实践经验的基础上，将刑事和解程序从原来的自诉案件扩大适用到公诉案件，并严格限定和解程序的适用范围。和解程序引入公诉案件，对于化解社会矛盾、节省国家司法资源将会产生巨大的促进作用。同时，考虑到公诉案件的国家追诉性质和刑罚的严肃性，防止出现新的不公正，修改后的刑事诉讼法将公诉案件适用和解程序的范围限定为因民间纠纷引起，涉嫌侵犯人身权利民主权利、侵犯财产犯罪，可能判处3年有期徒刑以下刑罚的故意犯罪案件，以及除渎职犯罪以外的可能判处7年有期徒刑以下刑罚的过失犯罪案件。但是，犯罪嫌疑人、被告人在5年以内曾经故意犯罪的，不适用这一程序。对于当事人之间达成和解协议的案件，人民法院、人民检察院和公安机关可以依法从宽处理。

---

① 此部分内容主要参考了吴孟栓、石献智、王佳撰写的《〈最高人民检察院关于办理当事人达成和解的轻微刑事案件的若干意见〉解读》，载《公检法办案指南》2011年第5期，在此谨致谢忱。

刑事和解制度的设立，是我国刑事司法制度的重大创举，也是我国司法实践的必然产物。近年来，全国各地公安机关、人民检察院、人民法院顺应时代要求，深入贯彻宽严相济刑事政策，积极探索当事人达成和解的刑事案件办理机制。据了解，自2005年起，探索和解机制的地方检察机关年均至少有50%的轻微刑事案件适用和解机制予以处理。总的来说，这些探索及时、有效地化解了社会矛盾，取得了良好的法律效果和社会效果，促进了社会和谐稳定。2008年，中央《关于深化司法体制和工作机制改革若干问题的意见》提出，“对刑事自诉案件和其他轻微刑事犯罪案件，探索建立刑事和解制度，并明确其范围和效力”，同时确立由全国人大常委会法工委牵头负责，最高人民检察院和团中央、最高人民法院、公安部、国家安全部、司法部、国务院法制办等作为协办单位。2009年12月31日，《中共中央办公厅、国务院办公厅转发〈中央政法委员会、中央维护稳定工作领导小组关于深入推进社会矛盾化解、社会管理创新、公正廉洁执法的意见〉的通知》（中办发〔2009〕46号）提出，“对因民间纠纷引起的一般治安案件、轻微刑事案件和交通事故，公安机关、检察机关要依照法律规定，探索建立运用和解等方式解决问题的机制。人民法院要坚持调解优先、调判结合的原则，积极推行民事案件审理全程调解，依法探索刑事自诉案件、其他轻微刑事案件、刑事附带民事诉讼案件、行政诉讼案件和解解决的新模式。同时，有效防止发生‘以钱买刑’现象”。2011年1月29日，最高人民检察院印发《最高人民检察院关于办理当事人达成和解的轻微刑事案件的若干意见》，对检察机关依法正确办理当事人达成和解的轻微刑事案件提出了具体要求。此次修改刑事诉讼法，设专章规定了当事人和解的公诉案件诉讼程序，并具体设定了该程序的主要内容：一是刑事和解的原则；二是刑事和解的条件；三是刑事和解的适用范围；四是刑事和解的程序；五是刑事和解的效力。

一、刑事和解概述

（一）刑事和解的内涵

首先要说明的是，刑事和解是理论研究和实践中惯用的但并不规范的表述，但因其简练、上口，在实践中得到普遍接受，故在本书中继续沿用。

我国现行法律体系下，对于赔偿损失、赔礼道歉等民事责任方面的事项，根据民事权利的处分原则，当事人之间可以进行协商和解。这是当事人自治原则的应有之义，也是其行使处分权的一种方式。但对于刑事责任问题，1996年刑事诉讼法只规定自诉案件的当事人双方可以自行和解，没有规定公诉案件的当事人可以就刑事责任进行和解，也没有关于“刑事和解”的明确定义。

尽管在名称上称之为“刑事和解”，但并非公安机关、人民检察院或者人民法院与犯罪嫌疑人、被告人就刑事责任问题进行协商和解，也就是说，公安机关、人民检察院和人民法院均不是刑事和解的一方当事人，刑事和解实际上是被害人与加害人之间就相关民事问题如赔偿损失、赔礼道歉等事项协商谈判达成和解，并不包括被追诉者的刑事责任问题。在当事人和解后，公安机关、人民检察院和人民法院再根据法律规定和案件情况，对犯罪嫌疑人、被告人从宽处理。因此，该制度的实质是对当事人和解的公诉案件的特殊办理程序。修改后的刑事诉讼法采用了“当事人和解”的表述，有效避免了因使用“刑事和解”而使人误解为“刑事责任的和解”。

对刑事诉讼法设置刑事和解制度以及此前的实践探索中，存在很多质疑和争议。其中最主要的是，如果更多强调根据当事人的和解处理案件，是否会出现有的犯罪嫌疑人经济实力较强，赔偿较多，能与被害人达成和解，从而容易得到从轻处罚或者不予处罚；有的认罪虽好，但由于赔偿能力较弱或达不到被害人提出的过高要求，无法达成和解，难以得到从轻处罚或者不予处罚，造成不公正的现象。我们认为，这种担心是不必要的。主要理由是：第一，当事人达成和解的主要原因并不是因为金钱收买。根据刑事诉讼法的规定，犯罪嫌疑人、被告人要达成和解，首先要真诚悔罪，其次要向被害人赔偿损失、赔礼道歉等，最后还要获得被害人的谅解。实践中也存在不少犯罪嫌疑人、被告人愿意付出巨额资金以求得被害人谅解而不成的例子。对当事人的和解协议，公安机关、人民检察院、人民法院不仅要进行合法性审查，还要进行自愿性审查，并听取其他有关人员的意见。第二，适用刑事和解的案件是轻微刑事案件。刑事诉讼法将适用刑事和解的案件范围限制在民间纠纷、涉嫌刑法分则第四章、第五章规定的犯罪案件，可能判处3年有期徒刑以下刑罚的，以及除渎职罪以外的可能判处7年有期徒刑以下刑罚的过失犯罪案件，这些案件主要是直接侵犯具体被害人人身权利和财产权利的轻微刑事案件。根据我国刑法和刑事诉讼法的有关规定，对这类案件，即使在设立刑事和解制度以前，也往往会从轻处罚。修改后的《刑事诉讼法》第279条规定，对于达成和解协议的案件，人民检察院认为犯罪情节轻微，不需要判处刑罚的，可以作出不起诉的决定。另外，第173条第2款也明确规定，对于犯罪情节轻微，依照刑罚规定不需要判处刑罚或者免除刑罚的，人民检察院可以作出不起诉决定。因此，基于和解的从宽处理不是因为和解就不判刑或者较大幅度减刑。刑事和解制度的设立，更主要的意义不是扩展了司法机关的职权，而是更多地考虑到当事人的主体地位，对其予以法律上的引导，促进社会秩序和社会关系修复。第三，自愿本身就蕴涵着公平。设定和解程序后，对犯罪嫌疑人、被告人从宽处理的法律依据和法律要求更加明确，当事人特别是被害人的主体地位进一步得到尊重。通过刑事和解，真诚悔罪的犯罪嫌疑人获得了从宽处罚的出路，被害人权益则得到更好的保障。第四，法律面前人人平等原则、罪刑法定原则并不否定刑罚个别化。事实上，个案情况千差万别，不顾个体差异强求整齐划一，无疑也是不公正的，也有违立法的目标和原则。

（二）刑事和解的指导思想和原则①

在执法司法实践中，公安机关、人民检察院和人民法院必须将正确贯彻宽严相济刑事政策，充分发挥自身在化解社会矛盾和构建和谐社会中的职能作用，维护社会公平正义、促进社会和谐稳定作为指导思想；将依法办案与化解矛盾、惩罚犯罪与保障人权并重，实现法律效果与社会效果的有机统一。

二、刑事和解程序的适用范围

在刑事诉讼法修改前的理论研究和实践探索中，关于刑事诉讼中和解办案机制的适用范围，争论较多。一种观点主张，和解办案机制应当仅适用于轻微刑事案件、未成年人犯罪、过失犯罪案件等。另一种观点则主张，从有利于化解矛盾纠纷的角度，应适当扩大和解机制的适用范围，只要当事人双方愿意和解，司法机关就应当尊重并在处理时给予相应的考虑。

从理论上说，和解是被害人与加害人双方之间的和解，无论轻微犯罪还是严重犯罪，当事人均有权就精神抚慰、经济赔偿、赔礼道歉等事项达成和解，即便是严重暴力犯罪、可能判处重刑甚至死刑犯罪案件中的当事人，法律也未禁止他们就赔偿、道歉等民事事项达成和解。因此，刑事案件的当事人之间达成和解是无法且不能设定范围限制的。实践中也有故意杀人案件的当事人达成和解，司法机关对此情节予以考量而未判处被告人死刑立即执行的案例。此次修改刑事诉讼法，明确将适用刑事和解程序的案件限定在因民间纠纷引起，涉嫌刑法分则第四章、第五章规定的犯罪案件，可能判处3年有期徒刑以下刑罚的；除渎职犯罪以外的可能判处7年有期徒刑以下刑罚的过失犯罪案件。同时还明确规定，犯罪嫌疑人、被告人在5年以内曾经故意犯罪的，不适用本程序。

这就存在一个正确理解当事人和解与公安、司法机关适用刑事和解程序的关系的问题。如前所述，当事人和解，从理论上和立法精神上看，是允许和鼓励的，其范围也不应有任何限制。但是，其和解是否能够产生刑事责任上的效

① 参见最高人民检察院《关于办理当事人达成和解的轻微刑事案件的若干意见》。

果，则要根据刑事诉讼法的明确规定加以判定。在刑事诉讼法规定的适用范围内的案件，当事人达成和解的，才会引起公安机关、人民检察院、人民法院对犯罪嫌疑人、被告人从宽处理的效力。超出该范围的，则不具有这种效力。

三、适用刑事和解程序的条件

根据刑事诉讼法的规定，公安机关、人民检察院、人民法院适用刑事和解程序办理案件，必须同时符合以下五项条件：

1. 案件属于侵害特定被害人的故意犯罪或者有直接被害人的过失犯罪。这是对案件主体方面的要求，即双方当事人是确定的，否则无法进行“双方”当事人的协商，也就无法达成“双方”当事人的和解。

2. 案件事实清楚，证据确实、充分。这是对案件实体方面的要求，如果案件事实不清或者证据不足，则无法确认相关人员的责任，因而也不具备和解的基础。

3. 犯罪嫌疑人、被告人真诚悔罪。犯罪嫌疑人、被告人是否真诚悔罪，要通过其行为来判断。根据立法精神，真诚悔罪应当包括以下几个方面：一是承认罪行。拒不承认所犯罪行，不能认为是真诚悔罪。但也不能因其进行合理、合法的辩解而认为其不承认罪行。实践中也确实有被害人得理不饶人的现象，容不得被告人进行辩解和提出异议。二是向被害人赔礼道歉、赔偿损失等。即有主动、有效地弥补被害人因犯罪造成的损失，争取被害人谅解的举动。三是积极履行和解协议。

和解协议是否履行，对诉讼程序的进行特别是对犯罪嫌疑人、被告人的刑事责任会有何影响，是实践探索中遇到的一个非常重要也十分复杂的问题，未来贯彻实施刑事诉讼法中肯定会遇到，必须研究解决。刑事诉讼法规定的是“达成和解协议”，并未涉及协议的履行。我们理解，协议的履行方式、履行时间等，应当也是协议的主要内容，也均由当事人协商确定。在公安机关侦查终结移送人民检察院起诉前、人民检察院提起公诉前、人民法院作出判决前，均可以进行和解，在哪个环节和解的，相应地影响该环节的办案机关的决定。特别要指出的是，当事人在任何诉讼环节均可以达成和解协议，也就可以在任何一个环节推翻协议。上一个诉讼环节达成协议又推翻的，下一个诉讼环节的办案机关仍可以适用和解程序办理案件。被告人主动反悔的，可以影响对其是否真诚悔罪的认定。履行和解协议后反悔的，应不予支持。有人提出，要以和解协议的切实履行作为适用和解程序的前提。我们认为，刑事诉讼法并未对协议履行作出规定，公安机关、人民检察院、人民法院在各自的办案环节也不宜要求和解协议实际履行后才适用和解程序对犯罪嫌疑人、被告人提出从宽处理的建议或作出从宽处理的决定。否则，就给适用刑事和解程序设定了更高的门槛，限缩了其适用范围。公安司法机关在主持制作和解协议中，可以说明法律关于和解程序的规定、和解的效果，指明当事人双方达成和解协议应当注意的事项，甚至可以就和解协议的履行提出意见。但是，应当充分尊重当事人的主体地位，不应过多介入双方协议的商谈过程，更不能压服、逼迫当事人接受不公正的、难以接受的协议条件。要求犯罪嫌疑人、被告人真诚悔罪、切实履行协议或为协议的履行提供具有法律强制执行力的保障来确保加害人的人身危险性和社会危害性的降低或者消除，使得被害人的合法权益得到切实的保障，但是，如果一律要求切实履行才能和解，势必造成实际上的有钱才能和解、无钱不能和解，不利于保护困难群体。按照《人民调解法》的规定，达成调解协议后，经人民法院依法确认调解协议有效，一方当事人拒绝履行或者未全部履行，对方当事人可以向人民法院申请强制执行。总之，在当事人达成和解协议后实际履行前，办理案件的机关已经适用和解程序办理案件并作出从宽处理的决定的，也不能因和解协议未实际履行而更改有关决定。

4. 双方当事人就赔偿损失、恢复原状、赔礼道歉、精神抚慰等事项达成和解，是适用和解协议的实质内容，否则也就难以构成双方当事人的真正和解。刑事诉讼法只明确列举了赔偿损失和赔礼道歉两种获得被害人谅解的方式，但是，这不妨碍犯罪嫌疑人、被告人根据案件的具体情况采取恢复原状、其他精神抚慰等有效的方式争取被害人谅解。

5. 被害人及其法定代理人或者近亲属明确表示对犯罪嫌疑人、被告人予以谅解，要求或者同意对犯罪嫌疑人、被告人依法从宽处理，即要求被害方作出同意和解的明确的意思表示，避免被害方由于误解或者受到暴力、胁迫等原因而出于非自愿而被迫接受和解协议，同时也有利于杜绝利用被害方意思表示瑕疵而达成虚假和解的情形发生。

四、关于当事人和解的事项

修改后的刑事诉讼法明确将双方当事人可以达成和解的事项限定在赔偿损失、赔礼道歉等民事责任事项，但不得对案件的事实认定、证据和法律适用、定罪量刑等依法属于公安司法机关职权范围的事项进行协商。在我国现行的司法体制下，检察机关代表国家行使追诉职能，检察机关对公诉案件的处理不受当事人意志的左右，当事人无权就公诉案件中的刑事责任问题进行和解，即无权“私了”。当事人只能对其自身权利范围内主要是民事权利方面的事项达成和解，对于自身权利之外的事项，如案件事实、证据、是否犯罪以及如何适用法律、定罪量刑等无权自行和解，从而杜绝“花钱买刑”的可能。

五、关于有权达成和解的主体

刑事诉讼法规定双方当事人是达成和解的主体，考虑到双方有可能是未成年人或者可能不方便参与协商等实际情况，我们认为，当事人的法定代理人、近亲属、聘请的律师以及其他受委托的人，也可以代为进行协商和解等事宜。同时，鉴于和解协议对案件处理将产生重大影响，在形式要件方面，要求和解协议必须是书面形式，并必须得到和解主体的确认。

六、关于案件办理机关在和解案件中的作用

1. 公安机关、人民检察院、人民法院对于符合特定条件的案件可以建议和解，并提供必要的法律咨询。对于案件办理机关能否主持调解，存在不同认识。有的人认为，应当主持调解，理由是司法实践中当事人大都希望由案件办理机关主持调解，完全禁止不利于开展工作。有的人反对，理由是案件办理机关主持调解，一旦双方不履行协议，会给有关机关带来不必要的麻烦。刑事诉讼法使用的是“主持制作和解协议书”的表述。对此，我们认为，主持制作和解协议书不同于主持调解，但可以看做主持调解的一部分。主持调解有多种方式，调解主持人的作用也各有不同，主持制作和解协议中的很多行为，本身就有实施调解、促进和解的作用。如对双方当事人晓以利害，说明和解条件、范围和方式等。因此，不宜将法律规定的主持制作和解协议书理解为不能主持调解。比较合理、稳妥的办法是公安机关、人民检察院、人民法院在办理案件中，依职权主动询问双方当事人是否有和解的意愿和可能，询问是否需要确定调解主持人。明确表示需要并指明推荐调解主持人的，应予准许；明确表示不需要调解主持人的，办案人员在场监督即可。总之，对此的理解和执行既要符合法律规定，又要兼顾现实司法需求。

2. 办案机关对于当事人双方达成的和解协议，要认真进行审查。为防止实践中有些案件中的当事人以“和解”的形式逃避法律追究，刑事诉讼法明确规定公安机关、人民检察院、人民法院要听取当事人和其他有关人员的意见并记录在案，对和解的自愿性、合法性进行审查，并主持制作和解协议。对于当事人和解协议的审查应当重点从以下几个方面进行：当事人双方是否自愿；经济赔偿数额是否与其所造成的损害和赔偿能力相适应；被害方是否明确表示对犯罪嫌疑人、被告人予以谅解；是否符合法律规定；是否损害国家、集体和社会公共利益或者他人的合法权益；是否符合社会公德。

3. 公安机关、人民检察院和人民法院要与人民调解组织密切配合。应当保障当事人的知情权，告知双方当事人申请委托人民调解的权利、操作程序以

及达成调解协议后的案件处理方式；应尊重当事人进行人民调解的选择，支持配合人民调解组织的工作。

七、关于和解案件的处理

根据刑事诉讼法的规定，对于达成和解协议的案件，公安机关可以向人民检察院提出从宽处理的建议。人民检察院可以向人民法院提出从宽处罚的建议，对于犯罪情节轻微，不需要判处刑罚的，可以作出不起诉的决定。人民法院可以依法对被告人从宽处罚。显然，三机关在适用和解程序办理案件上的职权是不一致的。公安机关只能向人民检察院提出从宽处理的建议（从宽处理当然包括不起诉在内），不能自行处理而不将案件移送人民检察院。人民检察院则可以对案件酌定不起诉，也可以提起公诉后，向人民法院提出从轻处罚的建议。

此外，我们认为，刑事诉讼法规定的和解程序是针对案件的实体处理的，但不影响办理案件的机关根据案件的情况在强制措施的使用上也有所考虑。即当事人达成和解的，可以作为不对未羁押的犯罪嫌疑人、被告人予以逮捕的考虑因素之一。最高人民检察院《关于办理当事人达成和解的轻微刑事案件的若干意见》提出，对于公安机关提请批准逮捕的案件，符合刑事和解程序的适用范围和条件的，应当作为无逮捕必要的重要因素予以考虑，一般可以作出不批准逮捕的决定；已经批准逮捕，公安机关变更强制措施通知人民检察院的，应当依法实行监督；审查起诉阶段，在不妨碍诉讼顺利进行的前提下，可以依法变更强制措施。

在审查起诉阶段，对于“被害人有证据证明的轻微刑事案件”，由于其本身就属于可公诉可自诉的案件，作为自诉案件时，当事人之间可以自行和解，包括对刑事责任的和解。因此，对这类案件，公安机关立案侦查并移送审查起诉的，一般可以决定不起诉。根据《关于规范量刑程序若干问题的意见（试行）》，对于其他轻微刑事案件，符合规定的适用范围和条件的，作为犯罪情节轻微，不需要判处刑罚或者免除刑罚的重要因素予以考虑，一般可以决定不起诉。对于依法必须提起公诉的，可以向人民法院提出在法定幅度范围内从宽处罚的量刑建议。从司法实践看，对于符合条件的案件，不批捕和不起诉有助于加害人真诚认罪悔罪、改过自新，保障被害人顺利得到物质赔偿和精神抚慰，有利于解决纠纷、化解矛盾、促进和谐。

八、关于规定范围以外案件当事人双方达成和解的处理

司法实践中也存在规定范围以外的当事人达成和解的案件。对此，我们认

为，对于依法可能判处3年以上有期徒刑刑罚的案件，根据全面贯彻宽严相济刑事政策的要求，当事人双方达成和解协议的，在提起公诉时，可以向人民法院提出在法定幅度范围内从宽处理的量刑建议，提请人民法院将和解作为酌定量刑情节，在量刑时加以考虑。同时为了杜绝实践中严重犯罪案件假借“和解”之名逃避犯罪责任，对于情节特别恶劣，社会危害特别严重的犯罪，除了考虑和解因素，必须要注重刑法的教育和预防作用，要严格按照法律规定和贯彻宽严相济刑事政策的要求，对严重犯罪依法从严打击。

九、适用中应注意的几个问题

（一）杜绝假借和解之名的“花钱买刑”

由于在和解中不可避免地涉及经济赔偿，因此有人认为和解机制是“钱”与“刑”的交换，金钱的多寡决定司法机关从宽处理的幅度，这种观点实际上是对刑事诉讼法所确立的和解机制的误解。当事人和解的案件，经济赔偿只是加害人真诚悔罪、赔礼道歉的必然结果，不能作为从宽处理的交换条件。真诚悔罪说明行为人的主观恶性减小，缓解了双方的矛盾，消除了不和谐因素，这样的案件酌情从宽，在实践当中是有益的。而单纯的“花钱买刑”，所体现的则是“钱”与“刑”的直接交换，加害人对犯罪没有真诚悔意或者根本不认罪，没有对被害方的真诚道歉，而是将经济赔偿作为换取司法机关对自己“从宽处理”的筹码。司法机关从宽处理的，才答应赔钱，从宽的多，就多赔偿，从宽的少，就少赔偿或者不赔偿，这是“花钱买刑”，而不是和解，对此要坚决防止。就具体操作而言，检察机关要严格从以下几个方面重点把关：在主观意愿方面，要将双方自愿、犯罪嫌疑人或者被告人真诚悔罪作为适用和解的条件，并在对其依法作出从宽处理时予以重点审查，以此确保和解的达成是双方当事人真实的意愿表达，犯罪嫌疑人、被告人的主观恶性减小；在和解事项上，双方当事人仅能就民事权利事项达成和解，不得对刑事责任进行约定，检察机关对公诉案件的处理也不能受当事人意志的左右；就损害赔偿而言，犯罪嫌疑人、被告人赔偿的损失一般应与其承担的法律责任及对被害人造成的损害相适应，并可酌情考虑犯罪嫌疑人、被告人的经济状况，避免以经济赔偿的多寡作为换取司法机关从宽处理的尺度，保证法律适用的公平性；在履行方式上，除一次性赔偿损失外还可以提供有效担保，同时对经人民法院确认的达成调解协议的案件，是否履行完毕调解协议可以不作为适用和解的要件，保障经济困难的犯罪嫌疑人、被告人平等地享有和解的权利。

（二）防止强迫或者引诱和解

司法实践中，有可能出现加害方通过暴力、威胁、欺骗或者其他非法方法强迫、引诱被害人和解，或者在协议履行完毕后威胁、报复被害人的情形。这种情形违反了双方自愿这一基本前提，说明行为人没有真诚悔罪，不符合适用和解的条件。各级检察机关在执法办案中发现存在上述情形的，应当按照最高人民检察院《关于办理当事人达成和解的轻微刑事案件的若干意见》的规定，不适用有关不捕、不诉的规定，对于已经作出不逮捕或者不起诉决定的，应当撤销原决定，依法对犯罪嫌疑人、被告人逮捕或者提起公诉，行为人违法行为情节严重的，还要依法追究其法律责任。

（三）加强对和解案件办理工作的监督

为保证宽严相济刑事政策的正确贯彻，确保案件质量，防止办案人员徇私舞弊、贪赃枉法，各级检察机关必须按照最高人民检察院《关于办理当事人达成和解的轻微刑事案件的若干意见》的要求，加强对办理和解案件的内部监督：一是拟对当事人达成和解的轻微刑事案件作出不批准逮捕或者不起诉决定的，应当由检察委员会讨论决定，办案人员不得以个人名义决定不捕、不诉。二是加强对审查批捕、审查起诉工作中办理当事人达成和解案件的监督检查，发现违法违纪，情节轻微的，应当给予批评教育；情节严重的，应当根据有关规定给予组织处理或者纪律处分；构成犯罪的，要依法追究刑事责任。

第三节　犯罪嫌疑人、被告人逃匿、死亡案件违法所得的没收程序

在刑事诉讼中，对违法所得应如何处理，是一个法律规定不明确并长期困扰公安机关、人民检察院的问题。刑事诉讼法修改前，法律对“违法所得”处理的规定主要有两条，且都是原则性规定。一是《刑法》第 64 条规定的“犯罪分子违法所得的一切财物，应当予以追缴或者责令退赔”。应当说，刑法的规定很明确，对于违法所得，应当予以追缴或责令退赔，不能让犯罪嫌疑人、被告人占有因违法犯罪而获得的经济利益。但对于公安机关、人民检察院和人民法院如何处理违法所得，刑法和其他法律均未作具体规定。二是 1996 年《刑事诉讼法》第 142 条第 3 款规定：“人民检察院决定不起诉的案件，应当同时对侦查中扣押、冻结的财物解除扣押、冻结。对被不起诉人需要给予行政处罚、行政处分或者需要没收其违法所得的，人民检察院应当提出检察意见，移送有关主管机关处理。有关主管机关应当将处理结果及时通知人民检察院。”从刑事诉讼法的立法精神可以看出，对违法所得和其他的最终处理是没收。但在具体操作上仍然缺乏相应机制，严重影响了对违法所得的追缴，损害

了我国法律的严肃性和司法制度的权威性。此次修改刑事诉讼法，比较系统地规定了没收违法所得的程序，消除了上述问题的制度障碍，对于强化法律对某些重点犯罪的打击力度，维护法制权威，具有重要意义。

一、没收程序概述

修改后的《刑事诉讼法》第280条规定，对于贪污贿赂犯罪、恐怖活动犯罪等重大犯罪案件，犯罪嫌疑人、被告人逃匿，在通缉1年后不能到案，或者犯罪嫌疑人、被告人死亡，依照刑法规定应当追缴其违法所得及其他涉案财产的，人民检察院可以向人民法院提出没收违法所得的申请。

在司法实践中，腐败案件、恐怖犯罪案件犯罪嫌疑人逃匿或者死亡后，其犯罪所得巨额财产长期无法追缴的情况时有发生。这是由于，对犯罪行为所得财产的追缴必须通过刑事诉讼程序，但我国未规定缺席审判制度，因此，当犯罪嫌疑人逃匿或者死亡而无法到案时，诉讼程序就无法启动，使得违法所得和其他涉案财产长期得不到追缴。另外，增加这项规定也呼应了我国加入的《联合国反腐败公约》及有关反恐问题的决议的要求。比如，根据《联合国反腐败公约》的规定，“各缔约国均应当根据其本国法律，考虑采取必要的措施，以便在因为犯罪人死亡、潜逃或者缺席而无法对其起诉的情形或者其他有关情形下，能够不经过刑事定罪而没收这类财产”。显然，这个公约明确要求各国将没收腐败、犯罪所得的程序与对腐败行为的定罪的程序相分离，而且有些贪官外逃到国外以后，这个国家也要求提供一系列罪状的裁判文书作为法律依据，否则就不予协助追缴赃款。由于没有相关规定，近年来出现的一些贪官携带财产逃到国外的案件中，我国请求他国司法协助时，外方往往会索要相应的法律文书，我方却不能出具，以致加大了赃款追缴的难度。司法实践中还大量存在恐怖组织以为恐怖活动融资和转移资产为目的，在我国境内进行洗钱的犯罪情况。我国已于2006年通过了《反洗钱法》，也赋予了金融机构48小时的临时冻结权，但当犯罪嫌疑人、被告人不到案的情况下，我们仍然无法定依据对已经冻结的恐怖组织的资金和财产进行实体处分。为了有效开展反洗钱国际合作，打击日益猖獗的跨国恐怖活动犯罪，我们亦需在法律中构建判决前的财产没收程序。① 刑事诉讼法中增加规定后，我们向境外追缴犯罪所得财产就有了依据。这是一个更好地保护我国国家利益的重要措施，将对惩治腐败，预防、惩治恐怖犯罪起到积极作用。

从性质上讲，刑事诉讼法规定的没收程序就是不经过定罪程序而没收违法

① 参见陈卫东：《构建中国特色刑事特别程序》，载《中国法学》2011年第6期。

所得及其他涉案财产的特殊程序。虽然是犯罪嫌疑人、被告人不在案，近似于缺席审判，但与缺席审判有着本质区别。缺席审判要求经过审理后作出有罪判决，没收程序虽然也要求经过专门程序、由合议庭审理作出有关决定，但审理的结果不对犯罪嫌疑人、被告人作出有罪判决，即不定罪、不量刑，只涉及违法所得等涉案财产的没收与否。

二、没收程序的适用范围和条件

根据刑事诉讼法的规定，没收程序的适用范围和条件具体包括两个方面：

（一）案件范围

刑事诉讼法的表述是“贪污贿赂犯罪、恐怖活动犯罪等重大犯罪案件”，这是适用没收程序的案件类型。这里有一个问题，由于刑事诉讼法的规定中还使用了“等”字，对此，是否可以理解为不限于这两种明确列举的案件类型？从理论上讲，具有违法所得的犯罪形态很广，绝不仅仅限于贪污贿赂犯罪和恐怖活动犯罪。因此，有学者提出，建立一个具有普遍适用性的犯罪违法所得没收程序，而不是仅限于这两类案件的违法所得没收程序更为合理。[①] 修改后的刑事诉讼法将适用没收程序的案件限制在这两类上，我们认为，主要是考虑到不经定罪程序而没收违法所得具有几个方面的风险，将适用范围限制在较小的，又是打击重点的案件上，是有道理的，也是审慎的。这几个风险是：第一，发生错案的风险。由于没收程序是在涉案的犯罪嫌疑人、被告人不在案的情况下进行的，从人民检察院向人民法院提出申请（有时也包括公安机关向人民检察院没收违法所得提出意见书），到人民法院组成合议庭审理并作出没收裁决，整个过程都只有国家机关单方面运作，公权力在缺乏私权利制约的情况下行使，缺少辩护和对抗，合议庭不能听取双方意见，不容易确实查明案件事实，发生错案的概率较高。第二，大面积侵犯公民权利的风险。辩护权是公民权利的重要内容，是公民抵御国家司法追究的盾牌，而不是犯罪嫌疑人、被告人才有的权利。如果对所有的或者大多数案件类型都可以适用没收程序，则会出现大量涉案人员在无辩护权行使的前提下被没收财产的现象，同时，从立法之初公民的辩护权事实上已经被剥夺了。第三，司法成本陡增的风险。如果允许大量的案件不经过定罪程序而适用没收程序，会从两个方面增加司法成本：一是额外增加程序必然发生成本增加。没收程序毕竟是特殊程序，只应适

---

① 参见汪建成：《刑事诉讼特别程序的建立与完善》，载《中国社会科学学报》第226期。

用于特殊情况，如果普遍适用，则存在两种程序并用在同一个案件上的很大可能性。由此引起的成本增加将会是十分巨大的。二是发现没收决定错误后进行返还、赔偿，由此也会引起成本增加。第四，司法程序空转的风险。根据刑事诉讼法的规定，在逃的犯罪嫌疑人、被告人自动投案或者被抓获的，人民法院应当终止没收违法所得程序，这就会使前期经过的程序归于无效。

（二）适用条件

在案件范围符合的前提下，适用没收程序还应当具备三个方面的主要条件：

1. 犯罪嫌疑人、被告人逃匿，在通缉1年后不能到案的；或者犯罪嫌疑人、被告人死亡的。

2. 依照刑法规定应当追缴犯罪嫌疑人、被告人违法所得及其他涉案财产。

3. 人民检察院向人民法院提出没收违法所得的申请。公安机关认为有刑事诉讼法规定的情形，应当没收违法所得及其他涉案财产的，应当写出没收违法所得意见书，移送人民检察院。

三、提出申请

根据刑事诉讼法的规定，人民检察院提出没收违法所得的申请，应当提供与犯罪事实、违法所得相关的证据材料，并列明财产的种类、数量、所在地及查封、扣押、冻结的情况。

1. 刑事案件由有管辖权的中级人民法院的同级人民检察院或者公安机关侦查、起诉的，没收申请由该中级人民法院对应的同级人民检察院提出。

2. 案件是由县或者市辖区的公安机关办理的，如何向检察机关提出没收违法所得意见书的问题。我们认为，各级人民检察院提起公诉的案件应当与人民法院的审判管辖相适应、相对应，即在确定案件管辖法院的同时，人民检察院还应当坚持同级起诉、向同级起诉的原则，由有审判权的人民法院的同级人民检察院提起公诉。① 这一精神也适用于没收程序。不能由下级人民检察院向中级人民法院提出没收申请，也不能由具体办理案件的公安机关向上级人民检察院提出没收违法所得的意见书。县级公安机关认为可以提出没收申请的时候，应当向上一级公安机关提出建议，由上一级公安机关向同级人民检察院提出没收违法所得意见书。同时，具体办理案件的公安机关还应当同时向其同级人民检察院通报情况、沟通信息，以妥善处理好与所办案件有关的事项。受理

① 参见《人民检察院刑事诉讼规则》第248条。

意见书的上级人民检察院应当向下级人民检察院了解案件有关情况，并听取其对向人民法院提出没收申请的意见。

四、没收程序的具体内容

（一）管辖

根据《刑事诉讼法》第281条的规定，没收违法所得的申请，由犯罪地或者犯罪嫌疑人、被告人居住地的中级人民法院管辖。我们认为，刑事诉讼法总则关于管辖的规定同样适用于没收程序，该条的规定，其重点是明确了这类案件由中级人民法院作为一审法院。刑事诉讼法将审理没收违法所得的一审法院确立为中级人民法院，从一定程度上讲，体现了对适用这一特殊程序的重视和谨慎。此外，根据现行法律规定，贪污贿赂犯罪、恐怖活动犯罪等重大犯罪案件，根据普通管辖的规定，也应当是由中级人民法院作为一审法院。修改后的《刑事诉讼法》第20条规定，危害国家安全、恐怖活动案件以及可能判处无期徒刑、死刑的案件，由中级人民法院作为第一审法院。

确定由哪个中级法院管辖，适用的也是确定管辖的一般原则和方法，即犯罪地或者犯罪嫌疑人、被告人居住地。在司法实践中，经常出现管辖不明或管辖争议等问题。根据刑事诉讼法，上级人民法院在必要的时候，可以审判下级人民法院管辖的第一审刑事案件，下级人民法院认为案情重大、复杂需要由上级人民法院审判的第一审刑事案件，可以请求移送上一级人民法院。一般情况下，应当由刑事案件的犯罪地的中级人民法院管辖，如果由犯罪嫌疑人、被告人居住地的人民法院审判更为适宜的，可以由犯罪嫌疑人、被告人居住地的人民法院管辖。几个同级人民法院均有管辖权的案件，由最初受理的人民法院审判。在必要的时候，可以移送主要犯罪地的人民法院审判。

但要指出的是，由于没收程序具有一定程度的隶属性，即是在刑事案件的侦查、起诉进行过程中，由于出现了犯罪嫌疑人、被告人逃匿后通缉满1年仍未归案或者死亡的法定情形，导致刑事案件的侦查、起诉的有必要的停顿或者终止，转而启动了没收程序，因此，我们认为，事实上，从案件进入侦查程序之日起，就应当确定了没收申请案件的管辖法院。由甲地人民检察院侦查的案件，提出没收申请的，应当由其上一级人民检察院的同级中级人民法院受理。

（二）审判组织

刑事诉讼法明确规定，没收违法所得及其他涉案财产的申请，由中级人民法院组成合议庭进行审理。为了有效防止诉讼风险，对这类案件，不能实行独任审判，要求组成合议庭对案件进行审理。这也反映了立法上对适用这类程序的审慎态度。

（三）审前公告

公告是必经程序。根据刑事诉讼法的规定，人民法院受理没收违法所得申请后，应当发出公告。公告期间为6个月。

公告期的设置，有两个主要目的，一是敦促犯罪嫌疑人、被告人及时到案，以终结没收程序，转而通过普通诉讼程序查明案件事实，分清法律责任，维护自身诉讼权利和财产利益；二是发现利害关系人，以有效保护利害关系人的合法权益。利害关系人认为自己对犯罪嫌疑人、被告人的财产有主张权的，可以在公告期内向人民法院提出参加诉讼的申请。申请应当以书面形式提出并说明提出申请的理由和证据。

公告的发布主体是受理案件的中级人民法院，公告媒体和公告范围由人民法院根据有关案件公告的相关规定作出决定。公告要与检察机关没收违法所得的申请内容保持一致，应当列明财产的种类、数量、名称和所在地，以便犯罪嫌疑人、被告人及其近亲属和利害关系人知悉财产的基本情况，在程序方面也起到了权利告知的效果。

（四）审理

人民法院在公告期满后对没收违法所得的申请进行审理。根据刑事诉讼法的规定，人民法院审理没收违法所得及其他涉案财产的申请，可以开庭审理，也可以不开庭审理。但是，利害关系人参加诉讼的，人民法院应当开庭审理。

没收程序是刑事特别程序的组成部分，要受刑事诉讼基本原则的规范和约束，因此，应由检察机关承担举证责任。公诉人既应当提出证据证明被没收的财物是涉案财物，又要证明所没收的财物与犯罪行为之间存在实质联系，证据应确实、充分且达到排除合理怀疑的程度。这样才能符合程序正义的基本要求，防止没收程序滥用。

根据法律规定，犯罪嫌疑人、被告人的近亲属和其他利害关系人有权参加诉讼，也有权委托诉讼代理人参加诉讼。因此，人民法院对案件的审理虽然不完全适用普通刑事案件的审理程序，但是，应当依法保障参加人享有的诉讼权利，参照公诉案件的第一审普通程序进行。对于人民法院作出的裁定，犯罪嫌疑人、被告人的近亲属和其他利害关系人或者人民检察院可以提出上诉、抗诉。

（五）裁决

人民法院审理没收申请案件，应当作出裁定。对经查证属于违法所得的财产，除依法返还被害人的以外，应当裁定予以没收。对不能认定是违法所得的，应当裁定驳回申请，解除查封、扣押、冻结措施。

五、终止审理

修改后的《刑事诉讼法》第 283 条规定，在审理过程中，在逃的犯罪嫌疑人、被告人自动投案或者被抓获的，人民法院应当终止审理。适用没收程序的前提是犯罪嫌疑人、被告人逃匿或死亡，其自动投案或者被抓获归案的，没收程序丧失了前提，应当终止对没收申请的审理。人民法院应当通过裁定的形式终止，并自裁定作出之日起，案件自动转入正常的办理程序。

六、其他问题

对于实践中涉及的更详细、更具体的操作程序问题，刑事诉讼法未作具体规定的，宜由最高人民法院、最高人民检察院共同作出司法解释。

第四节　依法不负刑事责任的精神病人的强制医疗程序

许多国家的刑事诉讼法针对精神病人都建立了强制医疗程序，其目的在于预防精神病人再次实施危害社会的行为，并避免精神病人自我伤害。[①] 在刑事诉讼法修改以前，对于精神病人强制医疗的规定较为缺乏，仅有《刑法》第 18 条原则规定：精神病人在不能辨认或者不能控制自己行为的时候造成危害结果，经法定程序鉴定确认的，不负刑事责任，但是应当责令他的家属或者监护人严加看管和医疗；在必要的时候，由政府强制医疗。立法上对于强制医疗制度过于原则性的规定，缺乏可操作性，使得强制医疗措施在现实中根本就无法发挥其应有的作用。此次修改刑事诉讼法，对这一问题给予充分重视，新增专章规定了对实施暴力行为危害公共安全或者致人死亡、重伤，依法不负刑事责任，有继续危害社会可能的精神病人的强制医疗程序。

根据法律规定，强制医疗程序由人民检察院向人民法院提出申请，人民法院作出决定。刑事诉讼法还对人民法院的受理申请、进行审理、作出决定等程序作了明确规定，并配套规定了申请复议、诊断评估、解除强制医疗和人民检察院对强制医疗的决定和执行进行监督等。该特别程序的创设，对实施《刑

---

① 参见汪建成：《刑事诉讼特别程序的建立与完善》，载《中国社会科学学报》第 226 期。

法》第18条的规定，保障公共安全、维护社会和谐、及时救治精神病人都将发挥重要作用。

一、强制医疗的性质

强制医疗具有保安处分的性质，这是多数学者的意见，学者分歧比较严重的是，强制医疗是刑事性措施还是行政性措施。有学者认为，强制医疗规定在刑法中，因而应具备刑事法性质；另有学者认为，精神病人属于无刑事责任能力人，实施危害社会行为不构成犯罪，因而对其强制医疗实际上是行政性的措施。[①] 我们认为，由于我国法律中并无保安处分的概念，认为强制医疗是保安处分主要具有理论上的意义，在立法上和司法实践中，是否认之为保安处分无重大意义。至于是刑事性措施还是行政性措施的判断，仍然要以法律的明确规定为分析依据。很显然，修改后的刑事诉讼法增设了强制医疗程序，并引入类似案件审理的诉讼模式，配套规定了相应程序，整个程序是刑事诉讼中的特别程序，整个过程完全按照刑事诉讼程序来推进，由公安机关提出意见，人民检察院提出申请，人民法院受理申请后，按照有关审理程序作出是否予以强制医疗的决定，人民检察院还可以对强制医疗的决定和执行进行监督。因此，可以认为强制医疗是刑事性措施。

在此，有必要区分强制医疗与强制措施。强制医疗不是强制措施。强制措施是公安机关、人民检察院、人民法院在刑事诉讼过程中，为保证刑事诉讼顺利进行，针对犯罪嫌疑人、被告人采取的限制其人身自由的措施。刑事诉讼法明确规定了强制措施的种类以及适用条件和程序等。强制医疗是针对不能辨认或者不能控制自己行为造成危害结果，经法定程序鉴定确认不负刑事责任的精神病人而言。从时间上看，强制措施发生在诉讼程序进行中，而强制医疗措施则是刑事诉讼程序的终结。

此外，强制医疗不是刑事处罚。刑事处罚又叫刑罚，其施以的对象是实施犯罪行为、经有关机关依照刑事诉讼程序进行侦查、起诉和人民法院审判认定应当负刑事责任、具有刑事责任能力的人。精神病人的行为虽然造成危害结果，但缺乏犯罪的主观要素，没有刑事责任能力，依法不应承担刑事责任。因此，不能把强制医疗看做刑事处罚。总之，强制医疗是一种特殊的医疗行为。鉴于强制医疗措施涉及对公民人身自由的剥夺和限制，其决定必须有严格的批准程序，不经审判机关决定，任何人不得以强制医疗的名义剥夺他人人身自

---

① 参见王敏、夏琳：《强制医疗措施性质之思考》，载《井冈山学院学报》2008年第9期。

由，且被强制医疗者必须享有救济措施。与普通刑事诉讼打击犯罪、保护人民的宗旨不同，对精神病人实施强制医疗的宗旨在于防卫社会、保障精神病人合法权利和有效治疗。一旦对患精神病的被告人决定强制医疗，则势必在一定程度上限制或剥夺了被告人的人身自由。因此，对精神病人强制医疗的启动、管辖、裁决等程序必须由司法机关依照特定的刑事诉讼程序进行，而不能由行政执法机关仅凭部门规章或地方性法规即单方面作出强制医疗决定。①

二、强制医疗的对象

《刑事诉讼法》第 284 条明确规定了强制医疗的对象。根据该规定，可以予以强制医疗的对象是，实施暴力行为，危害公共安全或者严重危害公民人身安全，经法定程序鉴定依法不负刑事责任的精神病人。

我们认为，从立法精神上看，强制医疗主要针对那些实施了暴力犯罪行为却不具有刑事责任能力，对社会有危险性又不具有服刑能力的精神病人而实施。刑事诉讼法的表述是，“经法定程序鉴定依法不负刑事责任”，并未明确限制是犯罪时还是犯罪后，因此，强制医疗的适用对象不应局限于《刑法》第 18 条规定的“不能辨认或者不能控制自己行为”的无刑事责任能力的精神病人，还应包括以下两类精神病人：（1）实施犯罪行为时辨认能力和控制能力减弱的限制刑事责任能力人；（2）实施犯罪后患精神病，丧失辨认能力和控制能力，不适合判处或执行刑罚的精神病人。②

强制医疗的前提是，精神病人实施了暴力犯罪。虽然该条用了“暴力行为”的表述，但是，根据立法精神以及该条后半部分“经法定程序鉴定依法不负刑事责任”的表述，这里的“暴力行为”应当达到构成犯罪的程度。精神病人实施一般的暴力行为，或者按照刑法有关规定不构成犯罪的暴力行为的，不能对其予以强制医疗。未实际实施暴力，仅仅有暴力威胁的，也不属于实施暴力行为。

关于何谓暴力犯罪，刑法并无明确限定。司法解释中也难以形成定论和统一的认识，理论上更是莫衷一是。但可以肯定的是，暴力犯罪就是以暴力为犯罪手段的犯罪。如，有的学者认为，暴力犯罪，是指以暴力或者以暴力胁迫的方法危害国家、公共安全和公民人身、财产安全的犯罪。其有两大特点：一是

---

① 参见王宗光、杨坤：《精神病人强制医疗程序研究》，载《上海政法学院学报》2011 年第 6 期。

② 参见王宗光、杨坤：《精神病人强制医疗程序研究》，载《上海政法学院学报》2011 年第 6 期。

犯罪方法是使用暴力或者以使用暴力相威胁；二是暴力犯罪的危害性体现在危害国家安全、公共安全、公民人身财产安全。[①] 根据这两个特点，我国刑法分则规定的放火，爆炸，决水，毁坏交通工具、电力设备、易燃易爆设备，抢劫枪支、弹药、爆炸物、危险物质进行暴力恐怖活动，暴力劫持航空器、船只，暴力危及飞行安全，暴力杀人、暴力伤害、暴力强奸、暴力绑架他人等均属暴力犯罪的范畴。应当说，暴力犯罪的涵盖面比较广，在判断时，不仅要看犯罪行为人是否使用了暴力手段，但更关键的是，其实施的行为是否危害公共安全或者严重危害公民人身安全。

三、实施强制医疗的条件

主要有三个方面的条件：

1. 该人实施了严重危害公共安全或者严重危害公民人身安全的暴力犯罪行为；

2. 该人经法定鉴定程序确认为依法不负刑事责任；

3. 该人有继续危害社会可能。

凡是符合上述条件的精神病人，无论其家人是否能够、愿意履行监护职责，都应当实施强制医疗。

这里要重点谈谈有继续危害社会可能，也就是所谓的“人身危险性”。第288条即采用了人身危险性的表述。对此，我国刑法学界很多学者将人身危险性界定为犯罪人的再犯可能性。有学者指出，所谓人身危险性，指的是犯罪人的存在对社会所构成的威胁，即其再犯罪的可能性。还有学者指出，精神疾病患者的人身危险性是指已经实施了危害行为的精神疾病患者再次实施危害行为的可能性。[②] 对精神病人的人身危险性的判断，是一个专业性很强的活动，主要依据鉴定人对被申请人所作的精神病鉴定，在某种程度上讲，它不是一个法律问题而是一个医学问题。由于精神病人的特殊性，其实施过暴力行为的，在进行有效治疗前，再次实施暴力行为的可能性比较大。需要指出的是，行为人没有实施刑法意义上的危害行为，就不能对其适用强制医疗，但是，不能要求达到可能再犯罪的程度才可以认定其有人身危险性。

---

① 参见倪泽仁：《暴力犯罪刑法适用指导》，中国检察出版社2006年版，第4页。

② 参见卢建平：《中国精神疾病患者强制医疗研究》，载王牧主编：《犯罪学论丛》（第6卷），中国检察出版社2008年版。

四、强制医疗程序的启动

（一）启动强制医疗程序的主体

刑事诉讼法修改前，对于精神病人实施犯罪行为或者行为人在实施犯罪行为后丧失对自身行为的辨认能力和控制能力案件的处理，要么由公安机关依据部门规章或地方性法规对精神病人强制收容医疗，要么放任自流，不予处理。即使由公安机关强制收容医疗，也会产生诸多弊病，一方面可能因规范精神病人强制医疗的法律位阶太低，有违反《立法法》第8条关于“对公民政治权利的剥夺、限制人身自由的强制措施和处罚”事项只能制定法律的规定之嫌，使精神病人的基本权利得不到应有的保障；另一方面可能因地方财政支持有限，而使精神病人得不到有效治疗，从而使强制医疗制度本身得不到贯彻和落实。①

根据修改后的刑事诉讼法，公安机关发现精神病人符合强制医疗条件的，应当写出强制医疗意见书，移送人民检察院。对于公安机关移送的或者在审查起诉过程中发现的精神病人符合强制医疗条件的，人民检察院应当向人民法院提出强制医疗的申请。人民法院在审理案件过程中发现被告人符合强制医疗条件的，可以作出强制医疗的决定。人民法院在审理案件过程中依职权作出强制医疗的决定，无须经过人民检察院申请。我们认为，由于刑事诉讼法明确规定人民检察院对强制医疗的决定和执行实行监督，加之案件是检察机关提起公诉的案件，人民法院拟作出强制医疗决定的，应当事先征求提起公诉的人民检察院。人民检察院认为不符合强制医疗条件的，应当提出不宜强制医疗的决定。

（二）提起强制医疗的方式

强制医疗的决定权专属人民法院行使。对于人民检察院接受公安机关移送的意见书或者自行发现符合强制医疗条件的，以向人民法院提出申请的方式提起强制医疗。人民检察院既可以向人民法院单独提起强制医疗申请，也可以在提起公诉的同时附带提起强制医疗申请。如果是人民法院在审理案件过程中发现的，则直接作出强制医疗的决定。

申请书中必须列明提起强制医疗申请的理由和证据材料，并附司法精神病鉴定报告书。具体包括以下内容：第一，被申请人或者被告人实施暴力行为的具体情况，也就是案件情况；第二，证明被申请人或者被告人不负刑事责任的

---

① 参见王宗光、杨坤：《精神病人强制医疗程序研究》，载《上海政法学院学报》2011年第6期。

精神病司法鉴定情况；第三，被申请人或者被告人有继续危害社会可能的理由和依据。

公安机关向人民检察院移送的强制医疗意见书也应当包括以上内容。

五、强制医疗申请案件的裁决

1. 组成合议庭审理

根据修改后的《刑事诉讼法》第286条的规定，人民法院受理强制医疗的申请后，应当组成合议庭进行审理。需要说明的是，人民法院在审理案件中依职权主动决定强制医疗的，同样也应当组成合议庭进行审理。

2. 不公开审理

为了避免泄露精神病人的个人隐私、充分保障被告人的诉讼权利，人民法院审理强制医疗案件应当不公开开庭审理。

3. 法定代理人到场以及指定辩护

被申请人、被告人是无刑事责任能力人，既不具备行为辨认和控制能力，也不具备自我辩护能力。为了更好地维护精神病人的合法权益，修改后的刑事诉讼法规定，人民法院审理强制医疗案件，应当通知被申请人或者被告人的法定代理人到场。被申请人或者被告人没有委托诉讼代理人的，人民法院应当通知法律援助机构指派律师为其提供法律帮助。

4. 检察官出庭

修改后的刑事诉讼法并未写明人民法院审理强制医疗案件检察官应当出庭，但是，我们认为，由于检察机关提出强制医疗申请，其地位近似于诉讼中的原告一方，本身就应当出庭说明诉讼请求和理由、依据，检察官不出庭，不仅不符合自身在案件中的地位和职能要求，也不利于合议庭在充分听取意见的基础上依法、准确地作出强制医疗的决定。

5. 鉴定人出庭

刑事诉讼法也未规定鉴定人应否出席法庭。我们认为，法律对此不作具体规定，是交由人民法院依职权自主决定。人民法院认为鉴定人应当出庭作证的，应当通知其出庭，就鉴定意见的真实性、有效性接受检察官和法定代理人、诉讼代理人质询，以保证强制医疗鉴定决定的正确性。

6. 申请复议

根据刑事诉讼法的规定，被决定强制医疗的人、被害人及其法定代理人、近亲属对强制医疗决定不服的，可以向上一级人民法院申请复议。法律未进一步规定对复议结果仍然不服时如何处理。我们认为，复议应当以一次为限，上一级人民法院经复议，维持下级人民法院强制医疗的决定的，强制医疗的决定进入执行程序。刑事诉讼法也未规定有关人员申请复议的期限，以及上一级人民法院复议的具体程序。对此，应当通过制定有关司法解释加以明确。

六、强制医疗的执行与评估

刑事诉讼法未规定强制医疗的机构。目前实践中的做法是，统一由省级人民政府指定的医疗机构进行治疗，如公安机关下属的安康医院就是承担强制医疗职责的。根据刑事诉讼法的规定，强制医疗机构应当定期对被强制医疗者进行诊断评估，对于已不具有人身危险性，不需要继续强制医疗的，应当及时提出解除意见，报决定强制医疗的人民法院决定。

七、强制医疗的期限及解除

由于每个人的案情不同、病情不同、对治疗的依从性或疗效也不尽一致，如急性短暂性精神障碍的患者可能恢复很快，而精神分裂症或器质性精神障碍的患者恢复较慢并常常病情复发。① 因此，刑事诉讼法未对强制医疗的期限作出硬性规定，也未要求人民法院在强制医疗的决定中写明强制医疗期限。我们认为，这是比较灵活、务实的做法。经过一定期限的强制医疗后，如果被强制医疗的人精神疾病痊愈或者病情好转、人身危险性消除，没有必要再实施强制医疗措施的，人民法院对依据强制医疗机构、被强制医疗的人及其近亲属提出的终止强制医疗措施的申请进行审查，对不再具有人身危险性、不需强制医疗的被强制医疗者作出终止强制医疗措施的决定。

八、对强制医疗的监督

强制医疗是将精神病人限制在专门的医疗机构中，对其施以监护隔离和治疗，其人身自由受到较大程度的限制，在某种程度上甚至比刑罚更为严厉。此外，为了防止发生精神病人被送进医疗机构强制医疗后无人问津的情况发生，② 为了保证强制医疗决定的正确和依法执行，切实保障被强制医疗的人的合法权益，刑事诉讼法规定，人民检察院对强制医疗的决定和执行进行监督。

---

① 参见易军、陈益民：《精神病人的强制治疗问题》，载《临床精神医学杂志》2007年第3期。

② 据一位在武汉市公安局安康医院工作的民警介绍，他所在的医院有一名强制医疗19年的住院病人，病情早已缓解，但其孤身一人，村民不接受，无处可去；还有一名患者，强制医疗21年，没有父母，兄弟姊妹都不愿接其出院。只能一直在医院住下去。——参见易军、陈益民：《精神病人的强制治疗问题》，载《临床精神医学杂志》2007年第3期。

人民检察院对强制医疗的监督主要包括：

1. 提出强制医疗申请后，人民法院不决定强制医疗的，可以向人民法院提出意见。

2. 人民法院自行决定强制医疗的，应当将有关情况向人民检察院通报，听取人民检察院的意见。人民检察院认为不符合强制医疗条件的，应当向人民法院提出意见。人民法院不采纳其意见，作出强制医疗决定的，人民检察院可以向上一级人民检察院反映，请上一级人民检察院向同级人民法院提出。

3. 人民检察院应当定期跟踪被强制医疗的人的治疗进展情况，认为其病情明显好转的，应当督促强制医疗机构及时进行诊断评估；对已经不具有人身危险性，不需要继续强制医疗的，督促强制医疗机构及时向人民法院提出解除强制医疗的意见。

4. 对于被强制医疗的人及其近亲属向检察机关提出解除强制医疗的申请的，检察机关应当告知其向人民法院提出申请，并同时与强制医疗机构加强沟通，及时掌握治疗情况。

附 录

最高人民检察院关于进一步加强对诉讼活动法律监督工作的意见

（2009年12月29日 高检发〔2009〕30号）

对诉讼活动实行法律监督，是宪法和法律赋予人民检察院的重要职责，是我国社会主义司法制度、检察制度的重要特色，是人民检察院法律监督性质和职能的重要体现。全面加强人民检察院对诉讼活动的法律监督，促进司法公正，是党中央的明确要求和人民群众的迫切愿望，对于维护社会主义法制的统一、尊严和权威，维护社会公平正义、促进社会和谐稳定具有重要意义。现就进一步加强人民检察院对诉讼活动的法律监督工作提出以下意见。

一、加强对诉讼活动法律监督工作的指导思想和基本要求

1. 诉讼监督工作的指导思想。人民检察院开展诉讼监督工作，要高举中国特色社会主义伟大旗帜，以邓小平理论、“三个代表”重要思想为指导，深入贯彻落实科学发展观，坚持社会主义法治理念，坚持党的事业至上、人民利益至上、宪法法律至上，贯彻“强化法律监督，维护公平正义”的检察工作主题，严格依法履行人民检察院的法律监督职能，进一步加大工作力度，狠抓薄弱环节，突出监督重点，完善监督机制，强化监督措施，提高监督能力，增强监督实效，促进司法公正。

2. 诉讼监督工作的基本要求

（1）敢于监督，善于监督。要牢牢把握宪法和法律关于人民检察院是国家法律监督机关的职能定位，始终把强化法律监督、维护公平正义作为检察工作的根本任务，不断增强监督意识，做到既敢于监督，刚正不阿，又善于监督，慎重行事，讲究方式方法，不断提高监督水平。

（2）依法监督，规范监督。要严格依据法律赋予的职权，按照法律规定的程序，规范诉讼监督机制和手段，运用查处职务犯罪、抗诉、纠正违法通知、检察建议、建议更换办案人等方式开展监督工作，及时纠正诉讼中的严重

违法行为和错误裁判，严肃查处司法不公背后的职务犯罪，全力维护司法公正。

(3) 突出重点，注重实效。要紧紧抓住人民群众反映强烈的执法不严、司法不公、司法腐败问题，着力加强对立案、侦查、审查逮捕、审查起诉、审判、执行等重点环节和关键岗位的监督，增强监督工作的针对性和时效性。要坚决贯彻中央的要求，重点加大对诉讼中实体、程序方面的严重违法和司法不公背后的职务犯罪的监督和查处力度，切实提高攻坚克难能力和法律监督水平，把工作着力点放在增强实效上，使诉讼中的违法行为得到纠正，错误判决、裁定得到改正，职务犯罪得到查处。

(4) 提高效率、保证质量。要正确处理诉讼监督中的一系列关系，坚持监督的力度、质量、效率和效果的有机统一，加大监督力度，提高监督效率，保证监督质量，追求最佳的监督效果，使诉讼监督实现打击犯罪与保障人权、实体公正与程序公正、监督制约与协调配合、法律效果与政治效果、社会效果的有机统一。

(5) 处理好监督与支持的关系。人民检察院与人民法院、公安机关、刑罚执行机关虽然在诉讼活动中分工不同，但根本目标一致，都在各自职权范围内严格执行法律，为建设中国特色社会主义服务。人民检察院加强诉讼监督，目的是督促和支持有关机关严格依法行使职权，确保法律得到正确实施，维护社会主义法制的统一、尊严和权威。要树立监督就是支持、监督与支持相统一的理念，在监督中支持，在支持中监督，推动社会主义法治建设的顺利进行。

二、突出重点，加强对诉讼活动的法律监督

(一) 刑事立案监督

3. 加强对应当立案而不立案的监督。探索建立与侦查机关的信息资源共享机制，及时掌握刑事发案和侦查机关立案情况，建立和完善方便群众举报、申诉、听取律师意见以及从新闻媒介中发现案件线索的制度。加强对以罚代刑、漏罪漏犯、另案处理等案件的监督。健全对立案后侦查工作的跟踪监督机制，防止和纠正立而不侦、侦而不结、立案后违法撤案等现象。

4. 探索完善对不应当立案而立案的监督机制。依法监督纠正用刑事手段插手经济纠纷以及出于地方保护、部门保护而违法立案等行为。发现侦查机关违反法律规定不应当立案而立案或者违反管辖规定立案的，应当通知纠正。

5. 建立和完善行政执法与刑事司法有效衔接的工作机制。会同有关部门推进“网上衔接，信息共享”机制建设，及时掌握行政执法机关对涉嫌犯罪案件的移送以及侦查机关受理移送后的处理情况。加强对行政执法人员滥用职

权、徇私舞弊和行政执法机关不移交涉嫌犯罪案件的监督查处力度，构成犯罪的，依法追究刑事责任；对有违法行为但不够刑事追究的，通报有关部门，建议予以党纪、政纪处分。

（二）侦查活动监督

6. 加大对侦查活动中刑讯逼供、暴力取证等违法行为的查处力度。健全对刑讯逼供、暴力取证等侦查违法行为开展调查、纠正违法的程序和方式，发现有刑讯逼供、暴力取证等违法行为的，及时提出纠正意见；涉嫌犯罪的，及时立案侦查。会同有关部门建立建议更换办案人制度。探索建立对公安派出所的监督机制。

7. 健全排除非法证据制度。在审查逮捕、审查起诉工作中发现侦查机关以刑讯逼供或者威胁、引诱、欺骗等非法方法收集的犯罪嫌疑人供述、被害人陈述以及证人证言，依法予以排除，不能作为指控犯罪的根据。

8. 探索对侦查机关采取的强制性侦查措施及强制措施的监督机制。探索建立诉讼当事人对侦查机关采取搜查、查封、扣押、冻结等措施不服，提请检察机关进行监督的制度。加强对侦查机关变更逮捕措施、另案处理以及退回补充侦查后自行处理案件的监督。

9. 防止错误逮捕、起诉以及遗漏犯罪嫌疑人或罪行。在审查逮捕、审查起诉中加强审查工作，发现提请逮捕、移送起诉有错误的，及时作出处理；发现遗漏犯罪嫌疑人或罪行的，追加逮捕或起诉；对于已批捕的犯罪嫌疑人在逃的，督促公安机关及时抓捕。

（三）刑事审判监督

10. 加强对审判程序违法的监督。在法庭审理中发现人民法院审判活动违反法律规定的程序或者剥夺、限制诉讼参与人诉讼权利的，应当记录在案，并在庭审后依法提出监督意见。

11. 加大对审判监督薄弱环节的监督力度。加大对死刑立即执行改判缓期二年执行案件、二审不开庭审理后改变一审判决案件、人民法院自行提起再审案件、变更强制措施不当案件的监督，发现违法情形的，及时提出纠正意见或者提出抗诉。

12. 突出抗诉重点，加大抗诉力度。加强对不服人民法院生效裁判申诉案件的办理力度，完善检察机关办理刑事申诉案件的程序和机制。加强对有罪判无罪、无罪判有罪、量刑畸轻畸重和职务犯罪案件、经济犯罪案件量刑失衡的监督，经审查认为判决、裁定在事实认定、证据采信、法律适用方面确有错误、量刑明显不当或者审判活动严重违反法定程序、审判人员有贪污受贿、徇私舞弊、枉法裁判情形的，应当及时提出抗诉。上级人民检察院要加强对刑事抗诉案件的审查，对下级人民检察院办理的重大、复杂、疑难或者有阻力的抗诉案件，要及时进行督办。协同有关部门研究检察机关按照审判监督程序提出抗诉的案件，除涉及新的事实、证据外，由受理抗诉的人民法院直接审理的程序，明确“新的事实和证据”的范围。

13. 完善对死刑案件审判活动的监督机制。积极做好死刑第一、二审案件的审查和出庭工作，认真审查死刑上诉和抗诉案件，探索有效开展死刑复核监督的措施，建立对死刑复核案件申诉的受理、备案、审查和办理制度。建立最高人民检察院对最高人民法院不予核准或者长期不能核准的死刑案件发表监督意见的制度。省级人民检察院要依法加强对判处死刑缓期二年执行案件复核的监督。

（四）刑罚执行和监管活动监督

14. 建立健全预防和纠正超期羁押的长效工作机制。会同有关部门完善刑事诉讼各环节的工作衔接机制，健全羁押期限告知、羁押情况通报、期限届满提示等制度。改革完善换押制度，建立和完善适应第二审程序需要的换押机制，预防超期羁押和违法提讯、提解。完善延长逮捕后的侦查羁押期限审批制度，建立当事人不服批准延长侦查羁押期限决定向检察机关申诉和检察机关进行复查的制度，加强对违法延长羁押期限的监督。

15. 完善对刑罚执行活动的监督制度，建立刑罚执行同步监督机制。探索建立检察机关对重大刑事罪犯刑罚变更执行的同步监督制度，发现有关机关减刑、假释、暂予监外执行的提请、呈报、决定、裁定存在不当的，应当及时提出纠正意见。完善对监外执行和社区矫正进行法律监督的方式和措施。

16. 健全检察机关对违法监管活动的发现和纠正机制。健全检察机关与监狱、看守所信息交换机制、定期联席会议制度，探索实行与监管场所信息网络互联互通，实行动态监督。完善检察机关受理在押人员投诉和对监管工作人员涉嫌违法犯罪行为进行调查和纠正的机制。完善监管场所发生的重要案件、重大事故及时报告上级人民检察院的机制。

17. 加强对执行死刑活动的监督工作。加强执行死刑临场监督，发现不应当执行死刑的，立即建议停止执行。对违反法定执行程序，侵犯被执行人合法权益的，及时监督纠正。

（五）民事、行政诉讼监督

18. 完善民事、行政抗诉案件的申诉审查机制。依法保障当事人的申诉权利，进一步规范民事、行政申诉案件的受理和立案工作，严格遵守申诉案件的审查期限，及时将审查结果通知申诉人、被申诉人及其他当事人。认真听取申诉人、被申诉人及其委托律师的意见，实现审查程序的公开、公平、公正。发现受理的申诉案件的生效判决、裁定可能有错误，或者当事人虽未申诉但发现人民法院的生效判决、裁定可能有错误或损害国家、社会公共利益的，依法立案审查。对检察机关作出不立案、不提请抗诉、不抗诉决定的，做好释法说理和息诉工作。

19. 突出重点，加大抗诉工作力度。重点做好对涉农维权、弱势群体保护、劳动争议、保险纠纷、补贴救助等涉及民生的确有错误案件的审查抗诉工作；对损害国家和社会公共利益、有重大影响的确有错误案件，严重违反法定程序或者审判人员有贪污受贿、徇私舞弊、枉法裁判等情形的案件，加大审查抗诉力度。

20. 完善抗诉工作机制，提高抗诉工作水平。准确理解和适用民事诉讼法关于抗诉事由的规定，正确把握抗诉的条件和标准，强化抗诉书的说理性。充分发挥分、州、市人民检察院和基层人民检察院的基础作用，整合、协调上下级人民检察院的办案力量，改进提请抗诉办案机制，完善办案流程管理，缩短办案周期，提高办案效率。人民法院作出的生效判决、裁定有民事诉讼法第一百七十九条规定情形之一的，同级人民检察院应当提请上一级人民检察院抗诉。

21. 加强对行政诉讼的监督。对行政诉讼中生效判决、裁定违反法律、法规的，依法采用抗诉等方式予以监督。积极探索对该受理不受理、该立案不立案、违反审理期限等侵害当事人诉讼权利的违法行为进行法律监督的途径和措施。

22. 加强对人民法院再审活动的监督。人民法院违反再审的审级、审理期限以及裁定再审的期限规定的，应当督促其纠正。人民法院再审的庭审活动违反法律规定的，在庭审后及时提出纠正意见。发现人民法院再审的判决、裁定有民事诉讼法第一百七十九条规定情形之一的，上级人民检察院应当依法提出抗诉。

23. 研究检察机关对民事执行工作实施法律监督的范围和程序。会同有关部门，研究人民检察院对民事执行裁定、执行决定和执行行为进行法律监督的范围、途径和措施。执行人员有贪污受贿行为或者因严重不负责任、滥用职权致使当事人或者他人利益遭受重大损失的，应当依照人民检察院关于直接受理案件侦查分工的有关规定立案侦查。

24. 探索检察机关对适用特别程序等审判活动进行监督的范围、途径和措施。对适用特别程序、督促程序、公示催告程序和企业法人破产程序的审判活动，探索采用抗诉等方式进行监督。

三、对检察机关自身办案活动的监督

25. 完善自侦案件线索管理制度。严格实行举报中心统一管理线索制度，实行案件线索计算机管理，推行上下级检察院线索管理网络互联互通，完善重要案件线索报上一级备案制度。规范线索处理程序，建立线索查办反馈制度，进一步规范职务犯罪线索的初查工作，防止压线索不查、利用线索谋私等问题。

26. 加强对检察机关自侦案件立案活动的监督。探索建立由上级检察机关的举报中心和侦查监督部门对下级人民检察院自侦部门应当立案而不立案以及不应当立案而立案进行监督的制度。上级人民检察院通过备案审查或者其他途径发现下级人民检察院应当立案而不立案的，应当责令下级人民检察院说明理由，认为理由不能成立的，可以指令下级人民检察院立案或者直接立案侦查，或者交由其他下级人民检察院立案侦查。认为下级人民检察院不应当立案而立案的，应当指令撤销案件。

27. 进一步规范自侦案件办案程序。继续推进执法规范化建设，全面整合、优化办案工作流程和办案规范。依法对自侦案件的受案、初查、立案、侦查、结案处理等各个环节作出严格的程序性规定，形成对办案活动和办案人员的全过程、全方位监督。完善贪污贿赂等职务犯罪案件收集证据参考标准。规范证据的收集、固定、审查程序。全面推行讯问职务犯罪嫌疑人全程同步录音录像制度。加大对侦查活动中刑讯逼供、暴力取证等违法行为的查处力度，健全完善排除非法证据制度。建立完善对违法侦查行为的救济程序，当事人不服检察机关采取的搜查、查封、扣押、冻结等强制性侦查措施的，可以向上一级人民检察院提出申诉，经调查认为侦查行为违法的，上级人民检察院应当予以纠正。

28. 完善省级以下人民检察院办理职务犯罪案件的备案、批准制度。省级以下（不含省级）人民检察院办理职务犯罪案件决定立案的，报上一级人民检察院备案，拟决定撤销案件、不起诉的，报上一级人民检察院批准，进一步规范备案、批准的程序。

29. 改革完善检察机关办理职务犯罪案件的审查逮捕程序。省级以下（不含省级）人民检察院办理职务犯罪案件需要逮捕犯罪嫌疑人的，由上一级人民检察院审查批准。

30. 自觉接受侦查、审判等机关的制约。对侦查机关申请复议、复核以及人民法院驳回抗诉等案件定期复查，促进法律监督工作水平不断提高。

31. 自觉接受人民监督员的监督。办理职务犯罪案件，按照规定的程序和范围接受人民监督员的监督。进一步完善和规范人民监督员的产生方式、职责权限、组织形式和监督程序，推动人民监督员制度的规范化、法律化。

32. 继续完善检务公开制度。进一步明确向公众和当事人公开的诉讼监督工作事项，增强诉讼监督工作的透明度，保障人民群众对诉讼监督工作的知情权、参与权和监督权，提高执法的公信力。切实落实当事人权利义务告知制度，认真听取当事人及其委托的律师的意见。积极推行检察文书说理制度，建立对不起诉、不抗诉案件的答疑说理制度和对重信、重访案件的公开听证制度，推行刑事申诉案件公开审查制度，自觉接受当事人的监督。

33. 完善检察人员违纪违法行为惩处和预防机制。强化上级人民检察院对下级人民检察院查办职务犯罪工作的监督，完善内部制约机制，健全和切实落实检察人员执法过错责任追究制度，严明办案纪律，加强执法监察、检务督察和巡视工作，严格追究执法过错责任，严防办案安全事故。

四、完善监督机制，强化监督措施

34. 拓宽诉讼监督案件的来源和渠道。重视人民群众举报、当事人申诉、控告和人大代表、政协委员、新闻媒体的反映，推进与纪检监察、行政执法、审计、侦查、审判、刑罚执行等机关之间的信息沟通、联席会议、案件移送等制度建设，加强与律师、律师行业组织的联系。

35. 完善检察机关内部衔接配合机制。加强检察机关职务犯罪侦查、侦查监督、公诉、监所检察、民事行政检察、控告申诉检察等部门之间的衔接配合，建立内部情况通报、信息共享、线索移送、侦结反馈制度，形成监督合力。侦查部门以外的各部门在办案过程中发现执法不严、司法不公背后的职务犯罪线索的，应当依照规定及时移送，并加强与侦查部门的协作配合。各部门在办案中发现立案、侦查、批捕、起诉、审判、执行等环节存在违法行为，但不属于本部门职责范围的，应当及时通报相关部门依法进行监督。

36. 发挥诉讼监督的整体效能。完善诉讼监督职权在上下级检察机关之间、检察机关各内设机构之间的优化配置，进一步健全上下一体、分工合理、权责明确、相互配合、相互制约、高效运行的诉讼监督体制。进一步完善信息共享和线索通报移送制度，加快实现检察机关对案件线索统一管理、对办案活动统一指挥、对办案力量和设备统一调配的机制。进一步规范交叉办案、异地办案、授权办案、联合办案等办案模式，优化办案资源，确保诉讼监督工作顺利进行。

37. 完善与侦查、审判、刑罚执行机关的沟通协调机制。建立健全与侦查、审判、刑罚执行机关的联席会议、信息共享等制度。对监督中发现的有关问题，及时向侦查、审判、刑罚执行机关通报和反馈。加强与侦查、审判、刑罚执行机关的沟通协商，解决实践中的突出问题。

38. 研究建立有关机关对人民检察院监督意见的反馈机制。与有关部门协商，研究建立人民检察院向有关机关提出纠正违法通知、检察建议等监督意见的，有关机关应当在一定期限内依法作出处理的工作机制。侦查机关、刑罚执行机关认为监督意见不当的，可以要求检察机关复议。没有提出复议或者复议理由不成立而又不予纠正的，由上级人民检察院向其上级机关提出意见，督促其及时纠正。

39. 完善检察长列席人民法院审判委员会会议制度。商有关部门，落实检察长和受检察长委托的副检察长列席人民法院审判委员会会议制度，规范列席会议的职责、范围和程序。

40. 明确、规范检察机关调阅审判卷宗材料、调查违法行为的程序。加强与有关部门的沟通协调，明确检察机关调阅审判卷宗的程序。建立健全对有关机关办理案件程序是否违法以及司法人员是否存在贪污受贿、徇私舞弊、枉法裁判等违法行为进行调查的程序、措施等。

41. 综合运用多种监督手段。根据诉讼活动的实际需要，采取多种方法开展诉讼监督，多方面、多层次、多渠道地做好诉讼监督工作。将事中、事后监督与事前预防相结合，将监督关口前移。将个案监督与综合监督相结合，在纠正具体违法行为的同时，对侦查、审判、刑罚执行机关在执法中存在的有关问题提出监督意见。

42. 积极开展专项监督活动。针对立案、侦查、审判、执行等环节中人民群众反映强烈的执法不严、司法不公问题，适时开展专项监督活动，争取每年解决几个重点问题。将专项监督与日常监督相结合，对在监督活动中发现的突出问题，建议相关部门建章立制。最高人民检察院和省级人民检察院要挂牌督办一批有影响、有示范性的典型案件，不断推动诉讼监督工作。

43. 加大依法查办执法不严、司法不公、违法办案背后的职务犯罪的力度。认真审查举报、控告和申诉，健全查办司法人员职务犯罪的内部分工和协作机制，依法查处在立案、侦查、批捕、起诉、审判、执行等环节的贪污受贿、徇私舞弊、枉法裁判等犯罪行为。坚持把大案要案作为查办职务犯罪工作的重点，强化上级人民检察院对办案工作的指挥和协调，加强跨地域侦查的协作配合，提高发现和突破大案要案的能力。发现其他违法违纪线索的，应当及时移交有关部门查处。加强对司法人员职务犯罪特点和规律的研究，积极向有关部门提出规范司法人员行为的建议。

44. 完善诉讼监督考评机制和激励机制。建立适应诉讼监督工作特点的科学考评机制，提高诉讼监督在综合业务考评中的权重，加大考核力度，对诉讼监督工作的法律效果、政治效果、社会效果进行综合评价，提高检察人员开展诉讼监督的积极性和诉讼监督的质量。对诉讼监督工作取得突出成绩的单位、部门和人员，及时予以表彰。

45. 加强诉讼监督能力建设。大力加强诉讼监督能力建设，不断提高检察人员发现问题的能力、收集证据、证实违法犯罪的能力、运用法律政策的能力、排除阻力干扰的能力、与有关部门沟通协调的能力。加强诉讼监督业务的学习培训，通过总结办案经验、举办诉讼监督技能竞赛和业务评比等活动，努力培养具有丰富实践经验和扎实理论基础的诉讼监督人才。深入实际，调查研究诉讼监督工作存在的问题，认真总结诉讼监督工作的特点和规律，全面提高检察队伍的监督能力。坚持把科技强检作为提高诉讼监督能力的重要途径，加大科技装备建设投入，不断提高诉讼监督工作的科技含量，以科技创新促进机制创新和工作创新。

46. 加强对诉讼监督工作的领导。各级人民检察院要把诉讼监督列入重要议事日程，切实加强领导。要及时提出部署要求，不断研究诉讼监督的新思路，探求诉讼监督的新举措，开拓诉讼监督的新渠道，努力开创诉讼监督工作的新局面。上级人民检察院要切实加大对下级人民检察院诉讼监督工作的领导力度，积极协调侦查、审判、刑罚执行机关督促其下级机关纠正诉讼中的违法行为。下级人民检察院对诉讼监督工作中存在的突出问题要及时向上级人民检察院报告，对上级人民检察院的决定，必须坚决执行。进一步规范交叉办案、异地办案、授权办案中的诉讼监督机制，确保诉讼监督工作顺利进行。推行领导亲自办案制度，地方各级人民检察院的检察长、副检察长要带头办案，对于当地有重大影响、疑难复杂、新类型或者对履行诉讼监督职能有重大创新意义的监督案件，要及时加强指挥和协调，并注意总结指导。

五、坚持党的领导，依靠人大监督和人民群众支持，保障诉讼监督顺利进行

47. 坚持党的领导。党的领导是做好诉讼监督工作的根本保证。各级人民检察院在诉讼监督工作中要积极争取和紧紧依靠党的领导，严格执行重要工作、重要部署、重大情况、重要案件报告制度，主动向党委、政法委汇报诉讼监督工作取得的成绩和存在的问题，争取党委、政法委对诉讼监督工作的支持，帮助解决遇到的困难和问题。对于诉讼监督工作中发现的司法人员严重违法违纪行为，在纠正违法行为的同时，要及时将有关材料移送纪检机关；发现

倾向性的违法违纪问题，要及时向纪检机关通报。

48. 自觉接受人大监督。增强接受人大及其常委会监督的自觉性、主动性，健全接受人大及其常委会监督的工作机制。积极争取人大常委会采取执法检查、听取诉讼监督专项报告、作出决议、对有关部门工作开展监督等形式，加强对诉讼监督工作的监督和支持。加强立法研究工作，积极向人大及其常委会提出立法建议，在刑事、民事、行政诉讼法中进一步明确诉讼监督的程序和方式，为诉讼监督工作提供明确、具体的法律依据。

49. 紧紧依靠人民群众。坚持专门工作与群众路线相结合，依靠人民群众做好诉讼监督工作。加大对诉讼监督工作的宣传力度，形成良好的舆论氛围。

参考书目

1. 童建明、万春主编:《中国检察体制改革论纲》，中国检察出版社 2008 年版。

2. 最高人民检察院组织编写:《检察机关执法规范培训学程》，中国检察出版社 2011 年版。

3. 杨振江主编:《侦查监督业务教程》，中国检察出版社 2003 年版。

4. 张穹主编:《人民检察院刑事诉讼理论与实务》，法律出版社 1997 年版。

5. 全国人大常委会法制工作委员会刑法室编:《中华人民共和国刑事诉讼法条文说明、立法理由及相关规定》，北京大学出版社 2008 年版。

6. 伦朝平:《刑事诉讼监督论》，法律出版社 2007 年版。

7. 宋英辉、甄贞:《未成年人犯罪诉讼程序研究》，北京师范大学出版社 2011 年版。

8. 徐美君:《未成年人刑事诉讼特别程序研究——基于实证和比较的分析》，法律出版社 2007 年版。

9. 郭华、郭欣阳:《未成年人刑事诉讼程序》，中国人民公安大学出版社 2011 年版。

10. 龙宗智:《检察制度教程》，法律出版社 2002 年版。

后　记

十一届全国人大五次会议通过的《关于修改〈中华人民共和国刑事诉讼法〉的决定》，对我国的刑事诉讼制度和司法制度作了重大改革和完善。这次修改刑事诉讼法着力于刑事诉讼法律监督制度的修改和完善，扩展了刑事诉讼法律监督的范围，健全了监督机制，丰富了监督的手段和方式，为检察机关依法履行法律监督职能，维护司法公正、高效和权威提供了制度保障，也提出了更高的工作要求。为了帮助广大读者特别是检察人员正确理解刑事诉讼法关于刑事诉讼法律监督的立法精神，提高法律运用能力和法律监督工作水平，我们组织撰写了本书。

本书围绕人民检察院承担的各项诉讼监督职能，系统阐述了相关规定的内涵、实际操作等问题，特别注重实用性，是学习、贯彻修改后刑事诉讼法的重要参考书。

本书由最高人民检察院法律政策研究室陈国庆主任担任主编。撰稿人为陈国庆、王莉、马滔、王佳、李昊昕、侯庆奇等。

作　者

2012 年 3 月 20 日于高检院